ULLSTEIN

D1676736

Das Buch

Trotz der tödlichen Gefahren und des hohen Risikos versuchen Jahr für Jahr viele Menschen, die höchsten Berge dieser Welt zu erobern. Und mit erschreckender Regelmäßigkeit verlieren dabei einige ihr Leben: Berühmte Bergsteiger wie David Roberts und Heinrich Harrer schildern in diesem außergewöhnlichen Erzählband ihre spektakulären Abenteuer und Überlebenskämpfe in den Todeszonen unserer Bergwelt. In all diesen Geschichten spürt der Leser die große Leidenschaft, ja teilweise schon Besessenheit, die sie dazu treibt, immer wieder die Gipfel der gefährlichsten Berge zu stürmen.

Der Herausgeber

Der Publizist und Outdoor-Spezialist Clint Willis ist seit seinem zehnten Lebensjahr Bergsteiger aus Leidenschaft. Heute gibt er die Serie *Adrenaline® Books* heraus und lebt mit seiner Frau und zwei Söhnen in Maine.

In unserem Hause sind von Clint Willis bereits erschienen:

Überleben in der Wildnis
Überleben in Höhen
Überleben im Eis
Überleben auf dem Wasser

Clint Willis (Hrsg.)

Überleben am Gipfel

Geschichten von Heinrich Harrer,
David Roberts, H. G. Wells u. a.

Ullstein

Der Ullstein Taschenbuchverlag ist ein Unternehmen
der Econ Ullstein List Verlag GmbH & Co. KG, München
Deutsche Erstausgabe
1. Auflage 2001
© 2001 für diese Ausgabe by Econ Ullstein
List Verlag GmbH & Co. KG, München
Copyright der einzelnen Beiträge siehe Quellennachweis
Compilation copyright © 2000 by Clint Willis
Introduction copyright © 2000 by Clint Willis
Titel der amerikanischen Originalausgabe: Climb: Stories of Survival from Rock,
Snow and Ice (Thunder's Mouth Press / Balliett & Fitzgerald Inc., New York, N.Y.)
Adrenaline® and the Adrenaline® Logo are trademarks of
Balliett & Fitzgerald Inc., New York, N.Y.
Redaktion: Tom Mandel
Umschlagkonzept: Lohmüller Werbeagentur GmbH & Co. KG, Berlin
Umschlaggestaltung: DYADEsign, Düsseldorf – Thomas Jarzina
Titelabbildung: Zefa, Düsseldorf
Gesetzt aus der Sabon
Satz: hanseatenSatz-bremen
Druck und Bindearbeiten: Clausen & Bosse, Leck
Printed in Germany
ISBN 3-548-36270-2

Inhalt

Einleitung

Als Siebenjähriger sah ich einmal einen Diavortrag von Willi Unsoeld über seine Everestbesteigung im Jahr 1963, bei der er schwere Erfrierungen erlitt. Die einzigen Dias, an die ich mich erinnere, zeigten ein paar seiner Zehen, in einem Glasgefäß schwimmend. Das ist jetzt 30 Jahre her. Heute Morgen habe ich im Radio gehört, dass Alex Lowe am Shisha Pangma in Tibet in einer Lawine ums Leben gekommen ist. In derselben Lawine starb auch der Kameramann und Bergsteiger David Bridges; die beiden waren Mitglieder einer Expedition, die den Shisha Pangma besteigen und dann mit Skiern abfahren wollte. Ich habe mit Alex vor ein paar Jahren einmal kurz gesprochen, als ich einen Artikel über Bergführer schrieb. Er versuchte, seine Verantwortung als Familienvater (er hinterlässt seine Frau und drei kleine Söhne) mit seiner Leidenschaft für die Berge in Einklang zu bringen. Ein paarmal hörte ich seinen Namen in Verbindung mit schwierigen und gefährlichen Unternehmungen in den Bergen.

Ich erinnere mich noch an die Stimme von Alex; heute Morgen hörte ich sie wieder. Im Radio wurde eine alte Aufnahme wiederholt. Das Band war aufgenommen worden, als Alex sich vom Great Trango Tower in Pakistan abseilte. Der Aufstieg hatte 36 Tage gedauert. Alex erklärte, dass es Tage dauern würde, bis alle wieder unten waren, und sagte, das Ganze müsse ziemlich verrückt wirken: Man plagt sich furchtbar, um auf einen Berg raufzukommen, und dann plagt man sich furchtbar, um wieder runterzukommen. Manche Leute halten das, was Alex damals bewältigt hatte, für die größte Felskletterei auf der Welt. Im Lauf dieses Unternehmens war er in einem Steinschlag so schwer getroffen worden, dass er das Bewusstsein verlor, hatte ein paar Tage mit hohem Fieber krank gelegen und war einmal 15 Meter tief abgestürzt. Man merkte seinem Bericht an, dass Alex begeistert war von dem, was er tat. Er wirkte zuversichtlich, gelassen und erstaunlich stark für einen Menschen, der so viel geleistet und mitgemacht hatte. Er wirkte glücklich.

Vor ein paar Jahren hat ein befreundeter Bergsteiger in einer Illustrierten einen Artikel gelesen, in dem die Vermutung geäußert wurde, Kletterer kletterten wegen der Gefahr, aus einer Art Todeswunsch heraus. Mein Freund schrieb einen langen Protestbrief an den Herausgeber. Er behauptete, die meisten Bergsteiger kletterten *trotz* des Risikos. Sie tun ihr Möglichstes, um sich zu sichern, was oft recht umständlich ist, und dann wägen sie das Restrisiko ab. Manchmal – nicht immer – akzeptieren sie dieses Restrisiko wegen der Befriedigung, die das Klettern ihnen verschafft. Sind sie deswegen schon Draufgänger?

Nein. Tatsächlich sind nur wenige Bergsteiger bereit, es mit den Gefahren extremer Touren in Alaska oder im Himalaja aufzunehmen, wo umstürzende Séracs, Lawinen, Geltscherspalten, Höhe und Steinschlag immer wieder auch den erfahrensten Alpinisten zum Verhängnis werden. Die meisten bekommen das, was sie brauchen, auf weniger gefährlichem Gelände.

Trotzdem steigen erstaunlich viele Menschen Jahr für Jahr auf die ganz großen Berge, wo sie mit erschreckender Regelmäßigkeit ums Leben kommen; andere riskieren viel auf bescheideneren Kletterwänden. Und auch der vorsichtigste Bergsteiger kann nicht allen Gefahren ausweichen. Manchmal klettert man ohne Seil, um Zeit zu sparen, manchmal muss man durch ein Gelände, auf dem Steinschlag und Lawinen niedergehen können, manchmal kann man nur hoffen, dass das Gewitter erst losbricht, wenn man wieder unterhalb der Baumgrenze ist. Bergsteiger wägen ständig ab, bewusst oder unbewusst, ob ein Risiko akzeptabel ist oder nicht.

In vielen Beiträgen zu diesem Buch geht es um Gefahr und die

möglichen Folgen – manchmal sogar tödliche Folgen. John Long
steuert zwei kurze Geschichten bei. In *Panik am Green Arch* erzählt er, dass er und seine jungen Freunde zum Klettern gekommen sind, weil sie sich auszeichnen wollten, selbst wenn sie dabei
ihr Leben aufs Spiel setzten. Später, als anerkannte Kanone an
den großen Wänden des Yosemite, erkennt Long, was *Die größte
Sünde* ist. Im gleichnamigen Essay schildert er den Augenblick
dieser Erkenntnis an einem Tag, als er 600 Meter schwierige
Felskletterei ohne Seil bewältigte. War die Erkenntnis das Risiko
wert?

David Roberts schreibt in *Augenblicke des Zweifels*, er sei nie
und nirgends so glücklich wie in den Bergen. Aber er hatte im Alter
von 22 Jahren schon drei tödliche Bergunfälle miterlebt, bei denen
vier Menschen ums Leben kamen – lauter gute Bekannte. Wie
konnte er das wegstecken und weiterklettern?

Einige Autoren gehen mit der Gefahr ganz locker um und sehen
überall die amüsante Seite. Hamish MacInnes zieht sich am Bonat-
tipfeiler des Petit Dru einen Schädelbruch zu und vollendet trotzdem die Besteigung mit Hilfe seiner Freunde. Sein schottischer
Landsmann Tom Patey, ein starker Kletterer und ein witziger
Mensch, lässt die Gefahren der berüchtigten Eigernordwand ur-
komisch erscheinen. Patey starb 1970 bei einem Abseilunfall.

Meist aber geht es nicht so lustig zu. Jim Wickwire, einer der
führenden amerikanischen Alpinisten seiner Generation (er ist 59)
hat seinen 1998 erschienenen Memoiren den Titel *Süchtig nach
der Gefahr* gegeben. Wickwire hat vor 18 Jahren mit ansehen müssen, wie ein jüngerer Freund in einer Gletscherspalte langsam erfror. Er konnte ihm nicht helfen. Er schwor, das Bergsteigen aufzugeben – und ist in die Berge gegangen wie eh und je. Als er an
seinem Buch schrieb, hat er sich darüber Gedanken gemacht:

»Als ich nachdachte über meine wiederholten Schwüre, das Klettern aufzugeben, und meine Unfähigkeit, diese Schwüre zu halten
– obwohl ich kleine Kinder zu Hause hatte und schon mehrere

Freunde ums Leben gekommen waren –, da erkannte ich, dass es mir beim Klettern nicht nur um Einsamkeit, Schönheit, körperliche Anstrengung und Freundschaft ging, lauter Dinge, die ich in den Bergen fand. Auch die Gefahr an sich reizte mich. Diese Einsicht hat mich stark ernüchtert.«

Aber was ist anziehend an der Gefahr? Vielleicht das: Gefahr macht uns hellsichtiger. Die Berge sind nie schöner als in den Augenblicken, wo man erkennt, dass wir sie früher oder (wenn wir vorsichtig sind und Glück haben) später verlieren werden und mit ihnen zusammen auch noch alles andere, was uns lieb ist: Familie, Arbeit, Schokolade, Hund, Musik und Liebe. Vielleicht gehen wir in die Berge, um dem Tod unsere Achtung zu bezeigen, der ja nichts anderes bedeutet als Verlust, und zugleich dem Leben, das auch einer Kette von Verlusten gleicht: Kinder werden erwachsen, Freunde ziehen weg, Eltern und Ehepartner sterben. Sogar unser kostbares Selbst wird älter und ist eines Tages verschwunden.

Als ich neun Jahre alt war, erklärte mir ein Erwachsener, dass mit dem Tag unserer Geburt unsere Zeit abzulaufen beginnt. Ich wusste, dass er Recht hatte. In diesem Alter besaß ich noch nicht die Spitzfindigkeit, die nötig ist, wenn man sich diese offenkundige Wahrheit weglügen will. Aber je älter wir werden, desto leichter machen wir uns selbst etwas vor und desto bereitwilliger glauben wir an unsere eigenen Lügen.

Trotzdem sind wir auf der Suche nach der Wahrheit und manche von uns finden sie in den Bergen. Dort sind wir von dem, was wir tun, oft so in Anspruch genommen, dass wir vergessen, uns vor der Wahrheit zu verstecken, dass alles im Fluss ist und unser Tod zum Lauf der Dinge gehört. Die Berge machen uns oft bewusst, dass der gegenwärtige Augenblick eine Ewigkeit aufwiegt. Was ich damit sagen will: Die Wendung »süchtig nach Gefahr« ist vielleicht nur ein anderer Ausdruck für das Bedürfnis, die Dinge so zu sehen, wie sie sind, und den Tatsachen, zu denen eben auch unsere ständigen unvermeidlichen Verluste gehören, ins Auge zu schauen. Maureen O'Neill schreibt in ihrem Aufsatz über den Verlust von Freundinnen und Kletterpartnerinnen, die in den Bergen gestorben sind. Und natürlich stellt sie auch Überlegungen an, worum es beim Klettern überhaupt geht:

»Die Welt von oben zu sehen macht hellsichtig und ich erkenne, dass dieselben Gesetze, welche die Welt regieren, auch meinen Körper und meine Seele beherrschen, und begreife, dass Gewalt und Schönheit Teile eines Ganzen sind.«

Wenn man an schwierigen und gefährlichen Stellen klettert, ist oft die Versuchung groß, Hindernisse und Risiken auszublenden, einfach weiterzumachen und das Beste zu hoffen. Wenn man dann glücklich auf dem nächsten Band anlangt, kann man das als Beweis dafür nehmen, dass man richtig gehandelt hat. Aber irgendwann bezahlt man für diese Selbsttäuschung. Die folgende Passage stammt aus einem Artikel, den der Bergführer Michael Jewell den Schülern, die bei ihm das Führen am Seil lernen wollen, in die Hand gibt (Führen heißt, als Erster am Seil gehen. Der Seilerste legt beim Klettern die Sicherungen; sein Risiko ist größer als das des Partners):

»Es ist zwar möglich, die Gefahren des Führens beträchtlich zu verringern, aber trotzdem ist es eine todernste Sache, wenn man das Führen lernen will. Man darf nie vergessen, dass auch ein kurzer Fall schweren Schaden anrichten kann. Gebrochene Beine, Rückgrat- oder Schädelverletzungen können die Folge sein, wenn man nicht vorsichtig genug ist, die Prioritäten falsch setzt und schlampig arbeitet.«

Die Kernaussage in diesem zehn Seiten langen Artikel ist einfach: Wenn du als Seilerster gehst und dir selbst etwas vorlügst, kannst du dir leicht Verletzungen zuziehen oder sogar sterben. Eine Betätigung, die den Realitäten dermaßen verpflichtet ist und den Menschen so unausweichlich mit seiner eigenen Zerbrechlichkeit konfrontiert, hat etwas Faszinierendes. Und irgendwie ist es sogar großartig, wenn eine Lüge dazu führen kann, dass du zehn Meter tief auf ein Band stürzt und dir vielleicht einen Arm und ein Bein brichst oder vielleicht sogar an Unterkühlung stirbst, weil es regnet und du keine Regenjacke dabei hast und dein Partner sich beim Versuch, Hilfe zu holen, verirrt.

All das kommt vor. Vor zwei Wochen erhielt ich mit der Post das Heft *Accidents in North American Mountaineering* 1999 (Unfälle in den nordamerikanischen Gebirgen 1999). Diese Hefte lese ich immer, und zwar wegen der Geschichten und wegen der Analysen der Unfälle. Ich versuche aus den Fehlern anderer Leute zu lernen. Die diesjährige Ausgabe berichtete von 20 tödlichen Bergunfällen in den Vereinigten Staaten im Jahr 1998. Greg Kowalski (Alter unbekannt) stürzte über 20 Meter tief ab, als ein Knoten aufging. Richard Ladue kletterte ohne Seil im Eis und stürzte 30 Meter tief. Er starb neun Stunden später während der Rettungsaktion. Eine Lawine tötete Russ Petersen, während er einen Freund bei einer Winterbesteigung sicherte. Daniel O'Malley kletterte in den Felsen von Pennsylvania; dabei löste sich ein Felsbrocken, warf ihn aus der Wand und durchschlug sein Seil. Der Sturz war tödlich.

Die *American Alpine News* kamen mit gleicher Post. Auf der letzten Seite stand ein Nachruf auf den kanadischen Bergsteiger Jim Haberl, der im vergangenen Frühjahr am Ultima Thule Peak im Wrangell-St.-Elias-Park in Alaska einer Lawine zum Opfer gefallen war. Er war also schon ein halbes Jahr tot, aber für mich war es eine Neuigkeit.

Ich hatte ihn nur flüchtig gekannt. Als ich 1998 eine andere Anthologie zusammenstellte, korrespondierten wir miteinander. John überließ mir freundlicherweise eine Passage aus einem seiner Bücher, nämlich *K2: Dreams and Reality* (Deutsche Ausgabe: K2: Traum und Wirklichkeit. München 2000). Dort beschreibt er, wie er 1993 den zweithöchsten Berg der Welt bestieg. Er erreichte den Gipfel zusammen mit seinem Freund Dan Culver, aber auf dem Weg zurück ins Hochlager glitt Culver aus und stürzte zu Tode. Jim hat seinen Sturz mit angesehen; nun ist er selbst tot.

Die Toten sind überall zahlreicher als die Lebenden. Mein jüngeres Kind möchte wissen, ob es im Himmel Cheeseburger gibt. Gestern Abend war ich in einem Konzert. In der Pause stand ich in einer Schlange meist älterer Männer in einer Art Tunnel, der zur Herrentoilette führte. Plötzlich stellte ich mir vor, dass dieser Tunnel im Dunkel endete; ich stand hier, unter all diesen alten Männern, wir schoben uns langsam dem Dunkel zu und kamen ihm immer näher ... So etwa zweimal im Jahr wache ich nachts auf und bin erfüllt vom Bewusstsein meiner eigenen Sterblichkeit, fest überzeugt, dass alles eines Tages für mich zu Ende sein wird. Es ist ein intensives, erregendes Gefühl; nicht schrecklich, aber auch nicht angenehm.

Vorige Woche war ich mit einem Freund, den ich Robert nennen will, zwei Tage beim Klettern. Am zweiten Tag war ich die meiste Zeit frustriert und ein bisschen ängstlich. Ich probierte neue Techniken am Berg aus; es war sicher, aber ich hatte nicht immer ein sicheres Gefühl. An diesem Abend beschrieb ich Robert jenes intensive nächtliche Gefühl, den Eindruck, ganz eingetaucht zu werden in das Bewusstsein des eigenen Todes. Robert erzählte, er erlebe Nacht für Nacht etwas Ähnliches, aber viel Stärkeres: Er spürt, dass die Dunkelheit ihn zermalmen und ihm das Licht und die Freude wegnehmen will, alles, was er liebt und schätzt – seine Freunde, das Klettern, das Leben.

Vielleicht ist das der Grund, warum Robert öfter klettert als alle anderen. Klettern ist kein Heilmittel gegen das Bewusstsein der Sterblichkeit; es zwingt uns eher, diesem Bewusstsein zu glauben. Und wenn wir an die Sterblichkeit glauben, akzeptieren wir sie, und indem wir sie akzeptieren, leben wir und ein neues Licht erfüllt uns – die Freude am Hier und Jetzt.

Und so klettert Robert seit drei Jahrzehnten, sooft er kann. Vor einiger Zeit ist er 50 geworden und hat seinen ersten ernsthaften Unfall gehabt: Er fiel zweieinhalb Meter tief und zog sich einen komplizierten Beinbruch zu. Drei Monate später war er in den Alpen. Er musste manchmal auf allen Vieren über ein Kar hinaufkriechen, um zum Ausgangspunkt der Kletterroute zu kommen. Andere Kletterfreunde haben Schlimmeres erlebt: Einer hat sich das Rückgrat gebrochen, ein anderer erlitt einen Schädelbruch und lag wochenlang im Koma, bei einem dritten war das Rückgrat gebrochen und beide Knie zerschmettert. Alle drei klettern wieder. Willi Unsoeld kehrte, ohne jene Zehen im Glasgefäß, zu den Bergen zurück, bis einer von ihnen im Jahr 1976 seine Tochter tötete. Er ging sogar dann weiterhin in die Berge, bis ihn 1979 eine Lawine in den Tod riss. Er war 52 Jahre alt. Manche können von den Bergen nicht lassen, bevor man sie wegträgt.

Das Beispiel von Andrew Greig sollte jedem Nichtbergsteiger, der dieses Buch oder ein ähnliches liest, zur Warnung dienen. Greig war Schriftsteller und kannte die Berge nur aus Büchern, als der schottische Bergsteiger Mal Duff ihn völlig unerwartet einlud, auf eine Expedition mitzukommen, die sich den abgelegenen, schwierigen und gefährlichen Mustagh Tower im Karakorum zum Ziel gesetzt hatte. Es war eine völlig verrückte Idee, wie Greig in *Gipfelfieber* schreibt:

»Ein paar Bergsteiger, die ich kannte, informierten mich über die erstaunliche Vielfalt der Möglichkeiten, wie man im Himalaja draufgehen kann. Vom Berg runterfallen war da noch das Wenigste. Herzschlag, Lungenödem, Gehirnödem, Erfrierungen, Entkräftung, Lungenentzündung, Steinschlag, Lawinen, Gletscherspalten, reißende Bergbäche und entlaufene Yaks – jeder dieser Möglichkeiten wurde ein Mensch zugeordnet, der so zu Tode gekommen war ... Das Leben war zu schön und interessant, als dass ich es hätte verlieren mögen, aber andererseits, auf eine solche Erfahrung verzichten ...«

Er ging mit. Die Unternehmung war außerordentlich gefährlich und bei weitem das Schrecklichste, was er bisher erlebt hatte. Als er nach Schottland zurückkam, hatte Greig schon zugesagt, an einer weiteren Expedition teilzunehmen, diesmal zu einem noch größeren Berg.

Warum? Es passt vielleicht nicht ganz, aber irgendwie muss ich an Fagin im Film *Oliver Twist* denken. Als Fagin erwägt, sein Verbrecherleben aufzugeben (weil er die unerfreulichen Konsequenzen gesehen hat), erinnert er sich daran, dass seine liebsten Kumpel immer Schurken und Diebe gewesen sind ...

Die Berge lehren uns Liebe. Ich denke an Charles Dickens; ich denke an meine Mutter, wie sie immer mitsingt, wenn sie *South Pacific* hört; ich denke an meine Frau und ihre Stiefmutter, die so gerne reiten; ich denke an meinen Vater, wie er sich für eine Faschingsfete verkleidet; ich denke an meine Schwester unten in Louisiana, die für ihr erstes Enkelkind, das in Texas lebt, etwas Warmes strickt. Ich denke an Harold Brodkey, wie er schreibt oder über das Schreiben spricht oder meinen Kindern per Fax Zeichnungen schickt. Ich denke an Steve Longenecker am Devil's Courthouse, 1974; an meinen Bruder in der Linville-Schlucht, 1968; an Ian Turnbull in der Huntington-Rinne; an Mike Jewell, wie er auf dem Cathedral Ledge über Vögel spricht; an meinen älteren Sohn am Otter Cliff; an seinen zehnjährigen Bruder, wie er vergangenen Juli in Wyoming ein Schneefeld überquerte. Ich denke an meine liebsten Gefährten.

Clint Willis

David Roberts
Augenblicke des Zweifels

*David Roberts (geb. 1943) hat schon über alles Mögliche ge-
schrieben, von Jean Stafford bis zum Stamm der Anasazi. Bekannt wurde er mit zwei Büchern über das Klettern (*Deborah
und The Mountain of my Fear*). Im Alter von 22 Jahren hatte Roberts schon drei tödliche Kletterunfälle miterlebt. In seinem Essay von 1980 stellt er Überlegungen an, ob das Klettern ein solches Risiko wert ist.*

Ein perfekter Klettertag Anfang Juli. Ein leichter Wind milderte
die Hitze über Boulder, Colorado, und trieb den Geruch der Föhren hinauf zu den glatten Felswänden der Flatirons.

Es war im Jahr 1961; ich war achtzehn und kletterte erst seit einem Jahr, Gabe sogar noch kürzer. Wir waren schon ungefähr 180
Meter hoch gekommen, das sind ungefähr drei Viertel der Strecke
zum Gipfel des First Flatiron. Damals gab es noch keine Routen-
beschreibungen, deshalb wussten wir nicht, welchen Schwierigkeitsgrad unsere Route hatte und wer sie schon durchstiegen hatte.
Aber es war gut gegangen, obwohl wir nur selten Stellen gefunden
hatten, wo wir unsere ungehärteten österreichischen Haken einschlagen konnten. Manchmal zwängten wir uns einfach in eine
Spalte und schrien: »Stand!«

Klettern war damals einfach das Höchste für mich. Es war gefährlich, wie meine Eltern und Freunde immer betonten; aber ich
fand, es war das Risiko wert. In diesem Sommer war ich richtig
ehrgeizig geworden.

Gabe führte gerade; es war der letzte schwierige Abschnitt der

Wand. Weiter oben, gegen den Gipfel zu, sah es leichter aus. Gabe hangelte sich nach links hinauf, konnte keinen Haken setzen und verschwand um eine Kante. Ich wartete. Das Seil bewegte sich nicht. »Was ist los?«, rief ich schließlich. »Nur Geduld«, antwortete Gabe gereizt. »Ich suche einen Stand.«

Wir waren schon seit Grundschulzeiten befreundet. Als Kind war Gabe sehr schüchtern; er lebte nur mit seinem Vater zusammen – warum, das habe ich ihn nie gefragt. Er hatte immer ein bisschen ungeschickt gewirkt und hatte sich schnell und ruckartig bewegt. Auf dem Tennisplatz war er herumgetobt und -gerutscht wie ein Kind, das seinen Schatten fangen will. Beim Klettern war es ähnlich, ganz besonders in den letzten Monaten. Seine impulsive Art, schwierige Stellen ohne ausreichende Sicherung anzugehen, machte mir Angst. Aber er schaffte es immer. Früher war ich immer ein bisschen besser gewesen als er, genau wie beim Tennis, aber in den letzten zwei Monaten hatte er mich am Fels überflügelt. Jetzt führte er an den heiklen Stellen.

Ich konnte nicht verstehen, warum Gabe auf einmal so ein guter Kletterer war oder warum ihm das Klettern auf einmal so ungeheuer viel bedeutete. Vor drei Monaten war sein Vater bei einem Autounfall während eines Blizzards ums Leben gekommen. Als Gabe wieder in die Schule kam, murmelte ich meinen einstudierten Beileidsspruch. Er winkte brüsk ab und fragte, wann wir zum Klettern gehen könnten. Ich war überrascht, aber auch froh; der Sommer rückte näher und ich würde jederzeit einen Partner haben.

Jetzt kam endlich das Stand-Signal von links oben, außerhalb meiner Sicht, und ich stieg los. Gabe hatte die ganzen 35 Meter, die er vorausgeklettert war, keinen einzigen Haken einschlagen können und so hing das Seil nach einiger Zeit in einem langen Bogen links von mir herab. Plötzlich begann es mich seitwärts zu ziehen, und als ich daran zerrte, bemerkte ich, dass es sich in etwa 15 Meter Entfernung unter einem der bergab gerichteten Felszacken, die für die Flatirons so charakteristisch sind, verfangen hatte. Ich schlenkerte mit dem Seil, um es zu lösen, und schrie Gabe schließlich zu, er solle von seiner Seite aus ziehen. Der Effekt unserer Bemühungen war, dass das Seil sich nur noch fester verklemmte. Eine leise Angst stieg in mir hoch.

»Wie schaut's mit deinem Stand aus?«, fragte ich den unsichtbaren Gabe.

»Nicht besonders gut. Ich hab nichts einschlagen können.«

Zwischen mir und dem lästigen Zacken breiteten sich 15 Meter Felswand und es waren verdammt glatte 15 Meter. Es blieb mir wohl nichts anderes übrig, als hinüberzuklettern, selbst wenn das Seil dabei endlos durchhängen würde. Andererseits – wenn ich nun ausglitt? Und Gabe hatte keinen Anker ...

Ich machte Gabe einen anderen Vorschlag und er stimmte zu.

Ich band das Seil los, fasste es in Schlingen zusammen, soweit es ging, und warf es mit Schwung unter dem Zacken vorbei, in der Hoffnung, das verklemmte Stück damit zu befreien oder es für Gabe wenigstens leichter zu machen, das Seil einzuholen. Dann kletterte ich mit schweißnassen Händen vorsichtig zu einem schmalen Band hinauf und setzte mich hin.

Gabe war nun unter mir, unsichtbar, aber nahe. »Es klemmt immer noch«, sagte er und meine Angst wurde deutlicher spürbar.

»Sollen wir's mit Abseilen versuchen?«, schlug ich vor.

»Nein, ich glaube, ich kann runterklettern.«

»Meinst du?« Erleichterung drängte die Angst ein bisschen zurück. Gabe würde wieder einmal die Drecksarbeit machen, so wie er auch die schwierigen Seillängen führte.

»Es sieht nicht allzu schlimm aus.«

Ich saß auf meinem Band und wartete und schaute dabei auf Boulder hinab und über die Ebene, die sich bis nach Kansas zu erstrecken schien. Ich war mir nicht sicher, dass wir uns richtig verhielten. Vor ein paar Monaten hatte ich im Alleingang einen Felsen namens Fist hoch über Boulder bestiegen, und zwar während eines Schneesturms. 20 Meter hoch in der Wand schob ich mich gerade um einen leichten Überhang herum, als ich mit dem Fuß ausrutschte. Auch mit einer Hand verlor ich den Halt – aber mit der anderen nicht. Eine Welle von Adrenalin trug mich den Rest der Wand hinauf. Es war immer ein Risiko dabei, aber man wuchs in der Gefahr über sich selbst hinaus.

Gabe brauchte eine Ewigkeit. Das war besonders schlimm, weil ich ihn nicht sehen konnte. Aber plötzlich hörte ich seine triumphierende Stimme: »Ich hab's!«

Meine Angst schwand. Er hatte es geschafft hinunterzuklettern, also konnte er auch wieder heraufsteigen. Ich war heilfroh, dass ich es nicht hatte machen müssen. Ich dachte an seine impulsive Ungeduld und riet ihm: »Leg das Seil in Schlingen!«

»Nein, ich häng's mir einfach über. Ich komm direkt zu dir hinauf.«

Sei vorsichtig, sagte ich im Geist. Aber so war Gabe, impulsiv, schnell entschlossen. Wieder schlichen die Sekunden dahin. Ich wusste nicht, was vorging; ich konnte nur den Vögeln zuschauen, die sich im Aufwind vergnügten, und den Duft der Föhren einatmen. Man konnte Denver sehen, eine Ansammlung von Geschäfts- und Bürohäusern, eine moderne Wagenburg, die sich gegen die Prärie ringsum verteidigte. Vor einiger Zeit hatte ich am Third Flatiron Kletterer gesehen, aber jetzt fand ich sie nicht mehr. Der rote, raue Sandstein war warm unter meinen Händen.

»Wie geht's?«, schrie ich.

Pause. Dann Gabes Stimme, schnell wie immer, aber jetzt ein bisschen angespannt: »Ich hab gerade ein schlimmes Stück hinter mir, aber jetzt wird's leichter.«

Es klang sehr nahe, vielleicht fünf Meter unter mir. Ich hatte Gabe nicht mehr gesehen, seitdem er mir als Erster am Seil aus den Augen geraten war. Ich hatte das Gefühl, ich könne ihn beinahe berühren.

Dann gab es ein weiches, aber unverkennbares Geräusch. Ich wusste sofort, was es bedeutete, ohne es vorher jemals gehört zu haben. Es war Kleidung, die sich am Fels rieb. Dann Gabes Schrei, ein Ausbruch der Erkenntnis: »Dave!«

Ich sprang auf die Füße, klammerte mich aber mit der Hand an einem Vorsprung fest. »Gabe!«, schrie ich zurück und dann, zum ersten Mal seit einer halben Stunde, sah ich ihn. Er war jetzt viel weiter von mir weg, rutschte und rollte bergab und das Seil um ihn herum sah aus wie ein schlampig gemachtes Nest.

»Halt dich irgendwo fest!«, rief ich und ich hörte Gabe schreien, während er sich von mir entfernte: »Nein! Nein, nein!«

Noch hatte ich Hoffnung. Vielleicht gab es noch einen guten Ausgang. Aber jetzt begann Gabes Körper zu springen, wie ich schon oft Felsbrocken über Berghänge hatte springen sehen; mit jedem Mal wurden die Sprünge länger. Zuletzt wurde er weit von der Wand weggeschleudert, drehte sich langsam in der Luft und prallte noch ein letztes Mal auf die unbarmherzige Wand, die ihn in die Baumwipfel warf.

Was dann kam, weiß ich noch ganz genau, aber ich kann mich beim besten Willen nicht erinnern, wie lang es dauerte – drei Minuten? Eine Stunde? Ich stand da und schrie um Hilfe. Schon bald erhielt ich Antwort vom Mesa Trail her. »Wir kommen!«

»In den Bäumen!«, schrie ich zurück. »Beeilt euch!«

Ich setzte mich wieder hin und redete mir zu, jetzt nur keinen Unsinn zu machen. Ich musste warten, bis jemand kam und mich rettete. Sie konnten ja von hinten aufsteigen und mir vom Gipfel ein Seil herunterlassen. Kaum hatte ich mir selbst diesen guten Rat gegeben, stand ich auf und begann zum Gipfel hinaufzukrabbeln. Es war nicht besonders schwierig. *Langsam*, sprach ich zu mir, mach keinen Fehler – aber es kam mir vor, als liefe ich davon. Dann stieg ich auf der Rückseite ab. Es waren nur 24 Meter, mit einer einzigen schwierigen Stelle. *Du musst es schaffen.* Dann war ich auf ebenem Grund.

Ich rannte das gestrüppüberwucherte Kar zwischen dem ersten und dem zweiten Flatiron hinunter und kam noch vor den Helfern unten an. »Wo ist er?«, rief einer aufgeregt. »In den Bäumen!«, schrie ich zurück. »Irgendwo hier ganz in der Nähe.«

Wenn man etwas sucht, geht man meist methodisch und mit Überlegung vor. Wir aber stürmten wie Raubvögel durch Unterholz und über Geröll und wir fanden Gabe nicht. Schließlich kamen Leute von der Bergwacht; sie waren ruhiger und suchten systematisch und mit Bedacht. Und schließlich rief eine Stimme: »Hier ist er.«

Man führte mich hin. Ernste Mienen bestätigten das Offensichtliche. Gabe lag mit dem Gesicht nach unten auf der Geröllhalde, die Glieder verrenkt, das blutbefleckte Seil noch wie einen Kokon um den Körper gewunden. Der Hosenboden seiner Jeans war weggerissen und das Fleisch war zerschunden. Ich wollte Gabe berühren, aber ich konnte es nicht. Ich setzte mich und weinte.

Viel später – aber es war immer noch Nachmittag und Sonne und Wind zusammen ergaben immer noch einen vollkommenen Julitag – führte mich ein Polizist zu unserem Haus. Meine Mutter kam an die Tür und erfasste die Situation sofort. Sie brach in Tränen aus.

Am nächsten Tag zitierte die Zeitung einen Wanderer, der angeblich schon vorher gewusst hatte, dass etwas passieren würde, weil er gehört habe, dass Gabe und ich gestritten hätten. Gute Kletterer würden so etwas nicht machen. Ein anderer hatte den Sturz durchs Fernglas beobachtet. Auf Wunsch meines Vaters schrieb ich einen detaillierten Bericht über das Unglück.

Ungefähr eine Woche später kam Jock vorbei, ein anderer Bergsteigerfreund, mit dem zusammen ich große Pläne für den Herbst gehabt hatte. Er schwieg ein paar mitfühlende Minuten lang, dann sagte er: »Du musst unbedingt wieder zurück an den Fels.« Ich wollte nicht, aber ich ging mit. Wir bestiegen, mit Seil von oben, eine bescheidene Kletterwand von knapp zehn Meter Höhe. Meine Hände und Füße zitterten unkontrollierbar, mein Herz raste, und Jock musste mich die letzten drei Meter hinaufziehen. »Das macht nichts, das wird schon wieder«, sagte er beruhigend.

Ich musste meinen ganzen Mut zusammennehmen, um Jock schließlich reinen Wein einzuschenken. Ich rief ihn an, er kam und wir saßen auf unserer Veranda. »Jock«, sagte ich, »du musst dir einen anderen Partner suchen. Der Schock sitzt zu tief. Ich kann nicht mit.« Er starrte mich lange an. Dann stand er auf und ging.

Im Herbst kam ich nach Harvard ins College. Als ich hörte, dass im Alpinklub der Universität Leute waren, die den Waddington im Küstengebirge und den Mount Logan im Yukon bestiegen hatten, wurde mir schnell klar, wer meine Vorbilder am College sein würden.

Aber Klettern war für mich immer noch ein Problem. Wenn unsere Veteranen an herrlichen Herbstnachmittagen uns Neulinge über leichte Klettereien führten, war ich immer hin- und hergerissen. Ich war noch nie auf so stark begangenen Bergen geklettert, und immer wenn jemand aus einem anderen Team etwas rief, auch irgendetwas Harmloses wie: »Ich glaub, es geht weiter links hinauf!«, dann riss es mich förmlich.

Aus irgendeinem Grund wurde das Thema Gabe für mich zu einem Tabu. Mit der Erinnerung an unseren Tag am Ersten Flatiron verband sich bei mir nicht nur Angst, sondern auch Scham und Schuldbewusstsein. Ich fühlte mich Gabe gegenüber schuldig, weil nicht ich zurückgeklettert war, um das eingeklemmte Seil zu holen. Und die Scham hatte ihre Ursache wahrscheinlich in dem scheußlichen Augenblick, als mich der Polizist heimbrachte und meine Mutter in Tränen ausbrach. Mir war, als hätte ich etwas moralisch Falsches getan, wie zum Beispiel ein Mädchen geschwängert.

Trotzdem engagierte ich mich in Harvard stark im Alpinklub. Im Alter von 20 Jahren bestieg ich zusammen mit sechs Harvard-Freunden den Mount McKinley und im gleichen Jahr, im August, unterrichtete ich an der Colorado Outward Bound School. Eines Abends kampierte ich mit einer Gruppe und ihrem Lehrer, einem unerschütterlichen Briten namens Clough, oberhalb der Baumgrenze. Wir krochen unter Büsche und breiteten Ponchos als Schutz über uns. In der Nacht träumte ich, dass Gabe von mir weg in einen unendlichen schwarzen Raum stürzte. Er war in einen Metallkäfig eingeschlossen und fiel mit dem Kopf voran. Ich schrie ein paarmal seinen Namen. Mit einem Ruck wachte ich auf, saß eine Weile zitternd da und zog schließlich meine Sachen weit weg von den anderen. Den Rest der Nacht lag ich wach. Als wir am Morgen das Feuer wieder anfachten, sagte Clough: »Hast du die Schreie gehört? Einer von den Burschen muss einen Albtraum gehabt haben.«

Ein Jahr später war ich auch schon ziemlich abgebrüht. Nach dem Mount McKinley hatte ich mit einem einzigen Begleiter, Don Jensen, noch eine grandios fehlgeschlagene Tour unternommen. 40 Tage lang hatten wir uns vergebens um den Ostgrat des Mount Deborah in Alaska bemüht. Den ganzen folgenden Winter brüteten wir über Racheplänen. Im Januar hatten wir uns auf ein Ziel geeinigt: die bislang undurchstiegene Westwand des Mount Huntington, die noch ein bisschen schwieriger war als der Deborah. Im März beschlossen wir, Matt Hale, meinen ständigen Kletterpartner, als Dritten mitzunehmen, obwohl er noch nie auf einer solchen Expedition gewesen war. Matt erschrak erst ein wenig vor diesem anspruchsvollen Projekt, war aber bald davon fasziniert.

Nie im Leben, weder vorher noch nachher, habe ich einen Plan mit solcher Leidenschaft verfolgt. Am Tage beschäftigte ich mich in Gedanken mit der nötigen Verpflegung und mit dem Gewicht der einzelnen Haken, bei Nacht träumte ich von Bändern, Graten und griffigem Fels. Meine Studien waren sehr nebensächlich geworden, die Alaska Range beherrschte mein Sinnen und Trachten.

Ab und zu flüsterte mir eine innere Stimme zu: »Dave, bei solchen Unternehmungen kann man leicht ums Leben kommen.« Ich dachte darüber nach und antwortete mit vollem Bewusstsein: »Das ist es wert. Unbedingt.«

An einem Wochenende im März leiteten Matt und ich einen Eiskletterkurs in der Huntington-Schlucht am Mount Washington. Die Harvard-Hütte war voller als gewöhnlich. Das bedeutete, dass sich am Morgen alle mächtig beeilen würden, um sich eine Eisrinne als Erste zu sichern. Ich ließ am Samstag das Frühstück ausfallen, um als Erster an der Pinnacle-Rinne zu sein, die damals als die beste galt. Es war ein bitterkalter, windiger Tag. Die Rinne bedeutete für mich keine besondere Herausforderung, aber heftige Windböen warfen mich zweimal beinahe um. Der zweite Mann am Seil fand die ganze Sache ziemlich ätzend und war froh, als er wieder in der Hütte war.

Abends schwatzten wir mit anderen Kletterern. Die erfahrensten waren Craig Merrihue, der schon an seiner Doktorarbeit in Astrophysik arbeitete und Erstbesteigungen in den Anden und im Karakorum vorzuweisen hatte, und Dan Doody, ein ideenreicher Filmemacher, der kürzlich an der großen amerikanischen Everest-Expedition teilgenommen hatte. Beide interessierten sich für unsere Huntington-Pläne und Matt und ich waren geschmeichelt, dass sie unser Vorhaben ernst nahmen und beachtlich fanden. Die jüngeren Kletterer hörten voll Ehrfurcht zu. Craigs hübsche Frau Sandy war auch mit von der Partie. Craig, Dan und Sandy wollten den kommenden Sommer im Hindukusch verbringen.

Am nächsten Tag blies es immer noch heftig. Matt und ich führten verschiedene Seilschaften die Odells-Rinne hinauf. Nachdem wir am Samstag etwas Schwieriges gemacht hatten, mussten wir heute die Lehrer spielen. Ich hatte keine rechte Lust, mir schien der schöne Tag verschwendet. Gegen Mittag hörten wir jemanden am Grund der Schlucht rufen. Zuerst achteten wir nicht darauf, aber als der Wind die Schreie deutlicher zu uns trug, erschrak ich. »Da ruft jemand um Hilfe«, schrie ich zu Matt hinüber. »Ob das ernst gemeint ist?« Weit unten rannte eine kleine Gestalt im Schnee hin und her. Ein Adrenalinstoß vertrieb meine Trägheit im Nu.

Ich band meinen Partner vom Seil und wies ihn an, auf einer Eisstufe zu warten. Dann befestigte ich das Seil an einer einzigen popligen Eisschraube und ließ mich in Windeseile hinunter. Noch mit den Steigeisen an den Füßen rannte ich in das Becken hinab, in das alle fünf Rinnen münden. Der Mann dort, ein Wochenendkletterer in den Dreißigern, war in der Schlucht spazieren gegangen und hatte aus dem Augenwinkel etwas rutschen sehen, was wie »ein Bündel Lumpen« aussah. Er hatte sofort gewusst, dass es sich um menschliche Körper handelte, und war außer sich. Er konnte die Spuren des Sturzes zur Pinnacle-Rinne hinauf verfolgen und er wusste, dass Doody und Merrihue dort aufstiegen. Und Craig war ein guter Freund von ihm. In den fünf Minuten, die ungefähr seit dem Unglück vergangen waren, hatte er es nicht über sich gebracht, sich den Abgestürzten zu nähern. Er konnte nur kopflos herumrennen und um Hilfe schreien. Ich erreichte die beiden als Erster.

Gabes Leiche hatte ich damals nicht berühren müssen. Aber jetzt war ich ein Anführer, ein erfahrener Bergsteiger, und musste tun, was sonst den Rettungsmannschaften oblag. Ich war natürlich in erster Hilfe ausgebildet. Ich kniete mich sofort hin. Dan war besonders schlimm verwundet, sein Schädel war aufgerissen. Sein Blut war noch warm, aber ich merkte, dass er tot war. An Craigs Handgelenk glaubte ich dagegen einen schwachen Puls zu spüren und ich versuchte die Blutung zu stoppen und begann mit Mund-zu-Mund-Beatmung. Matt kam und bemühte sich um Dan und dann versammelten sich immer mehr Leute um uns und versuchten zu helfen.

Ich glaube, dass ich eine Stunde lang meine Lippen an die von Craig legte, seine Nase zuhielt und Luft in seine Lungen presste. Seine Lippen wurden kalt und blau, aber ich machte weiter, genau wie Matt und die anderen. Wir hofften gegen alle Vernunft. Die Verletzungen waren zu schlimm. Sie hatten zu viel Blut verloren. Es hatte in diesem Jahr nicht viel geschneit; am Grund der Schlucht schauten überall Felsen aus dem Schnee. Drei Jahre zuvor war Don Jensen von einer Lawine aus der Damnation-Rinne gerissen worden; er fiel 250 Meter tief und brach sich nur ein Schulterblatt. Aber damals lag tiefer Schnee.

Dass wir uns so lang weiterbemühten, hatte auch damit zu tun, dass wir nicht wussten, was wir sonst machen sollten – schockiert herumstehen? Aber schließlich gaben wir doch erschöpft auf. Wir waren wie betäubt und nur langsam wurde uns bewusst, dass etwas Schreckliches geschehen war. Das volle Ausmaß der Tragödie ahnten wir erst, als jemand sagte: »Sie kommt«, und ein anderer sagte: »Haltet sie zurück.« Sandy, Craigs Frau, näherte sich von der Hütte her, weil sie bemerkt hatte, dass etwas nicht stimmte, aber bevor sie noch sah, dass es wirklich Craig war, wurde sie von einem Freund aufgehalten. So erfuhr sie es. Ich erinnere mich lebhaft daran, was mir damals aufging – dass es einen unendlich tiefen Schmerz um einen verlorenen Menschen gibt, einen Schmerz, den ich selbst noch nicht kennen gelernt hatte.

Ich weiß nicht mehr, wie Sandy reagiert hat. Ist sie sofort in Tränen ausgebrochen, wie meine Mutter? Hat sie versucht, zu Craig vorzudringen? Ließen wir es zu? Ich muss es gesehen haben, aber meine Erinnerung ist blockiert.

Es wurde Nacht, bis wir die Leichen mit Seilen zur Hütte geschleppt hatten. Die Erschöpfung milderte den Schock. Schweigend fuhren wir nach Cambridge zurück. Jemand rühmte meinen Einsatz – aber das war Unsinn. Wer hätte nicht das Gleiche getan? In den folgenden Wochen gab es einen Gedenkgottesdienst, lange, auf Band aufgenommene Diskussionen über die merkwürdigen Umstände des Unfalls (Craig und Dan waren angeseilt gewesen und zwischen ihnen am Seil fand sich eine verbogene Eisschraube), hitzige Anklagen gegen die Hersteller der Schraube. Zweimal besuchten wir sogar Sandy und ihren fünfjährigen Sohn.

Aber am wichtigsten war mir, dass der Unfall mir nicht bei der Besteigung des Huntington in die Quere kam. Es waren nur mehr drei Monate bis dahin. Die Todesfälle hatten Matt schwer erschüttert, aber wir vermieden es, darüber zu sprechen. Ich schrieb auch meinen Eltern nichts über den Vorfall. Wir machten weiter, und weil wir einen Vierten brauchten, luden wir Ed Bernd, einen jungen Studenten, der erst seit einem Jahr kletterte und noch nie im Hochgebirge gewesen war, ein mitzukommen. Auch Ed war erschüttert, obwohl er nicht in der Schlucht gewesen war. Aber ich schaffte es, dass wir nur über die Organisation der Reise und über unsere Ausrüstung sprachen und unsere Gedanken auf einen Berg in Alaska richteten. Im Hinterkopf sagte ich mir vor, ich sei besser trainiert als Craig und Dan und würde deshalb überleben. Ich war schließlich einen Tag vor ihnen, beim gleichen starken Wind, die Pinnacle-Rinne hochgestiegen. Mich hatte der Sturm nicht aus dem Gleichgewicht gebracht. Fast, aber nicht ganz. Ich konnte meine tiefsten Gefühle und meine Beunruhigung beherrschen und unter der Decke halten. Ich hatte keine Albträume wegen Doody und Merrihue, keine schlaflosen Nächte, keine Bedenken, ob der Huntington das Risiko wert war oder nicht. Im Juni war ich vollkommen bereit für die schwerste Tour meines Lebens.

Wir brauchten einen vollen Monat, aber wir schafften unsere Route auf den Huntington. In der Nacht vom 29. auf den 30. Juli stiegen wir an dem messerscharfen Gipfelgrat entlang und standen im Morgengrauen auf dem Gipfel. Nur zwölf Stunden früher waren Matt und ich dem Tod sehr nahe gewesen.

Matt war gestolpert, als er ein loses Steigeisen wieder befestigen wollte. Er landete auf mir und durchbrach die Stufe im Schnee, die ich mir zurechtgetreten hatte. Ein einziger Haken hatte uns notdürftig gesichert. Jetzt riss er unter der Belastung aus. Durch das Seil verbunden und völlig hilflos, glitten wir einen steilen Eishang hinunter, unter dem es 1300 Meter senkrecht in die Tiefe ging. Dann geschah ein Wunder: Nach 200 Metern verfing sich das Seil an einem winzigen Felszacken, der aus dem Eis ragte, und hielt uns.

Wir waren zwar verletzt und Matt hatte ein Steigeisen verloren, aber wir waren so versessen auf den Gipfel, dass wir uns sofort wieder nach oben arbeiteten und uns Ed und Don zum Gipfelsturm anschlossen.

19 Stunden später, um Mitternacht, standen Ed und ich auf einem Band, vielleicht 450 Meter tiefer. Unsere Zelte waren zu klein für vier Leute, deswegen hatten Ed und ich uns bereit erklärt, zu einem tiefer gelegenen Lager abzusteigen. Bei sehr schwachem Licht bereiteten wir einen Abseilpunkt vor. In einem Durcheinander von Haken, Seilen und Knoten befestigte Ed einen Karabiner. Ich empfahl ihm eine Korrektur. Ed versetzte den Karabiner, hängte unser Seil ein und begann sich hinabzulassen. »Nur diese eine Seillänge noch«, sagte ich, »dann ist es praktisch ein Spaziergang.«

Ed lehnte sich zurück. Ich hörte ein Kratzen, Funken sprühten – das mussten seine Steigeisen am Fels gewesen sein, vermutete ich später. Plötzlich flog er rückwärts durch die Luft, die senkrechte

Wand hinunter. 18 Meter tiefer schlug er auf hartem Eis auf. Genau wie in den Flatirons schrie ich: »Halt dich irgendwo fest, Ed!« Aber es war klar, dass sein Sturz noch lange nicht zu Ende war. Er glitt rasend schnell den Eishang hinunter und verschwand über eine Kante. Ich hörte ihn noch ein- oder zweimal aufschlagen, dann herrschte Stille. Er hatte keinen Ton von sich gegeben.

Ich schrie, zuerst nach Ed, dann nach Don und Matt. Nur Schweigen antwortete mir. Ich konnte überhaupt nichts tun. Ich war mir vollkommen sicher, dass Ed 1200 Meter tief abgestürzt war und auf dem unteren Teil des Tokositna-Gletschers lag, unerreichbar sogar vom Basislager aus. Er war garantiert tot.

Ich schaffte es, ohne Seil bis zu unserem leeren Zelt abzusteigen. Die nächsten zwei Tage verbrachte ich allein und wartete sehnsüchtig auf Matt und Don. Zuletzt glaubte ich schon, die beiden seien auch tot. Ich betäubte mich mit Schlaftabletten und grübelte darüber nach, was schief gelaufen war. Eines Nachts erschien mir Ed im Traum, schwer verletzt und blutend. Er kroch die Wand zu mir herauf und rief: »Warum hast du nicht nach mir gesucht?« Dann, endlich, kamen Matt und Don und ich musste es ihnen sagen. Der gemeinsame Abstieg während eines furchtbaren Schneesturms war das Scheußlichste und Gefährlichste, was ich beim Klettern je erlebt habe.

Als wir eine Woche später in Talkeetna eintrafen, rief ich Eds Eltern an. Dann ging ich hinter den kleinen Buschpilotenhangar und weinte mir die Seele aus dem Leib. Es war das erste Mal seit Jahren, dass ich den Tränen freien Lauf ließ.

Wieder eine Woche später flog ich nach Philadelphia, um drei Tage bei Eds Eltern zu verbringen. Aber erst in den letzten paar Stunden meines Besuchs sprachen wir über Ed und das Bergsteigen. Es waren bedrückende Tage gewesen, in denen ich mich in dem kleinen Haus der Bernds wie ein Eindringling fühlte. Eds Eltern hatten überhaupt keine Beziehung zu den Bergen. Die Kletterei war für sie eine Universitätsmarotte ihres Sohnes und natürlich hatte Ed ihnen das Alaska-Projekt als völlig harmlos dargestellt.

Im Angesicht eines Schmerzes, dessen Tiefe ich nur ahnen konnte und der auch im Lauf der Jahre kaum milder werden würde, überkam mich zum ersten Mal ein gewisses Schuldgefühl. Ed war für den Huntington viel zu unerfahren gewesen. Wir hatten beim Aufstieg alle bemerkt, dass er manchmal technische Fehler machte, einen Haken falsch einschlug, einen Hammer vergaß. Langsam wurde mir auch klar, dass er die Einladung zu unserer Expedition unmöglich hätte ausschlagen können, egal, ob er sich dem Projekt gewachsen fühlte oder nicht. Matt und ich und die anderen alten Bergsteiger waren seine Helden und er verehrte uns, wie ich vor drei Jahren die Waddington-Veteranen verehrt hatte. Er musste die Einladung als ungeheure Ehre empfunden haben.

Schließlich kamen Eds Eltern doch auf das Thema zu sprechen, das sie so lang vermieden hatten. Ich lieferte ihnen einen detaillierten Bericht der Huntington-Besteigung und versicherte ihnen, es sei die schwierigste Tour gewesen, die je in Alaska unternommen wurde, eine alpinistische Heldentat, die überall auf der Welt in Bergsteigerkreisen Aufsehen erregen würde. Sie blickten mich verständnislos an. Sie suchten irgendeinen religiösen Sinn in Eds Tod. Vielleicht hatte Gott ihren Sohn vor einem schlimmeren Tod im Vietnamkrieg bewahren wollen. Sie litten sehr darunter, dass wir Eds Leiche nicht hatten bergen können. »Mein armer Kleiner«, weinte Mrs. Bernd. »Es ist ihm so kalt.« Ihre Trauer brachte mich wieder den Tränen nahe.

Mit einem Seufzer der Erleichterung verließ ich das Trauerhaus. Ich setzte meine Studien in Denver fort und dachte zum zweiten Mal in meinem Leben ernsthaft daran, das Klettern aufzugeben. Ich war jetzt 22 und hatte schon drei tödliche Bergunfälle erlebt, bei denen vier Menschen ums Leben gekommen waren. Mr. Bernds Briefe, voll hoffnungslosem Schmerz, erinnerten mich immer an die alte Frage: »Lohnt sich das? Ist es das Risiko wert?«

Ich wollte das Klettern aufgeben, zumindest für ein paar Jahre. Ein paar Wintermonate lang hielt ich diesen Vorsatz auch durch. Bis eines Tages ein Besucher aus Alaska in meinem Apartment erschien: Art Davidson. Ich hatte ihn nie getroffen, aber der Name war mir gut bekannt. Er sah aus wie ein Penner, seine Kleider waren abgerissen, seine Socken passten nicht zusammen und in seinen Tennisschuhen waren Löcher. Mit seinem roten Bart und den ausgebleichten Augenbrauen hatte er etwas von einem heruntergekommenen irischen Adligen. Er lebte wie ein Vagabund, wohnte in einem alten Pickup, den er nachts in den Außenbezirken von Anchorage parkte, und ernährte sich hauptsächlich von Hüttenkäse. Die Berge Alaskas waren seine Leidenschaft und sein Lebenszweck. In den nächsten eineinhalb Jahren würde er an fünf großen Expeditionen teilnehmen. Ich hatte noch nie einen Menschen getroffen, der so intensiv und ausschließlich für die Berge lebte. Da saß er nun bei mir und sprach mit leiser, begeisterter Stimme über die Cathedral Spires, die, wie er wusste, auch Don und mir schon in die Augen gestochen hatten. Ich ließ ihn reden und dann gingen wir ein Bier trinken und Art rief in mir die Erinnerung an rosafarbigen Granit und unbetretene Gletscher wach. Als der Abend zu Ende war, hatte er mich an der Angel.

Zusammen mit drei anderen packten wir 1966 die Cathedral Spires an. Art war auf der Höhe seiner Bergsteigerlaufbahn. Er war Autodidakt und seine Technik war manchmal in bisschen fragwürdig, aber er glich die fehlende Raffinesse durch Begeisterung und Entschlossenheit aus. Sein Impetus brachte ihn und Rick Millikan auf den höchsten Gipfel der Kette, den wir Kichatna Spire nannten. Was mich betrifft, so war ich nicht mehr der Gleiche wie ein Jahr zuvor und deswegen begleitete ich auch Art nicht beim Gipfelsturm. Ich hatte in diesem Jahr eine Frau kennen gelernt, die ich liebte und heiraten wollte, und jetzt kam mir die Frage nach dem Risiko auf einmal viel komplizierter vor. Ich saß im Zelt, ein Blizzard tobte und ich hatte Angst um die beiden, die gerade zum Gipfel unterwegs waren. Beim Abschluss dieser Expedition war ich heilfroh, dass nichts passiert war, und auch froh darüber, dass ich bei einer beachtlichen Erstbesteigung beteiligt gewesen war.

Jeden Sommer war ich von nun an in den Bergen Alaskas zu finden, aber ich betrieb das Klettern nicht mehr mit der gleichen Unbedingtheit wie früher. Während des Studienjahres gab ich außerdem Kletterkurse für Collegestudenten. Über die Jahre verunglückten noch viele meiner Bekannten in den Bergen tödlich, darunter fünf enge Freunde.

Bezüglich der Frage, ob die Sache das Risiko wert ist, bin ich hin- und hergerissen. Vernünftige Überlegungen helfen da nicht weiter. Letzten Endes komme ich aus dem Bauch heraus immer wieder zu einer bejahenden Antwort. Das ist vielleicht sentimental und ganz bestimmt egoistisch. Aber wenn ich an die Jahre denke, als ich Anfang zwanzig war, dann habe ich meine glücklichsten Stunden nicht in der Bibliothek oder im Hörsaal verbracht. Meine Gedanken gehen immer zurück zu meinen Kletterpartien und ich erinnere mich an Art Davidson, wie er so abgerissen in meine Wohnung stolperte, gewaltige Mengen Hüttenkäse hinter seinem roten Bart verschwinden ließ und mich überzeugte, dass wir die Cathedral Spires besuchen müssten.

Ich habe in den Bergen die schlimmsten Augenblicke meines Lebens erlebt. Nicht nur, als ich am Huntington nach Eds Absturz allein im Zelt lag, sondern auch, wenn ich in den letzten Stunden vor dem nächtlichen Aufbruch zu einem entscheidenden Tag am Berg zu schlafen versuchte, ganz verkrampft vor Angst und im vollen Bewusstsein der eigenen Verletzlichkeit, bis das ängstliche Kind in mir um schlechtes Wetter und damit um einen Aufschub betete. Aber ich habe nirgends sonst auf der Welt, nicht einmal in der Hingabe gegenseitiger Liebe, ein so vollkommenes Glücksgefühl empfunden, wie wenn ich mit ein paar Freunden auf einem Gipfel stand und nur noch der Himmel über uns war, wenn wir den gefahrvollen Kampf hinter uns hatten und vor Freude schrien. In der Erinnerung an solche Augenblicke kann ich nichts anderes sagen als: ja, es hat sich gelohnt. Es war das Risiko wert.

Greg Child
Wie ich beinahe nicht auf den Everest gekommen wäre

Greg Child (geb. 1957) bestieg den Mount Everest im Jahr 1995, ein Jahr vor Jon Krakauer. Childs Bericht liest sich wie eine Ouvertüre zu In eisige Höhen. *Zu viele Menschen; Rivalität zwischen den Teams; Unfähigkeit der Führer; zahlreiche Unfälle – alle Zutaten zur Katastrophe von 1996 sind in Childs Szenario schon vorhanden.*

15 Meter vor mir und 30 Meter unterhalb des Everest-Gipfels grunzt ein Sherpa und stemmt sich gegen den Hintern eines Franzosen, der sich mit aller Macht an ein altes Seil klammert, das über einen kleinen Felskamm herunterhängt. Mit einem gewaltigen Stoß schiebt der Sherpa seinen Kunden auf den Gipfelgrat; dann nehmen sie die letzte, leichte Etappe zum höchsten Gipfel der Welt in Angriff.

Es ist ein windstiller, wolkenloser Morgen. Vom Nordgrat, einer vier Kilometer langen Finne aus Fels und Eis, sieht man auf der einen Seite die von hinten besonnten Wolken, die sich um die nepalesischen Gipfel auftürmen. Auf der anderen Seite liegen die bräunlichen tibetischen Berge in weichem Dunst. Ich bleibe stehen, um den Ausblick zu genießen; und als mir klar wird, dass ich in ein paar Minuten auf dem höchsten Punkt der Welt stehen werde, fange ich vor Rührung zu schnüffeln an. Oder ist es vielleicht bloß die verdammte Erkältung, die mich seit Wochen plagt?

Ich putze meine vereiste Schneebrille, befreie meine Sauerstoffmaske von einem golfballgroßen gefrorenen Schleimklumpen und schaue dabei hinauf zu dem Franzosen und seinem Sherpa. Sie gehen nebeneinander; aber nach ein paar Schritten liegt der Sherpa ein bisschen vor seinem Kunden – und wird von einem französischen Handschuh, der sich vor seine Brust legt, barsch zurückgehalten. Der Franzose hat ein Heidengeld bezahlt, um auf den Everest geführt zu werden und er wird verdammt noch mal nicht dulden, dass ihn jemand vor diesem langersehnten Ziel überholt.

Diese unkameradschaftliche Zurschaustellung kolonialer Gesinnung nötigt mir ein schwaches Lachen ab (durch die Sauerstoffmaske klingt es allerdings wie Hundegebell aus der Gummizelle). Karsang, der Sherpa neben mir, nimmt seine Maske ab und wirft mir einen Blick zu, der ohne Worte deutlich sagt: »Was für ein Riesenarschloch!« Aber wir lassen dem Franzosen sein Vergnügen und stellen uns alle sechs – eine polyglotte Truppe aus zwei verschiedenen Expeditionen – hinter der imaginären Linie auf, die er im Schnee gezogen hat.

Ich gehe die letzten paar Meter zusammen mit Bob, der aus Nebraska kommt und dessen Hobby es ist, Rinder mit dem Lasso zu fangen. Wie der Franzose gehört er einer kommerziellen Expedition an. Doch anders als der Franzose, der unbedingt der Erste sein möchte, aber entnervend langsam vorwärtskriecht, ist Bob einfach glücklich, dass er da ist, wo er ist. Zu Bobs Gipfelträumen gehört es, dass er dort ein Lasso schwingen und damit der welthöchste Lassowerfer sein wird. Als wir durch Lhasa kamen, hat er an einer Straßenecke Lassotricks vorgeführt – er sprang in die Schlinge und wieder heraus und fing einen applaudierenden Zuschauer ein – bis chinesische Soldaten die Menge zerstreuten. Ja, Bob ist ein netter Kerl und deshalb rege ich mich auf, als er auf dem eisigen Hang ausgleitet, Kopf voran die zehn, zwölf Meter bis zur Kante rutscht, wo die Nordwand 3 000 Meter tief abfällt, und verschwindet.

Das passiert so blitzschnell, dass Auge und Verstand es kaum wahrnehmen. Außer meinem kraftlosen Ruf »Halt!« gibt es kein Geräusch. Ich schaue Karsang an, um an seinem Gesichtsausdruck zu sehen, ob ich mir das Ganze nur eingebildet habe, aber auch er starrt auf die Kratzer im Eis, die Bobs Rutsch ins Nichts hinterlassen hat.

Ich nehme meinen Verstand – soviel ich in dieser Höhe überhaupt noch habe – zusammen und gehe mit Steigeisen zur Kante. Ich rufe nach Bob – völlig unsinnigerweise, denn der ist garantiert perdü – und dann höre ich einen Hilfeschrei.

»Verdammt«, denke ich bei mir und male mir die Schwierigkeit aus, einen total zerschmetterten Bob aus den Felsen unterhalb des Gipfels zu bergen. »Schaut so aus, als käme ich schließlich doch nicht auf diesen verwünschten Buckel.«

Ich hatte immer die Nase gerümpft über den Everest, Einladungen von Expeditionen, die mich mitnehmen wollten, verächtlich ausgeschlagen und den Berg als weit überschätztes und überlaufenes Statussymbol abgetan. »Nur weil er der größte Haufen Scheiße auf der Welt ist, ist er noch lange nicht der beste Haufen Scheiße auf der Welt«, pflegte ich zu sagen. 1995 aber stieg ich doch auf den Berg, den die Tibeter »Göttliche Mutter der Erde« nennen. Vielleicht war mir nur keine Ausrede mehr eingefallen, warum ich so viele Berge im Himalaja bestiegen hatte und bloß den Everest nicht. Vielleicht ist es aber auch ganz unvermeidlich, dass ein Mensch, der verrückt genug ist, sich auf den Himalaja zu spezialisieren, wenigstens einmal den Everest angeht. Wie auch immer, als die Abreise nach Tibet näher rückte, verspürte ich eine wachsende Faszination – Everest-Fieber, ich gebe es zu – bei der Vorstellung, ich würde auf dem höchsten Gipfel der Welt stehen. Vor allem aber wollte ich es hinter mich bringen, damit das Thema endlich erledigt wäre.

Kurz vor meiner Abreise besuchte ich Steve Swenson, einen Freund, mit dem ich vor fünf Jahren den K2 bezwungen hatte. Er hatte den Everest 1994 über den Nordgrat bestiegen, und zwar im Alleingang und ohne Sauerstoff. Er beschrieb mir die Route, zeigte mir Dias und erzählte mir, wie es im Basislager zuging. »Dort gibt es eine wahre Menschenmenge, Leute aller Sorten – viele davon sind Kunden kommerzieller Expeditionen, viele auch Leute, die wir beide nie als Bergsteiger einstufen würden. Es wimmelt nur so am Berg«, bereitete er mich vor. Während seiner Zeit am Everest hatte es sechs Besteigungen und vier Todesfälle gegeben, bei fast konstant schlechtem Wetter, großer Kälte und Wind in Orkanstärke. »Auf alle Fälle aber«, sagte er abschließend, »wirst du jede Menge Stoff für eine Geschichte mitbringen.«

Ich verriet meine den Everest betreffenden Prinzipien aus einem guten Grund: Ich hatte vor, über die Besteigung des Nordgrats zusammen mit einem beinamputierten Freund einen Film zu drehen. Tom Whittaker ist ein redseliger Brite, den ich im Yosemite-Nationalpark kennen gelernt hatte, als ich aus einer Abfalltonne herausund er hineinkroch. Ich suchte nach Pfanddosen, die ich zurückgeben konnte, weil ich Geld für ein neues Seil brauchte. Er hatte damals noch zwei Beine und er überredete mich zu einer gemeinsamen Klettertour. 17 Jahre später, und nachdem er 1979 seinen rechten Fuß bei einem Autounfall verloren hatte, rief er mich an, um eine zweite Tour vorzuschlagen. Diesmal sollte ich ihm helfen, der erste Amputierte auf dem Everest zu sein. »Warum sollte ich mit einem Einbeinigen auf den Berg?«, fragte ich ihn rundheraus. »Weil es uns beiden ganz schön Publizität einbringen würde«, antwortete er.

Für die Expedition brauchten wir Geld und das konnten wir am besten durch einen Dokumentarfilm über Toms Besteigung hereinkriegen. Also schickte ich ein Fax an Leo Dickinson, einen Briten, der Abenteuerfilme macht. Unter anderem hatte er schon eine Ballonüberquerung des Everest gefilmt, samt Bruchlandung in Tibet. Leo stieg ein und überredete einen britischen Fernsehsender, den Film zu finanzieren. Wir kauften uns bei einer Expedition auf der tibetischen Seite ein, und bevor wir uns umschauten, waren wir schon im Basislager.

Und außer uns noch 500 andere. Elf verschiedene Basislager sprenkelten die Ausläufer des östlichen Rongbuk-Gletschers. Gut die Hälfte der Leute waren Köche, Spüler oder sonstige Hilfskräfte, aber auch chinesische Verbindungsoffiziere. Der Rest aber – immerhin noch etwa 180 – wollte auf den Berg. Abgesehen von einem riesigen Team aus Japanern und Sherpas, die sich den Nordostgrat ausgesucht hatten, wollten all diese Leute über den Nordgrat aufsteigen.

Der Grund für die Beliebtheit des Nordgrats war recht einfach: Man bekam den Everest hier sozusagen zum Schnäppchenpreis. Man zahlte eine Gipfelgebühr von 15 000 Dollar für eine beliebig große Mannschaft, während man in Nepal schon für ein fünfköpfiges Team 50 000 Dollar Mindestgebühr hinlegen musste. Die kommerziellen Anbieter am Nordgrat konnten ihrer Mittelklasse-Kundschaft von Möchtegern-Everestbezwingern Pauschalpreise zwischen 18 000 und 25 000 Dollar bieten. Eine geführte Besteigung von Nepal aus kam dagegen auf stattliche 65 000 Dollar.

Der Everest ist schon immer etwas Besonderes gewesen. Es gibt eine gewisse Sorte Bergsteiger, deren ganzes Sinnen und Trachten nur auf ihn gerichtet ist, und sie zahlen jeden Preis für den ersehnten Augenblick auf dem Gipfel. David Breashears, der ein paarmal auf dem Everest war und über eine dieser Besteigungen einen IMAX-Film gedreht hat, drückt das so aus: »Der Everest ist die prächtigste Feder, die sich der Pseudobergsteiger an den Hut stecken kann.«

In den neunziger Jahren, als alte Hasen begannen, geführte Touren anzubieten, rückte der Everest für Leute mit reichlich Geld in erreichbare Nähe. Bald wurde eine Variante eingeführt, die billiger war als die »geführte Tour«, nämlich die so genannte kommerzielle Expedition. Bei einer solchen bestücken routinierte Bergsteiger und Sherpas den Berg mit Lagern, Sauerstoffvorräten und Fixseilen und ihre Kunden können den Aufstieg ganz nach Belieben gestalten. Das ist das Äußerste an Abenteuer, was für Geld zu haben ist, und es ist auch ein Blind Date der besonderen Art, weil man die anderen Teilnehmer erst in Katmandu kennen lernt. Wenn Sie mich fragen: Unerfahrene Menschen auf einen Achttausender loszulas-

sen ist genauso, wie wenn man einem Betrunkenen einen Ferrari
mit vollem Tank hinstellt. Aber es haben trotzdem eine erstaunliche Menge Leute den Gipfel erreicht und sind auch lebendig
wieder heruntergekommen. Die Zahl der einheimischen Helfer,
die am Everest ums Leben gekommen sind, ist allerdings nicht un-
beträchtlich.

Als wir im Basislager in über 5 000 Meter Höhe ankamen, war ich
von der Höhe so benommen, dass ich fast aus dem Jeep fiel. Der
Everest ragte in der Ferne. Der lange Schwung des Nordost- und
Nordgrats begrenzte ihn links, der Westgrat rechts; das Große
Couloir und das Hornbein-Couloir bildeten tiefe Einschnitte in
der Mitte. Ich war überrascht, wie schneefrei der Berg war –
»schwarz wie ein Schlangenarsch« hatte der struppige australische
Bergsteiger Jon Muir gesagt, als wir auf dem Flug nach Lhasa daran vorbeikamen.

   Mit dem Feldstecher suchte ich nach den Orientierungspunkten
des Nordgrats. Über dem höchsten Lagerplatz in 8 200 Meter
Höhe sah ich den brüchigen Fels des Gelben Bandes; dort oben, so
hatte ich gelesen, wollte der Brite Frank Smythe 1933, total verwirrt durch die große Höhe, sein Essen mit einem imaginären Partner teilen. Noch weiter oben ragten zwei Felshöcker heraus, die
erste Stufe und die zweite Stufe. Die zweite Stufe, ein Felsriegel, der
in einer fast fünf Meter hohen senkrechten Wand gipfelt, ist die
technisch schwierigste Stelle der Route. Dort wurden die Engländer George Leigh Mallory und Andrew Irvine bei ihrem Angriff
auf den Gipfel am 8. Juni 1924 zuletzt gesehen. So mancher Bergsteiger glaubt, die beiden seien auf dem Gipfel gewesen und hätten
damit fast drei Jahrzehnte vor Hillary und Norgay die Erstbesteigung geschafft. Aber solange nicht ihre Leichen gefunden und die
Filme aus ihren Kameras ausgewertet sind, bleibt das reine Vermutung. An dieser zweiten Stufe hat eine chinesische Expedition
1975 bei der zweiten Besteigung über den Nordgrat eine drei Me-

ter lange Aluminiumleiter angebracht. (Auch die Ersten auf dieser Route waren Chinesen gewesen, im Jahr 1960, aber westliche Beobachter bezweifelten das damals.)

Im Basislager ging das Gerücht um, 1994 habe ein Verfechter der reinen Lehre die Stricke durchgeschnitten, welche die wacklige alte Leiter mit der Felswand verbanden, und die Leiter in den Abgrund geworfen. Es gab Bergsteiger im Lager, die sich darauf freuten, die zweite Stufe mit »fairen Mitteln« zu überwinden, andere aber bekamen es mit der Angst zu tun, weil die helfende Leiter fehlte. Wir überlegten schon, ob wir eine Mitteilung an die Fachblätter für Bergsteiger rausgeben sollten, wir hätten die zweite Stufe eingebohrt – bloß um die Traditionalisten zu ärgern.

An der Nordseite des Berges war es auch, wo Reinhold Messner 1980 seine unglaubliche Gewalttour unternahm und ganz allein, ohne Sauerstoff und auf einer neuen Route über die steilen Hänge unter dem Grat, den Everest bezwang. Er war damals der einzige Bergsteiger auf der ganzen tibetischen Seite. Außer seiner Freundin, die im Basislager blieb, hatte er niemanden zur Begleitung. Diese äußerste Einsamkeit wird kein Mensch je wieder am Everest erleben.

Bis Anfang Mai waren alle Expeditionen die 25 Kilometer über den östlichen Rongbuk-Gletscher vorgerückt und hatten das vorgeschobene Basislager errichtet, eine Ansammlung von 200 Zelten, die sich auf einem Moränenstreifen in 6 400 Meter Höhe unterhalb der nackten, schwarzen Nordostwand zusammendrängten. Man braucht nur einen Biologen zu fragen: Wenn in einem Käfig ein Rattenstamm lebt oder auch zwei, dann herrscht Harmonie. Wenn die Population aber außer Kontrolle gerät und es im Käfig zu eng wird, dann zeigen die Ratten ein abnormes Verhalten, werden verrückt und fressen ihre Jungen. Das erste Anzeichen von antisozialem Verhalten gab es am Everest, als ein amerikanisches Team sein Terrain einzäunte und niemanden mehr durchgehen ließ. Und dann lernte ich an einem scheußlichen, windigen Tag, als ich unter dem Nordsattel stand und zusah, wie der Schnee in Schwaden über den eisblauen Kamm getrieben wurde, ein ganz besonderes Exemplar von aufgeblasenem Esel kennen.

Rings um mich machten sich Bergsteiger auf den Weg zum Lager I, gaben aber alle früher oder später ihr Vorhaben wieder auf, weil der starke Wind sie zurücktrieb und alles auf einen bevorstehenden Sturm hindeutete. Der Wind tobte und wirbelte und blies einem gelegentlich die Atemluft weg, so dass für einen Augenblick ein Vakuum herrschte, in dem man zu ersticken fürchtete. Während ich meinen Anorak ganz zuzog, um den wirbelnden Schnee auszusperren, beobachtete ich, wie Leo mit einem Bergsteiger von einem anderen Team diskutierte. Schließlich kamen die beiden auf mich zu.

»Äh – dieser Kerl sagt, er wird unsere Zelte am Nordsattel losschneiden und den Berg hinunterwerfen«, sagte Leo. Wir machten uns bekannt und ich erfuhr Folgendes: Der aufgeblasene Esel war der Chefbergführer in seiner Expedition; er war schon einen Monat länger am Everest als ich und es passte ihm nicht, dass wir die gleiche Route gehen wollten. Er behauptete, er hätte alle Seile eigenhändig angebracht, und wenn ich sie benutzen wollte, müsste ich ihn um Erlaubnis fragen. Jetzt sei es dafür aber sowieso zu spät, weil er beabsichtige, alle Seile nach Gebrauch abzuschneiden, damit solche Schmarotzer wie wir sie nicht auch benutzen könnten. Und bei der Gelegenheit werde er auch gleich die Seile abschneiden, mit denen unsere Zelte am Berg verankert waren. Der Wind werde dann den Rest erledigen.

Ich brauchte nicht lange, um eine schwere Bergpsychose zu diagnostizieren. Der Mann hätte meiner Meinung nach eine Megadosis Valium gebraucht. Leo plädierte für eine andere Behandlung. Er war mit der britischen Tradition der Wirtshausraufereien aufgewachsen und hatte Meinungsverschiedenheiten mit anderen Bergsteigern immer im Stil von Don Whillans mit den Fäusten ausgetragen. Während Leo im Hintergrund in die Luft boxte und immerzu flüsterte: »Hau ihn, hau ihn«, gab ich vor, ein UN-Unterhändler zu sein, mit dem Auftrag, einen Waffenstillstand zwischen Serbien und Bosnien auszuhandeln.

Nach einer hitzigen Diskussion in der Kälte erreichte ich, dass wir ungestört zum Nordsattel aufsteigen durften. (Ich hatte dem Kerl allerhand Sanktionen und Repressalien angekündigt, falls er Hand an unsere Zelte legen sollte.) Seine Drohung, unser Lager zu zerstören, war nach seinen Worten »ein nicht lebensbedrohender Protest gegen unsere Anwesenheit«. »Ich hab nun schon zwölf Himalaja-Expeditionen mitgemacht«, sagte ich. »Aber so etwas hab ich noch nie gehört.«

Zur Entschuldigung dieses Angebers lässt sich manches anführen: Er war schon zu lang am Everest; der Berg war zu groß für seinen Geist und seinen Körper; und er hatte an den Mythos von der Einsamkeit des Himalaja geglaubt. Seine Illusionen waren schwer erschüttert worden, als nach und nach wahre Menschenmassen das Basislager füllten. Dass er allerdings glaubte, er habe alle Seile allein angebracht (viele Teams, unseres inbegriffen, hatten das Ihre dazu beigetragen) und die Zerstörung unserer Zelte könne irgendein Problem lösen, war total meschugge. Als wir uns trennten, rätselte ich, wie irgendjemand glauben konnte, er werde mit so einem Spinner den Gipfel erreichen.

Aber die Leute erreichten den Gipfel, und zwar scharenweise.

Am 10. Mai wälzte sich dicker, warmer Nebel über den Gletscher herauf. Russell Brice, unser neuseeländischer Expeditionsleiter, der schon vier Expeditionen auf der Nordseite durchgeführt und dabei immer nur einen Wind kennen gelernt hatte, der Zelte platt drückt und Steine durch die Luft zischen lässt wie Frisbeescheiben, war irritiert. »Das bedeutet entweder, dass wir mit dem schlimmsten Sturm seit Menschengedenken rechnen müssen, oder aber, dass wir herrliches Wetter kriegen.« 24 Stunden später war der Himmel klar.

Die Ersten auf dem Gipfel waren, am 11. Mai, sechs Teilnehmer des japanischen Teams. Sie stiegen über den Nordgrat auf. Das war das erste Mal, dass diese unendlich lange Route auf einmal bewältigt wurde. Bis zu dem Punkt, wo Nord- und Nordostgrat aufeinander treffen, waren Russell und Harry Taylor schon 1988 gekommen.

Der Erfolg der Japaner wirkte wie ein Signal. Zwischen dem 11. und dem 17. Mai erreichten noch etwa 50 andere über den Nordgrat den Gipfel. Es gab nationale Erstbesteigungen für Taiwan, die Türkei, Lettland und Rumänien. Auch Russen, Amerikaner, Briten, Österreicher und Italiener erreichten ihr Ziel. Der Italiener Reinhard Patscheider stellte einen Geschwindigkeitsrekord auf, indem er in 21 Stunden vom vorgeschobenen Basislager bis zum Gipfel stieg, und zwar ohne Sauerstoff. Auch die Britin Alison Hargreaves schaffte den Gipfel ohne Sauerstoff, ohne fremde Hilfe und anscheinend sogar ohne Mühe. Sie stieg zwar immer in Begleitung und hatte Funkverbindung zum Basislager, aber sie trug ihre Ausrüstung selbst, schlug selbst ihre Lager auf und ließ sich nicht von Sherpas helfen. Es gab jedoch auch Gipfelstürmer wie mich, die sich nicht um alpine Korrektheit scherten und immer nach der einfachsten Möglichkeit Ausschau hielten, die gerne zahlten, damit Sherpas ihr Zeug trugen, die gierig den Sauerstoff aus ihren Flaschen einsogen und sich an befestigten Seilen in die Höhe hievten. Alison war so stolz auf ihre Unabhängigkeit, dass sie nicht einmal eine Tasse Tee von mir annehmen wollte, solange sie nicht wieder unten war, weil ihr das vielleicht als »fremde Hilfe« hätte ausgelegt werden können. Ihr Aufstieg war zwar der »beste« in jener Saison, aber die britischen Medien übertrieben ihren Erfolg gewaltig. Sie sei als erste Frau ohne Sauerstoff aufgestiegen, sei überhaupt die erste Frau gewesen und habe es ganz allein geschafft. Tatsächlich lag sie beim Gipfelsturm immer mindestens 150 Meter hinter zwei Italienern (die auch keinen Sauerstoff benutzten). Und was die Pionierleistungen betrifft: Die erste Frau auf dem Everest war 1975 die Japanerin Junko Tabei und die erste Frau ohne Sauerstoff war 1988 Lydia Bradey. Lydias Erfolg wurde damals angezweifelt, aber inzwischen wird er allgemein anerkannt.

Erstleistungen aller Art waren überhaupt der Hit. Es gab Aspiranten für den Posten des jüngsten (15 Jahre) und des ältesten Everestbezwingers (63 Jahre) und dann gab es noch den Mann-der-in-der-größten-Höhe-biwakieren-wollte.

Ins Licht der Öffentlichkeit geriet der Mann-der-in-der-größten-Höhe-biwakieren-wollte, als ihn ein Team, das zum Gipfel wollte, unterhalb der zweiten Stufe, in 8 400 Meter Höhe, fand. Er hatte die Nacht überlebt, obwohl er nur seinen Kletteranzug trug, aber er schlotterte vor Kälte. Weil man annehmen musste, er habe Erfrierungen davongetragen, verzichteten zwei Sherpas auf den Gipfel – und auf den Bonus von 300 Dollar, der ihnen zugestanden hätte, wenn sie ihre Kunden auf den Gipfel gebracht hätten – und standen dem Mann-der-in-der-größten-Höhe-biwakieren-wollte bei. Funksprüche gingen hin und her, eine Rettungsmannschaft wurde zusammengestellt, Helfer stiegen über den Grat auf und für den Transport über den Gletscher wurden Yaks bereitgestellt.

Als der Mann-der-in-der-größten-Höhe-biwakieren-wollte an meinem Zelt in 7 900 Meter Höhe vorbeikam, fluchte er hinter seiner Sauerstoffmaske auf die Sherpas. Seine Handschuhe hingen an Schnüren von seinen Handgelenken und ich schlug vor, er solle sie lieber anziehen. Das entfesselte bei ihm eine Tirade darüber, dass alle sich ungebeten in seine Angelegenheiten einmischten. »Ich bin okay. Ich brauche nicht gerettet zu werden.« Er sah durchaus keinen Grund zur Dankbarkeit dafür, dass man sich zu seiner Rettung die Beine ausriss.

Ich hatte genug von diesen Bergpsychos und machte demonstrativ den Reißverschluss meines Zelts zu. Aber aus der Sicherheit meiner Privatsphäre rief ich dem Biwaker noch zu, er könne der Menschheit einen Gefallen erweisen, indem er sich in den nächstbesten Abgrund stürze. Er stolperte weiter und beglückte noch andere mit seiner Liebenswürdigkeit, besonders Leo. Der reichte der

Biwakhoheit am Nordsattel einen Becher Tee und bekam ihn prompt ins Gesicht geschüttet, weil kein Zucker drin war.

Wie durch ein Wunder hatte er keine schweren Erfrierungen erlitten. Im Basislager dröhnte er, er habe jetzt den Rekord für das höchste Biwak ohne Sauerstoff. Er erhoffte sich damit ein ungeheures Aufsehen in den Medien, sobald er nach Katmandu zurückkehrte. Ich bin vielleicht ein bisschen altmodisch, aber eine Übernachtung zuhöchst am Everest kommt mir nicht als erstrebenswertes Ziel vor, sondern als eine Kalamität, die man nach Möglichkeit vermeiden sollte. Dann sprach sich herum, dass der Mann-der-in-der-größten-Höhe-biwakieren-wollte mit voller Absicht und ganz ohne Not dort oben geblieben war, um seinen Rekord zu kriegen. Ein Amerikaner, der den Biwakmeister um ein Uhr mittags an der zweiten Stufe getroffen hatte, sagte, er habe ihm eine volle Flasche Sauerstoff gegeben. Obwohl er noch sieben Stunden Tageslicht hatte, war er nicht weiter abgestiegen. Was Mr. Biwak allerdings nicht wusste: 1994 hatten Mark Whetu und Michael Rheinberger in noch größerer Höhe eine Nacht auf dem Grat ungeschützt überlebt. Als er das erfuhr, verschwand der Mann-der-in-der-größten-Höhe-biwakieren-wollte in der Menschenmenge im Basislager. Niemand vermisste ihn.

Im April und Mai erreichten Tom und ich und Dutzende anderer hoffnungsvoller Gipfelstürmer das windumtoste Lager II. Für Leute mit zwei Füßen war dieser Teil der Route mit seinem festen Schnee und seinen Schotterhängen einfach. Nicht aber für Tom mit seiner Fußprothese. Die war wirklich prima mit ihrem Gelenk aus Karbonfaser und wirkte, wenn ein Steigeisen daran befestigt war, recht terminatormäßig. In der Stadt konnte er sich damit so gut bewegen, dass man ihm beim Gehen seine Behinderung nicht anmerkte. Aber im losen Geröll hatte er nicht genügend Halt. »Ich brauche beim Aufstieg schätzungsweise ein Drittel mehr Kraft als die anderen«, sagte er, um sein geringes Tempo zu erklären. Er konnte seinen Fuß nicht einfach in den Schnee rammen oder durch die Steine schieben, er musste die Vorrichtung, in die sein Beinstumpf eingepasst war, mit Vorsicht behandeln, sie bedächtig aufsetzen und dann sein Gewicht darauf verlagern. Er hatte keinen drehbaren Knöchel, keinen Unterschenkelmuskel, keine Zehen, mit denen er sich hätte abdrücken können. Sein Bein war auch kälteempfindlich. Deswegen schnallte er sich eine batteriebetriebene Wärmevorrichtung um den Stumpf. Nach vier Wochen gingen ihm allmählich die künstlichen Füße aus; auf dem mühsamen Weg vom Basislager zum vorgeschobenen Basislager hatte er schon zwei Prothesen verschlissen. Er reparierte die Dinger mit Klebstoff und ging weiter.

Mit seinem Kunstfuß war Tom vielleicht der bemerkenswerteste Mensch am Everest.

Der auffallendste war er aber bei weitem nicht. Jon Muir, der Aussie, trug eine selbst gemachte, kosakenmäßige Mütze mit einem Fuchskopf darauf und er hatte einen getrockneten Hühnerfuß bei sich, den er in einem tibetischen Restaurant mitgenommen hatte und auf dem Gipfel niederlegen wollte. »Die erste Everest-Besteigung mit einer Hühnerkralle. Diese Leistung hätte niemand für möglich gehalten«, prahlte er vor unbedarften Neulingen im Basislager. Jon hatte den Everest schon 1988 bestiegen und war jetzt wiedergekommen, um seine Frau Brigitte bei ihrem Versuch zu unterstützen. Es fiel ihm schwer, den Massenbetrieb von 1995 noch ernst zu nehmen. Als ein junger Türke ausrief, er sei »bereit, für den Everest zu sterben«, bekam Jon einen Lachkrampf und fuchtelte dem verwirrten Jüngling mit seiner Hühnerkralle vor dem Gesicht herum.

Dann kam der junge Wilde, ein amerikanischer Jüngling, der eines Tages im vorgeschobenen Basislager auftauchte, mir heftig die Hand schüttelte und uns unbedingt überreden wollte, ihn in unser Team aufzunehmen. Er hatte sich wegen unüberbrückbarer Meinungsverschiedenheiten von seiner Expedition getrennt und suchte neuen Anschluss. Er wollte Eindruck schinden und prahlte ausgiebig mit seinen Kletterkünsten und seinen einarmigen Klimmzügen –

Fähigkeiten, die am Everest nichts bringen. Hier braucht man den Bizeps nur zum Schuhebinden. Ich kam mir vor, als wolle mir jemand einen Gebrauchtwagen andrehen, für den ich keine Verwendung hatte, also gab ich dieser Waise des Everest einen guten Rat: »Wozu brauchst du ein Team? Geh doch einfach allein rauf.« Ich dachte dabei, dass ich selbst viel lieber im Nachbartal wäre, in der Einsamkeit der Nordwand, wo sich außer mir keine Menschenseele befände. Dort, abseits von den Menschenmassen und der Filmcrew, könnte man sich noch als echter Bergsteiger fühlen.

Der Bursche verschwand den Nordgrat hinauf, zusammen mit zwei Sauerstoffflaschen, die er einem litauischen Team geklaut hatte. Er war wie ein Tier, das aus dem Zoo entkommen und verwildert war. Ich sah ihn nie wieder; aber es liefen Gerüchte um, ein einzelner junger Mann treibe sich im Höhenlager herum, penne in verlassenen Zelten, grabe im Schnee nach Essensresten und versuche sich den Gipfelteams aufzudrängen. Vielleicht hat er es geschafft, vielleicht auch nicht. Er war auch nur einer in der Menge.

Normaler, aber nicht weniger interessant war George Mallory, ein Enkel des verstorbenen George Leigh Mallory. Als der junge George am 14. Mai den Gipfel erreicht hatte, hegte er nicht mehr den geringsten Zweifel, dass sein Großvater im Jahr 1924 der erste Mensch auf dem Everest gewesen war. Sein Glaube gründete sich auf die Tatsache, dass der dritte Mann im Team, Noel Odell, beobachtet hatte, wie Mallory und Irvine die zweite Stufe erkletterten (in späteren Jahren war sich Odell offenbar nicht mehr sicher, an welcher Stelle des Grats er die beiden gesehen hatte, aber in seinen schriftlichen Botschaften aus der Zeit, als sie verschwanden, spricht er ganz klar von der zweiten Stufe). Odell sichtete sie ungefähr um ein Uhr Mittag. Von der zweiten Stufe sind es keine 300 Höhenmeter mehr bis zum Gipfel. Die horizontale Entfernung beträgt etwa 800 Meter.

»Dieses letzte Stück enthält keine Schwierigkeit mehr. Da muss man den Gipfel einfach erreichen«, sagte der junge George mit Überzeugung. Und tatsächlich war das Wetter am 8. Juni 1924

nachweislich gut, wenn es auch Wolken gab, und Mallory und Irvine waren erfahrene, starke Bergsteiger und hatten auch schon
primitive Sauerstoffapparate. Der junge George hatte die chinesische Leiter zwar unbeschädigt vorgefunden, hatte aber die leiter-
lose Variante gewählt und den Eindruck gewonnen, dass Großpa-
pa das auch geschafft hätte, selbst wenn er sich vielleicht auf
Irvines Schultern hätte stellen müssen. Schließlich war der Chinese
Wang Fu-Chou 1960 auch ohne Leiter über die zweite Stufe gekommen. Er hatte die Schuhe ausgezogen und die Wand in Socken
erklettert, wobei er sich ein paar Zehen erfror. Die mussten später
abgenommen werden.

Niemand weiß Genaues über die letzten Stunden von Mallory
und Irvine, aber sie haben ein paar Spuren hinterlassen, welche die
Fantasie anregen. Zum Beispiel fand eine britische Expedition
1933 zwischen der ersten und zweiten Stufe einen Eispickel. War
der Fundort der höchste Punkt, den sie erreichten, oder die Stelle,
wo einer gestürzt war – oder hatten sie den Eispickel einfach weggeworfen, weil er auf der felsigen Stufe unbrauchbar war? Eine der
Leichen wurde angeblich 1975 von einem chinesischen Träger namens Wang Hung-bao gefunden. Er hatte sich ein Stück vom Lager in 8 000 Meter Höhe entfernt und berichtete bei seiner Rückkehr, er habe »einen englischen Toten« gefunden. Zhang Jun Yan,
der am Tag dieser grausigen Entdeckung mit Wang das Zelt teilte,
bestätigte die Geschichte später. 1979 erzählte Wang seine Geschichte dem Führer einer japanischen Expedition, Ryoten Hase-
gawa. Aber bevor sie die Leiche suchen konnten, fiel Wang unter
dem Nordsattel einer Lawine zum Opfer. Ein Amerikaner namens
Tom Holzel war von der mysteriösen Geschichte so fasziniert, dass
er 1986 eine Expedition organisierte, um nach den Leichen und
den Kameras zu suchen. Er hoffte natürlich, ein Gipfelfoto zu finden, das bewies, dass Hillary nicht der Erste auf dem Gipfel war.
Was für einen Wirbel hätte das gemacht! Aber Holzel fand nichts.

Zwei Wochen nachdem ich vom Everest zurück war, enthüllte
mir Holzel das lang gehütete Geheimnis, an welcher Stelle Wang

den Leichnam gefunden hatte; er hatte es von chinesischen Bergsteigern erfahren. Ich fand es ziemlich schaurig zu hören, dass unser Höhenlager nur einen Steinwurf weit von jener Stelle entfernt
gewesen war, die vielleicht die Lösung des ältesten Geheimnisses in
der Geschichte des Alpinismus barg. Und unser Basislager lag ganz
dicht bei Wangs Grab.

Als die Saison fortschritt, häuften sich Diebstähle. Es begann damit, dass eine Expedition behauptete, eine andere hätte ihr im Höhenlager wertvolle Sauerstoffflaschen gestohlen. Später wurden
zwei Sherpas mit Zelten und Schlafsäcken erwischt, die sie aus einem anderen Lager geklaut hatten. Als Folge dieser Tat stand ein
Sherpa, der vom Gipfel abstieg, im Höhenlager ohne Schlafsack
da. Tibetische Yak-Hirten plünderten Zelte auf dem Gletscher;
später nahmen sie gleich ganze Zelte mit. Es hatte wenig Sinn, das
Zelt zu verschließen; sie schnitten es einfach auf. Auf 7 000 Meter
Höhe verschwand sogar mein Eispickel, der neben dem Zelt gelegen hatte. Den bekam ich allerdings nach ein paar Tagen zurück,
als ich einem osteuropäischen Bergsteiger begegnete, der damit
vom Gipfel herunterkam. Aber was unser Team am meisten em-
pörte, war das Verschwinden von 60 Litern Rum, die sich im Basislager verflüchtigten.

War denn am Everest nichts mehr heilig? Offensichtlich nicht.
Kunden drohten ihren Führern Prozesse an, Faxgeräte spuckten
Meldungen aus, die uns beständig an das wirkliche Leben erinnerten, und die betonierten Toiletten füllten sich mit Exkrementen. Es
gibt einen Ausspruch: »Wenn Macht korrumpiert, dann korrumpiert absolute Macht vollkommen.« Den kann man sehr passend
abwandeln in: »Wenn Berge korrumpieren, dann korrumpiert der
Everest vollkommen.«

Am 18. Mai kamen die hundsgemeinen Jet-Stream-Winde wieder und fegten wie ein Sandstrahlgebläse über den Gipfel. Es wurde mir bewusst, dass ich den Berg nicht bestiegen und das gute

Wetter verpasst hatte und dass ich vermutlich überhaupt nicht auf den Gipfel kommen würde. Ich versuchte mich damit abzufinden, aber das drohende Scheitern wurde zu einer Schwäre auf meiner Seele, an der ich herumkratzte wie ein räudiger Hund. Flachländer, denen ich in die Steigeisen geholfen hatte, waren auf dem Gipfel gewesen – warum nicht ich? Ich war schließlich Bergsteiger und sie bloß Touristen. Was war schuld?

Das Timing war schuld, und dass ich in ein Filmprojekt verwickelt war, war schuld. Und schuld war auch, dass ich in einer Riesenexpedition gefangen war, in der das Management bestimmte, wann man auf den Berg ging und wann nicht. Ich hatte etwa bei der Hälfte meiner elf Himalaja-Expeditionen mein Ziel nicht erreicht; aber wenn ich gescheitert war, hatte ich es mehr oder weniger selbst entschieden; es war eine freundschaftliche Übereinkunft zwischen mir und den Bergen gewesen. Schön langsam begriff ich, dass meine Selbstwahrnehmung zu einem ungesunden Grad durch das Bergsteigen definiert ist, und ich beschloss, das Ganze leicht zu nehmen, mich ins »Zen des Scheiterns« einzuleben und über die Tatsache zu lachen, dass Leute mit blutwenig Bergerfahrung den Gipfel geschafft hatten, während ich mich noch im Basislager herumdrückte. Aber bevor ich mir viel von dieser Feel-good-Stimmung aneignen konnte, besserte sich das Wetter.

Am 25. Mai nächtigten wir – Tom, Russell, die Sherpas Karsang und Lobsang und ich – in unserem letzten und höchsten Lager. Der Gipfel ragte 650 Meter über uns und etwa eineinhalb Kilometer südwestlich von uns auf. Um Mitternacht standen wir auf, schnallten unsere russischen Sauerstoffmasken an und gingen hinaus in die mondlose Nacht.

Wir folgten einer Spur verrottender Seile, die am bröckligen Fels des Gelben Bandes befestigt waren. Wegen der unförmigen Masken konnten wir unsere Füße nicht sehen. Die Kälte legte die Batterien unserer Stirnlampen lahm. Wir gingen unsicher wie Blinde.

Für Tom war es nicht leicht, aber er zwang sich vorwärts und zog sich an den Seilen weiter, die sich über eine schier endlose Folge von Rampen und Stufen herunterschlängelten. Damit er schneller vorwärtskam, trugen wir anderen sein Gepäck. Wir waren bepackt wie Lastesel. Jeder schleppte drei Sauerstoffflaschen. Ich hatte dazu noch eine Videokamera, ein Radio, einen Fotoapparat und einen Liter Wasser zu tragen. Mein Proviant für den Tag bestand aus 200 Kalorien in Form von GU, einem breiigen Nahrungskonzentrat. Beim ersten Schimmer der Morgendämmerung, um 4.30, machten wir in 8 300 Meter Höhe eine Pause, um unsere Fortschritte zu beurteilen.

Es war uns inzwischen klar, dass Tom zu langsam vorwärtskam. Wir hatten noch nicht einmal den Scheitelpunkt des Nordostgrats erreicht. In diesem Tempo hätte Tom zwar den Gipfel schaffen können, aber erst sehr spät. Bis dahin würde uns der Sauerstoff ausgegangen sein und ein nächtlicher Abstieg ohne Stirnlampen böte jede Garantie für Erfrierungen, Stürze und allgemeinen Horror. Es war ein schmerzlicher Augenblick für Tom, aber hier war für ihn das Ende der Fahnenstange. Er kehrte mit Russell ins Höhenlager zurück, während ich mit Karsang und Lobsang weiterstieg.

Die Sonne ging gerade auf, als wir den Scheitel des Grats erreichten. Der Makalu, der fünfthöchste Berg der Erde, stand da wie ein solider Backenzahn. Im flach einfallenden Sonnenlicht zeigte sich Nepal als endlose Folge von parallelen Gebirgskämmen und wolkenverdeckten Tälern, von dampfenden Urwäldern und eisbedeckten Gipfeln. Tibet sah am Horizont wie erdfarbener Samt aus, im Vordergrund aber drängten sich die porzellanweißen Gletscher.

Wir passierten die erste Stufe, dann hangelten wir uns vorsichtig über eine Kalksteinwand hinauf, die mit allerlei alten Seilen garniert war. Die Haken, an denen die Seile hingen, konnte ich teilweise mit den Fingern herausziehen. Um von einer der fußbreiten Rampen zur nächsten zu kommen, musste man gelegentlich riskante Freeclimber-Methoden anwenden. Einmal kam ich von der Route ab und hing plötzlich an lächerlich kleinen, bröckligen

Griffen. Mit Maske, Handschuhen und Frankensteinstiefeln hatte ich kein Gefühl für den Fels. Ich blickte zwischen meinen Beinen durch und sah nichts als Abgrund – und 150 Meter unter mir einen Farbfleck. Das war der Leichnam von Michael Rheinberger, einem Australier, der 1994 auf dem Gipfel gewesen war. Das war sein Lebenstraum gewesen und sein Partner, der Neuseeländer Mark Whetu, erzählte, er habe sich an den Gipfel geschmiegt und vor Glück geweint. Aber Michael hatte sich verausgabt und konnte kaum noch 100 Meter absteigen, bevor er zusammenbrach. Sie verbrachten die Nacht völlig ungeschützt. Mark erfror sich die Füße, aber er stieg am nächsten Tag weiter ab. Michael dagegen hatte keine Kraft mehr und blieb. Manche sagen, er sei abgestürzt, als er doch noch losging, andere meinen, der Wind habe seinen Körper dorthin geweht; noch andere glauben, ein Bergsteiger hätten ihn an einem Seil hinuntergelassen, damit die Gipfelstürmer seine Totenruhe nicht störten.

An der zweiten Stufe fanden wir die chinesische Leiter vor; die Wand war zu beiden Seiten der Leiter von breiten Rissen durchzogen. Ich fragte mich, ob Mallory und Irvine mit ihren schweren stählernen Sauerstofftanks, ihren Nagelschuhen und Tweedjacken dieses Hindernis überwinden konnten. Man wusste nur von einer Expedition gewiss, dass sie diese Wand bezwungen hatte; das war eben die chinesische im Jahr 1960. Das offizielle Buch über ihre Everestbesteigung, herausgegeben von der kommunistischen Partei, teilt mit, die Teilnehmer hätten drei Stunden dafür gebraucht und sie seien »mit der Kraft maoistischer Gedanken geklettert«.

Obwohl ich Sauerstoff nahm, hatte ich die letzte Stunde schwer gejapst. Als ich die Leiter geschafft hatte, fiel ich beinahe in Ohnmacht. Schließlich kontrollierte ich den Druck in meiner Flasche und stellte fest, dass sie leer war. Das erklärte manches. Ich schraubte eine neue Flasche an, warf die leere auf einen Haufen orangefarbener Torpedos und wurde Mitglied im Club der höchsten Umweltverschmutzer.

Nach ein paar hundert Metern holten wir den Franzosen Bob

und drei Sherpas ein. Sie waren eine Stunde früher aufgebrochen als wir.

»Hi, Greg«, sagte Bob.

»Hi, Bob«, sagte Greg.

Und dann fiel Bob vom Everest.

Ich verstehe bis heute nicht, was ihn davon abgehalten hat, den ganz großen Flug anzutreten. Als ich ihn zu Gesicht bekam, lag er auf einer abschüssigen Felsplatte von der Größe eines Couchtisches, und zwar auf dem Rücken, mit dem Kopf nach unten. Er strampelte mit Armen und Beinen und erinnerte mich stark an Gregor Samsa in Kafkas *Verwandlung*, der eines Morgens als Käfer erwacht. Als er versucht, wie ein Mensch zu gehen, fällt er hintenüber und bleibt auf dem Rücken liegen und seine Beine zappeln hilflos in der Luft herum. Ich hätte Bob gern fotografiert – er sah wirklich ziemlich komisch aus – aber ich verkniff es mir.

»Hilfe!«

»Beweg dich nicht!«

Bob war außer meiner Reichweite und ich hatte durchaus nicht die Absicht, mich über die Kante zu beugen, ihm die Hand zu reichen und über die ganze Nordwand hinunterzufliegen. Ich brauchte ein Seil, hatte aber keines. Er rutschte langsam ab auf seiner Platte, sein Kopf wurde vom Blutandrang immer röter und seine Augen baten dringend um schnelle Hilfe. Ich wollte schon meinen Klettergurt abnehmen und ihm ein Ende hinunterlassen, da sah ich zufällig zu Boden und erblickte ein altes Seil.

Diese Erfahrung mit »Suchet und ihr werdet finden« machte noch keinen frommen Menschen aus mir – aber wenn ich in Bobs Lage gewesen wäre, wer weiß ... Ich hackte das Seil aus dem Eis, machte eine Schlinge und warf sie ihm zu. Er packte sie. Dann kam Ang Babu, grub noch mehr Seil aus dem Eis und warf es auch hinunter. Als wir Bob heraufzogen, fragte ich ihn nach dem Grund für seinen Sturz.

»Ich dachte an etwas anderes«, sagte er.

Am Gipfel, den ich um 9.45 erreichte, herrschte reges Leben. Wir waren zu siebt und hatten eine Menge zu tun mit Händeschütteln; außerdem mussten wir Radiobotschaften absenden und Fotos machen. In einem fort wurden Kameras herumgereicht, damit schließlich jeder Fotos von sich und den anderen hatte. Der Gipfel starrte von Metallstangen, die mit flatternden roten, gelben und blauen Gebetsfahnen geschmückt waren. Ein Gegenstand dort oben, ein wissenschaftliches Instrument, sah einer Verkehrsampel ziemlich ähnlich. Ich dachte daran, wie ich 1990 auf dem K2 die Halluzination hatte, es stünde jemand neben mir, obwohl ich allein war. An diesem Tag auf dem Everest wäre es eine Halluzination gewesen, wenn man niemanden gesehen hätte.

Bob schwang sein Lasso und ging, zusammen mit dem ganzen Pulk. Ich brachte noch ein paar Minuten allein auf dem Gipfel zu. Endlich Ruhe. Nur das Flattern der Gebetsfahnen und mein Herzschlag. Keine Wolke. Ein gekrümmter Horizont. Irgendwo dort draußen, weit im Süden, rollte der Monsun auf den Himalaja zu und schob die Jet-Stream-Winde auf die Seite wie ein kosmischer Bulldozer. So war um den Everest eine Zone der Ruhe entstanden. Zehn Meter unter dem Gipfel lag ein bisschen Geröll. Ich steckte ein paar kleine, alte Steine ein und machte mich auch an den Abstieg.

In diesem Frühjahr kamen 67 Leute von Tibet aus auf den Everest. Es gab keinen Todesfall auf dieser Seite, nur in Nepal kam ein junger Sherpa ums Leben. Die Buchführer haben mir mitgeteilt, dass ich der 736. Mensch auf dem Berg war. Es ist kein besonders exklusiver Club mehr, aber es ist ein schönes Gefühl, dort oben gestanden zu haben.

John Long
Panik am Green Arch

*Unter Bergsteigern ist John Long (geb. 1953) durch seine ver-
wegenen Klettereien im Yosemite und durch seine Bücher und
Videos über das Felsklettern bekannt geworden. Er hat auch
schon viel über Berg- und andere Abenteuer geschrieben. Hier
erzählt Long aus seiner Jugendzeit, als aller Ehrgeiz in den Impe-
rativ mündete: Durchsteig die härtesten Routen, bevor es ein anderer macht.*

Wir kamen aus Provinznestern wie Upland, Cucamonga, Ontario
und Montclair. Keiner von uns hatte schon etwas für die Unsterb-
lichkeit getan und die Felskletterei schien uns eine Chance zu bieten, das zu ändern. Wir hatten eine Menge Bergbücher gelesen und
konnten ganze Passagen daraus auswendig hersagen. Man kann
sich schwerlich eine Gruppe von Jugendlichen vorstellen, die allem,
was mit Bergen zu tun hatte, mit größerer Leidenschaft anhing. Wir
hatten nur ein Problem: Bei uns in Südkalifornien gab es keine richtigen Berge. Aber es gab eine Menge Felsen. Prima Felsen.

Im Frühjahr 1972 sprang an jedem Samstagmorgen etwa ein
Dutzend von uns in ein paar so schäbige Rostlauben, wie man sie
für 200 Dollars kriegt, und röhrte in das kleine Bergdorf Idyllwild,
wo der Tahquitz Rock steht. Die letzten 40 Kilometer nach Idyllwild ist die Straße kurvenreich, steil und strecken-weise sogar gefährlich. So mancher alte Volkswagenbus oder klapprige Rambler
wurde da zu sehr strapaziert und gab seinen Geist auf. Dann nahm
der Fahrer die Kennzeichen ab, lud sich Seil und Rucksack auf und
streckte den Daumen in Richtung auf unser Mekka aus. Wir muss-

ten unbedingt um acht Uhr in einem bestimmten schäbigen Restaurant sein. Dort traf sich unsere Gruppe, die Stonemasters, diskutierte über die heutige Route, schlang ein bisschen was zu essen hinunter und stürzte sich mit der Wucht eines Hagelschlags auf die Felsen.

Die Atmosphäre war von Ehrgeiz geladen und unser Selbstvertrauen und unsere Leidenschaft wuchsen mit jeder neuen Route, die wir schafften. Unter Kletterern hieß es, wir seien Verrückte oder Aufschneider, oder beides zusammen. Wir fühlten uns durchaus geschmeichelt. Wir waren großmäulige achtzehnjährige Punks und wir waren stolz darauf.

Tahquitz war damals einer der angesagtesten amerikanischen Kletterfelsen. Er wies eine Menge erstklassiger Routen auf und wurde schon seit der Zeit geschätzt, als das technische Klettern in Amerika seinen Einzug hielt. Am Tahquitz wurden zum ersten Mal Routen mit dem Schwierigkeitsgrad 5.8 und 5.9 geklettert, hier kam man auf die Idee, alte Technotouren frei zu klettern, und setzte sie in die Tat um. Eine Menge berühmter Bergsteiger hat hier das Klettern gelernt.

Die Stonemasters kamen genau zu der Zeit, als die Vorgängergeneration harter Burschen – jetzt eine aufgeblasene Bande von Möchtegernkünstlern und Uni-Assistenten – unter den Raten fürs Eigenheim und unter den kreischenden Gören zu ächzen begann. Diese Leute hassten uns aus ganzem Herzen. Wir waren arm wie Kirchenmäuse, abgerissen wie Penner und ewig hungrig – und ihre Meinung war uns vollkommen egal. Wir waren schon manche Route, auf deren Durchsteigung sie stolz waren, hinaufgekrabbelt, nicht direkt elegant, aber mit Energie und Feuer, und man begann uns wahrzunehmen.

Die alte Garde war perplex, dass wir mit wenig Talent und noch weniger Erfahrung so weit gekommen waren. Als bekannt wurde, dass wir die geheiligte *Valhalla*-Route anpeilten (eine der ersten 5.11-Routen in Amerika), die seit der Erstbegehung keiner mehr geschafft hatte, sooft es auch versucht worden war, da zeigten sie die Zähne. Wenn wir von *Valhalla* auch nur träumten, sollten wir besser aufwachen und uns entschuldigen. Sie hatten uns den Fehdehandschuh hingeworfen und wir nahmen ihn auf. Nach einem Monat hatten wir alle *Valhalla* bezwungen, manche sogar ein paarmal, und die Alten sahen sich von ein paar dreckigen Schreihälsen von der Bühne gedrängt. Und keiner schrie lauter als Tobin Sorenson, der verrückteste Vogel, der je einen Berg bestiegen hat.

Tobin war absolut einmalig. Er hatte eine Weltergewichtsfigur, rötlich braunes Haar und den in die Ferne gerichteten Blick eines Irrsinnigen. Aber er war freundlich und unschuldig wie ein Kind, fluchte nie und stritt nie. In der Gegenwart von Mädchen war er so schüchtern, dass er rot wurde und zu stottern anfing. Aber als Erster am Seil wurde er zum Berserker. Im vergangenen Sommer hatte er eine noch nie dagewesene Folge von scheußlichen Stürzen verbucht, die zehnmal gereicht hätte, seine Karriere und sein Leben zu beenden. Aber jedes Mal stand er wieder auf und probierte es noch mal. Und meistens schaffte er es. Aus ihm wurde sehr schnell ein Weltklassekletterer, weil ein Mensch mit so günstigen körperlichen Voraussetzungen und so brennendem Ehrgeiz bald an die Spitze kommt – vorausgesetzt, er bringt sich nicht vorher um. Tobin forderte die Götter unablässig heraus, suchte neue Routen, wagte Erstbesteigungen ohne technische Hilfsmittel. Die Erfolge seines kurzen Lebens würden ein Buch füllen. Zwei Bücher.

Es war wieder einmal Samstagmorgen. Zu fünft oder sechst saßen wir in unserem kleinen Restaurant in Idyllwild. Tahquitz war unsere Auster. Wir hatten sie mit einem Haken aufgebrochen und monatelang daraus geschlürft. Jetzt gab sie nicht mehr viel her. Außer ein paar absolut furchtbaren, geradezu absurden Routen war nichts mehr übrig. Aber in der vergangenen Woche hatte Ricky Accomazzo den Green Arch entdeckt, einen eleganten Bogen, der sich an die südliche Schulter des Tahquitz lehnte. Als Ricky erwähnte, es gäbe vielleicht eine ganz geringe Chance, diese Perle von einer technischen Kletterei frei zu durchsteigen, schaute Tobin

drein wie der Hund von Baskerville, wenn er das Wort »Knochen«
hört, und wir mussten ihn beinahe festbinden, damit wir unser
Frühstück beenden konnten.

Weil der Green Arch Rickys Idee war, hatte er natürlich das Recht
auf den ersten Versuch. Tobin sträubte sich gegen diese Entscheidung und wir banden ihn an eine verkrüppelte Föhre. Ricky ging
los. Nach 15 Metern heikler Kletterei in der Wand erreichte er den
Bogen, der sich noch 25 Meter senkrecht auftürmte, bevor er sich
nach rechts schwang und in Fels überging, der reichlich mit Griffen
und Rissen versehen war. Wenn man erst diese Griffe erreicht hatte,
wären die letzten 90 Meter kein Problem. Aber die untere Verschneidung und der Bogen darüber sahen zu glatt aus. Der Riss im
Bogen war so schmal, dass man nicht einmal die Fingerspitzen hin-
einbekam, und beide Seiten der Verschneidung waren glatt wie
Marmor. Ricky presste seinen Körper an die eine Seite und stemmte
beide Füße an die andere Wand, wobei sowohl Hinterteil als auch
Stiefel ständig an der rutschigen Wand abglitten. Es war schwierig
genug, die Höhe zu halten, und er konnte sich nur mit gewaltiger
Anstrengung zentimeterweise aufwärtsschieben. Erstaunlicherwei-
se kam er immerhin die halbe Strecke hinauf, bevor ihn die Kräfte
verließen. Er schlug einen Haken ein und ließ sich herunter. Jetzt
unternahm ich einen Versuch.

Eine Stunde lang plagte ich mich wie noch nie und erreichte
schließlich eine Stelle, wo ich mich ausruhen konnte, genau unterhalb der Stelle, wo der Bogen sich zu jenem griffigen Fels hin wölbte. Sechs Meter waren es noch. Aber sechs hundsgemeine Meter.

Direkt über dem Bogen gab es schöne Griffe, aber die hörten
nach etwa sieben Metern auf und der Kletterer wäre im ödesten
Niemandsland gestrandet. Keine Chance weiterzukommen, keine
Chance zum Rückzug und keine Möglichkeit einer Sicherung. Das
war keine Lösung. Wir mussten uns an den Bogen halten.

Ich hangelte mich noch drei Meter weiter, dann konnte ich mit
Mühe einen ganz dünnen Haken, ein Knifeblade, einrammen,
hängte das Seil ein – und stürzte ab. Meine Kumpels ließen mich

am Seil hinab und ich fiel um und blieb zehn Minuten liegen, unfähig, mich zu rühren. Meine Pobacken waren mit blauen Flecken übersät und meine Füße waren schwach und zittrig, weil ich sie so krampfhaft an die Wand gestemmt hatte.

Jetzt wurde Tobin von seinem Baum gebunden; er schlang sich das Seil um und stürmte die Verschneidung hinauf, als wäre der Teufel hinter ihm her. Er kämpfte sich zu meinem Rastplatz hinauf, atmete ein paarmal tief durch, hangelte sich zu diesem wackligen, krummen, unzuverlässigen Haken hinüber und weiter über den Bogen zu diesen Griffen, die nirgendwohin führten.

»Nein!«, schrie ich. »Da geht's nicht weiter!« Aber es war zu spät.

Man muss wissen, dass Tobin ein religiöser Fanatiker war, dass er Bibeln nach Bulgarien geschmuggelt und dabei 25 Jahre Zuchthaus auf dem Balkan riskiert hatte, dass er auf einer fundamentalistischen Uni Theologie studiert hatte und dass das alles nichts daran änderte, dass er vollkommen verrückt war. Er war imstande, alle möglichen Konsequenzen zu ignorieren, ja, sie sogar herauszufordern. (Im nächsten Jahr kletterte er einen schwierigen Überhang mit dem Seil um den Hals.) Am erschreckendsten war sein Talent, sich am Berg in eine aussichtslose Lage zu manövrieren. Auf ganz normalen Routen war keiner besser. Aber wenn Geduld und Bedachtsamkeit gefragt waren, war keiner schlechter. Tobin kletterte sozusagen mit Scheuklappen und brachte sich damit oft genug in die Bredouille. Wenn es dann nicht mehr weiterging und er anhalten musste und keinen Ausweg mehr sah, dann traf ihn die Erkenntnis seiner eigenen Torheit wie eine Abbruchbirne. Er geriet in Panik, schrie, weinte und führte sich ganz unmöglich auf. Und wie vorhergesehen, war nach sieben Metern Schluss mit den schönen Griffen und Tobin war in einer Sackgasse.

Er hatte Aussichten auf einen Sturz von 15 Metern – *wenn* der mickrige Haken, den ich eingerammt hatte, hielt. Aber damit war nicht zu rechnen. Im besten Fall würde er seinen Fall so abbremsen, dass der nächste Haken ihn halten konnte. Und der war drei Meter unterhalb des beschissenen Hakens, an meinem Rastplatz. Insgesamt würde er also 21 Meter tief stürzen, oder noch ein bisschen mehr, wenn man die Dehnung des Seils berücksichtigte.

Als Tobin da oben vor Angst schlotterte, kam ausgerechnet sein Vater daher, ein Geistlicher im Ruhestand, ein ruhiger, unerschütterlicher Herr, der jetzt schnaufte und keuchte nach dem langen Anstieg. Nachdem er so viel über das Klettern gehört hatte, wollte er endlich einmal seinen Sohn in Aktion sehen. Schlechter hätte er es nicht treffen können. Es war wie eine Szene aus einem B-movie – wir krümmten uns und warteten darauf, dass die Bombe fiel; der gute Pastor, verschwitzt und verwirrt, keuchte durch seinen Schnurrbart und blinzelte zur Frucht seiner Lenden hinauf und Tobin hing heulend dort oben und sah sich schon fallen.

Irgendetwas kann man immer tun, auch in der schlimmsten Lage, wenn man nur die Nerven behält. Aber Tobin war total hinüber; seine Angst war so groß, dass er gern sterben wollte, nur um ihr ein Ende zu machen. Er kreischte: »Passt auf! Ich springe!« Wir begriffen nicht gleich, was er meinte.

»Runterspringen?«, schrie Richard hinauf.

»Ja!«, heulte Tobin.

»NEIN!«, schrien wir alle im Chor.

»Du schaffst es, Sohn!«, ließ sich der Vater hören.

Der gute Mann wollte seinen Sohn nur ermutigen, aber sein Rat war der denkbar schlechteste, denn es war ganz ausgeschlossen, dass Tobin (oder sonst irgendjemand) es schaffen konnte. Es gab weit und breit nichts, woran man sich hätte festhalten können. Aber beflügelt vom Drängen seines Vaters, bemühte sich Tobin, die Griffe zu erreichen, die so weit rechts von ihm waren. Er reckte und streckte sich und fuchtelte mit den Armen. Und plötzlich fiel er.

Das dünne Häkchen schoss heraus und Tobin sauste hinunter, im spektakulärsten Sturz, den je ein Kletterer überlebt hat, mit Überschlag und allem Drum und Dran. Sein Schrei ging uns durch Mark und Bein. Und dann stoppte das Seil mit einem gewaltigen Ruck den freien Fall. Tobin hing mit dem Kopf nach unten da und wimmerte

leise. Wir ließen ihn langsam herunter und er blieb regungslos liegen. Stumm standen wir um ihn herum und wagten nicht zu atmen.
Man hätte eine Nadel fallen hören können. Tobin hatte überall Ab-
schürfungen und über einem Auge eine riesige Beule. Einen Augenblick lag er noch da wie tot, dann rappelte er sich auf und schüttelte
sich schwach, wie ein alter Hund, wenn er aus dem Wasser kommt.

»Nächstes Mal krieg ich ihn«, brummte er.

»Es gibt kein nächstes Mal!«, sagte Richard.

Es gab doch eines, aber das war vier Jahre später. Da flitzte Ricky als Erster am Seil, gefolgt von Tobin und mir, beim ersten Versuch den ganzen Bogen hinauf. Es war eine Glanzleistung, die sich
weit herumsprach.

Tobin durchstieg später die Matterhorn-Nordwand, den Wal-
kerpfeiler und das Leichentuch in den Grandes Jorasses im Alleingang (alles in Jeans), schaffte die erste Besteigung der Harlin-
Direttissima am Eiger im Alpinstil, die erste amerikanische
Besteigung des Super-Couloirs am Mont-Blanc de Tacul, wiederholte die schwierigsten Freeclimb-Routen und Big Walls im Yosemite und stürzte sich schließlich auf den Himalaja. Er war
vielleicht der vielseitigste Kletterer der späten siebziger Jahre. Aber
er hatte sich nicht geändert. Er kletterte immer noch, als liefe ihm
die Zeit davon, und packte in jede Route so viel Unruhe, Angst
und Nervosität, dass es für ein ganzes Jahr gereicht hätte.

Seit jenen Tagen am Tahquitz habe ich allerhand erlebt und auch
selbst genug verrückte Sachen gemacht. Aber nie werde ich diesen
schaurigen Augenblick vergessen, als wir Tobin dort oben beobachteten, wie er in aussichtsloser Lage verzweifelt die Hand nach
dem Gelobten Land ausstreckte. Er erreichte es 1980, als er versuchte, die Nordwand des Mount Alberta im Alleingang zu be-
zwingen. Das war natürlich eine Tragödie. Aber manchmal frage
ich mich, ob Gott es vielleicht einfach nicht länger mit ansehen
konnte, wie Tobin verzweifelt nach Griffen angelte, die außerhalb
seiner Reichweite lagen, und dem Stress ein Ende machte.

Jim Wickwire und Dorothy Bullitt
aus **Süchtig nach der Gefahr**

Jim Wickwire (geb. 1940) war 1978 Teilnehmer der ersten amerikanischen Expedition, die den K2 bezwang. Seine Passion für den Alpinismus entspringt zu einem Teil auch der Lust am Risiko – obwohl er nur zu gut weiß, was auf dem Spiel steht. 1981 hatten Wickwire und sein junger Partner auf dem Weg zur berüchtigten Wickersham-Wand am Mount McKinley einen Unfall, der sie zwang, das Unakzeptable zu akzeptieren.

Wir bewegten uns langsam den Peters-Gletscher hinab, zwischen uns einen Schlitten mit der ganzen Ausrüstung. Das Seil, das uns verband, war nur sechs Meter lang – zu kurz, das war uns schon bewusst, aber bei der unebenen, gewellten Oberfläche des Gletschers ging es nicht anders. Ein Gletscher ist kein festes, unbewegliches Ding. Er fließt mit Strömungen wie ein Fluss, teils glatt dahin, teils wild wie in Stromschnellen. Wo er die Richtung wechselt oder wo sich das Gefälle des Untergrunds ändert, bricht die Oberfläche auf und es bilden sich Spalten, die 30 Meter tief sein können. Eine dünne Lage Schnee kann sie unsichtbar machen.

Chris ging voraus. Ich folgte und richtete den Schlitten immer wieder auf, wenn er kippte. Die Nachmittagssonne brannte herab, machte den Schnee weich und warf lange Schatten. Wir hatten gerade beschlossen, uns auf ebeneren Grund zu begeben, als Chris einbrach und mit dem Kopf voran in eine Spalte stürzte. Ich war gerade mit dem Schlitten beschäftigt und sah ihn nicht fallen. Urplötzlich riss mich das Seil von den Füßen und hinab in ein eisiges Nichts. »Das war's«, dachte ich. »Jetzt ist es aus.«

Der Schlitten stürzte auf Chris und ich auf den Schlitten. Ich war nach dem Aufprall geschockt, aber nicht bewusstlos, und untersuchte mich auf Verletzungen. Meine linke Schulter fühlte sich taub an und ich konnte den Arm nicht heben. (Nachher erfuhr ich, dass die Schulter gebrochen war.) Ich unterdrückte die aufsteigende Panik und blickte um mich, um zu sehen, was zu machen war. Auf unsicherem Stand, den einen Fuß auf dem Schlitten, den anderen auf einem kleinen Buckel im Eis, tat ich mein Möglichstes, um Chris zu beruhigen. Ich nahm meinen Rucksack ab und klemmte ihn zwischen die Eiswände, wo die Spalte nur einen knappen halben Meter breit war. Dann stieg ich auf den Rucksack und schob den Schlitten von Chris herunter. Nicht weit unter uns blieb er stecken.

Alles, was ich von meinem Kumpel sehen konnte, waren seine Beine; sie baumelten, immer noch in Schneeschuhen, hinter seinem großen schwarzen Rucksack, der zwischen den Wänden der Spalte auf seine halbe Breite zusammengequetscht worden war. Chris hing mit dem Gesicht nach unten, parallel zum Boden der Spalte, und schrie: »Ich kann mich nicht rühren, Wick, du musst mich da rausholen!« Sein ganzer Oberkörper, gefangen unter dem Rucksack, war völlig unbeweglich. Ich sah, dass seine linke Hand nach hinten gedreht und zwischen Rucksack und Wand eingeklemmt war. Ich ergriff sie und fragte Chris, ob er den Druck spüre. »Nein!«, schrie er. »Ich spüre überhaupt nichts! Du musst mich hier rausholen, Wick!« Ich beteuerte: »Klar, Chris. Das versprech ich dir.« Ich versuchte ihn mitsamt dem Rucksack hochzuziehen, aber sosehr ich mich auch plagte, er rührte sich keinen Millimeter. Sehr schnell wurde mir klar, dass ich nichts für ihn tun konnte, solange ich selbst hier unten steckte.

Die steil abfallenden Wände waren so glatt wie eine Eislaufbahn. Der schmale Spalt Tageslicht wirkte sehr fern. Ich brauchte zum Aufstieg meine Steigeisen. Glücklicherweise hingen sie außen an meinem Rucksack. Ungeschickt zog ich in der Enge meine Stiefel aus und befestigte die Steigeisen daran. Dann machte ich unser

Seil an Chris' Rucksack fest, hängte mir eine neunzig Zentimeter lange Aluminiumstange und zwei Jumars – mechanische Vorrichtungen, mit denen man an einem Seil auf- und absteigen kann – an meinen Klettergurt und machte mich an den Aufstieg. Als ich die Frontzacken meiner Steigeisen in die Wand stoßen wollte, prallten sie einfach ab. Ich versuchte es mit meinem Eispickel, aber ich hatte keinen Platz zum Ausholen. Der Pickel machte kaum einen Kratzer im Eis. Jetzt bekam ich es mit der Angst zu tun. Wie konnte ich da rauskommen, wenn das Eis so unangreifbar war? »Immer mit der Ruhe«, redete ich mir zu. »Irgendwie muss es doch gehen.«

Ich versuchte eine kleine Kerbe zu schlagen, nur einen Finger breit, und setzte die Frontzacken eines Steigeisens hinein. Den Rücken an die andere Wand gestemmt, schob ich mich ein Stück hinauf. Die Zacken hielten der Belastung stand. Mit dem guten Arm führte ich den Hammer, ritzte eine Leiter kleiner Kerben ins Eis und arbeitete mich langsam die glatten, kalten Wände hinauf, so konzentriert wie noch nie in meinem Leben. Die ganze Zeit schrie Chris unter seinem Rucksack hervor: »Du musst mich da rausholen, Wick, du musst mich da rausholen!« Schnaufend und ächzend vor Anstrengung antwortete ich: »Keine Angst, ich krieg dich raus.« Ich war überzeugt davon.

Trotz aller Ungeduld ließ ich den Abstand zwischen zwei Kerben nie größer werden als 15 Zentimeter. Ich wusste, wenn ich abstürzte, würde ich vermutlich zwischen den Wänden eingeklemmt werden wie Chris oder zumindest noch schwerere Verletzungen davontragen. Ich hatte nur diese eine Chance. Als ich der Oberkante nahe war – die Spalte war hier fast einen Meter breit – drehte ich den Oberkörper, schlug den Eishammer in die Kante hinter mir und stemmte meine Füße gegen die andere Wand. Mit einer einzigen schnellen Bewegung schwang ich mich über den Rand auf den Gletscher. Es waren nur knappe acht Meter gewesen, aber ich hatte eine volle Stunde gebraucht.

Erschöpft und schwer atmend, aber erleichtert, dass ich noch am

Leben war, lag ich auf dem Schnee. Als ich den Kopf hob und mich umsah, überraschte mich die Ruhe und der helle Sonnenschein auf dem breiten Gefälle des Gletschers. Die Versuchung, länger zu rasten, war groß, aber die Zeit wurde knapp. Ich musste schnell arbeiten. Wenn ich Chris nicht vor Einbruch der Nacht herausbekam, würde er erfrieren.

Ich packte das Seil und zog mit aller Macht. Keine Bewegung. Ich versuchte es noch einmal – nichts. Und noch einmal – wieder nichts. Ich würde wieder hinuntermüssen. Ich band das Seil an die Stange, die ich in den festen Schnee hineinstieß. Am Seil brachte ich die Jumars an (mit Nylonschlingen für die Füße), die es mir ermöglichten, schnell und sicher in die Gletscherspalte hinunterzugelangen.

Fünf Minuten später war ich wieder bei Chris. Ich hing über ihm und versuchte, seinen Rucksack mit dem einen guten Arm anzuheben, aber er rührte sich kein bisschen. Ich hoffte, ich könnte etwas erreichen, indem ich das Seil woanders befestigte. Also band ich es um die beiden Quergurte des Rucksacks und zog wieder. Keine Bewegung. Ich schlug meinen Eispickel in den Rucksack und konnte damit das obere Ende ein paar Zentimeter lüpfen, aber das war auch alles. Ich versuchte, die Kraft meiner Beine einzusetzen und den Rucksack zu heben, indem ich in den Schlingen höher stieg. Es half alles nichts.

Ich dachte, ich könnte den Rucksack vielleicht mit meinem Eispickel aufschlitzen und genug Zeug herausnehmen, um ihn aus der Verkeilung zu lösen. Aber der Pickel konnte nur ein paar lächerliche kleine Löcher in das feste Gewebe bohren. Der Rucksack stand unter zu hohem Druck, er war wie ein Stück Holz im Schraubstock. Ohne Flaschenzug würde ich Chris nicht befreien können und dafür fehlte mir die Ausrüstung. Nach zweistündigen Bemühungen legte ich eine Pause ein. »Tut mir Leid, das haut nicht hin«, gestand ich. »Ich geh wieder rauf und versuche, mit dem Radio jemanden – irgendjemanden – zu erreichen.«

Nachdem ich meinen Rucksack hinaufgezogen hatte, ging ich

unseren Weg zurück bis zu einem kleinen Hügel und versuchte verzweifelt, über das Radio Hilfe zu holen. »Hilfe! Kann uns jemand
hören? Es handelt sich um einen Notfall. Wenn irgend möglich,
helft uns!« Ich wiederholte die Botschaft noch oft, aber es antwortete niemand. Ich hatte es auch eigentlich nicht erwartet. In diesem
weit abgelegenen Tal war unser kleines Radio nutzlos. Wir hatten
den Mount McKinley auf einer kaum je begangenen Route erobern wollen und jetzt zahlten wir den Preis dafür. Niemand würde
uns zu Hilfe kommen. Wir waren allein.

Ohne große Hoffnung ließ ich mich wieder zu meinem Freund
hinunter und wiederholte die ganzen Manöver, die, so fürchtete
ich, auch diesmal nichts bringen würden. Chris' andauernde Bitten verstummten allmählich, als ihm immer klarer wurde, dass ich
ihn nicht befreien konnte. Wir hatten vorgehabt, im nächsten Jahr
auf den Everest zu steigen, und Chris sagte: »Mach es für mich,
Wick. Denk an mich, wenn du auf dem Gipfel bist.« Und weil er
ein leidenschaftlicher Trompetenspieler war, bat er mich, sein
Mundstück mit hinauf zu nehmen. »Ich weiß nicht sicher, ob ich
hinaufgehe. Aber irgendjemand wird es mitnehmen, das verspre-
che ich dir.« Wir sprachen über seinen nahenden Tod, aber ich
konnte nicht glauben, dass ein so junger und kraftvoller Mann direkt vor meinen Augen sterben würde.

Er trug mir noch Botschaften an seine Familie und seine engsten
Freunde auf, dann bat er mich, ihm in Würde sterben zu helfen.
Aber es fiel mir nichts ein, was sein Leiden hätte lindern oder seinen Tod beschleunigen können. Ich fragte ihn, ob sein Leichnam
in der Gletscherspalte bleiben oder herausgeholt werden solle. Er
sagte, das solle sein Vater entscheiden. Ungefähr um halb zehn,
sechs Stunden nach unserem Sturz, sagte Chris: »Du kannst nichts
mehr tun, Wick. Geh hinauf.« Ich verabschiedete mich unter Tränen. Als ich losstieg, sagte Chris ruhig: »Pass auf dich auf, Jim.«

Wieder an der Oberfläche, körperlich und seelisch erschöpft und
von Schuldgefühlen geplagt, zog ich meinen Parka an und kroch in
meinen Schlafsack und in den Biwaksack, einen dünnen Nylon-

sack, den man in Notfällen als Windschutz benutzt. Ich lag am
Rand der Spalte und hörte, wie mein Freund vor Kälte zu delirieren
anfing. Er führte Selbstgespräche, stöhnte und sang schließlich etwas, was sich wie ein Kirchenlied anhörte. Um zwei Uhr nachts
hörte ich das letzte Mal etwas von ihm. Chris Kerrebrock war 25.
Ich war 40.

Hamish MacInnes
aus **Der Preis des Abenteuers**

Der Schotte Hamish MacInnes (geb. 1930) war bei vielen verwegenen Erstbesteigungen in Großbritannien und in den Alpen dabei. Wenn etwas schief ging, brachten er und seine Kameraden immer genug Mumm auf, um sich aus der Bredouille zu befreien – wie in diesem Drama am Bonatti-Pfeiler des Petit Dru. Beteiligt sind der junge Chris Bonington, der reizbare Don Whillans und MacInnes selbst.

Ich legte mich 1958 mit dem Petit Dru an, zusammen mit Chris Bonington. Wir hatten uns in Schottland kennen gelernt, wo wir Angriffe auf bis dahin noch unerstiegene Schluchten und Wände gestartet hatten. Und 1957 hatten wir einen ziemlich kurzen Versuch gemacht, die Eiger-Nordwand auf einer Route, die noch kein britisches Team geschafft hatte, zu durchsteigen.

Unsere lächerliche Attacke auf den Eiger hatte bei mir den Appetit auf alpine Pionierleistungen geweckt, bei Chris hatte sie den gegenteiligen Effekt. Er wollte jetzt auf bekannten und erprobten Routen klettern und nicht seine Zeit damit vergeuden, großartigen Möglichkeiten nachzujagen und die letzten großen Probleme zu lösen. So kam es, dass wir in der nächsten Saison, kaum in einer baufälligen Hirtenhütte in Montenvers untergekommen, andauernd stritten. Ich pries ihm Sachen an wie das Leichentuch in den Grandes Jorasses und Chris machte abfällige Bemerkungen über Selbstmordrouten und Hochlandidioten. Das Wetter war furchtbar, mit heftigen vorzeitigen Schneefällen; insofern war der Streit sowieso rein akademisch. Wir saßen also in unserer Hütte und machten uns einträchtig über die Notrationen her, die Chris noch von seinem letzten Einsatz mit einer Panzereinheit in Deutschland hatte. Mein Beitrag zur Verpflegung bestand aus irgendeinem Grund aus 25 Pfund Feigen und ein paar Litern Sirup, was sich auf die Atmosphäre in der Hütte nachteilig auswirkte und uns oft zu nächtlichen Ausflügen ins Gebüsch nötigte.

Schließlich kamen wir zu einem Kompromiss. Als sich das Wetter besserte, erklärte ich mich mit einer Einklettertour einverstanden, bevor wir uns ernsthafteren Zielen zuwendeten. Wir zogen auch materiellen Gewinn aus dieser Tour, indem wir alle Haken, die wir vorfanden, aus der Wand zogen. Damit machten wir den Aufstieg angenehmer für alle, die nach uns kamen, und füllten unsere Eisenwarenbestände auf. So sind die Gedankengänge der Unbemittelten.

Nun hatten wir eine bekannte Route absolviert, also war ich jetzt dran. Ich schlug Chris eine neue Route auf die Pointe de Lépiney vor.

»Genau das Richtige für dich, Chris, fester Schnee und schöner, warmer, glatter Granit.«

»Das glaube ich erst, wenn ich es sehe«, murrte er.

Unser Ausgangspunkt für dieses Unternehmen war die Aiguille de l' Envers-Hütte, die sich an der Südseite des Charmoz erhebt wie ein Märchenschloss, nur vielleicht ein klein bisschen schlichter. Es gab da auch eine schöne Prinzessin in Gestalt der Hüttenwartstochter; sie war der einzige Mensch, der dort oben wohnte. Wohl eingedenk der »Auld Alliance« schenkte sie mir ihre Gunst, was Chris überhaupt nicht gefiel.

Unsere neue Route rechtfertigte Chris' schlimmste Befürchtungen. Unser Versuch wurde zu einem Fiasko. Wir erkannten sehr bald, warum sie noch nicht durchstiegen worden war: Sie strotzte von Überhängen. Nach einem kalten Biwak stürzte Chris an einem dieser Überhänge ab. Er tat sich nichts und ging mit der Hartnäckigkeit eines Jack-Russell-Terriers den Überhang sofort wieder an. Er überwand ihn, nur um festzustellen, dass sich über uns noch eine Fülle von Überhängen breit machte, einer immer noch drohender als der andere. Im Mannschaftsrat wurde beschlossen, sich möglichst würdevoll zurückzuziehen, und ich hatte die glänzende Idee, über eine Rinne abzusteigen, welche die kürzeste Entfernung zwischen zwei Punkten zu sein schien – unserem Standort und dem Gletscher 300 Meter weiter unten.

Innerhalb einer Stunde fanden wir uns in einem scheußlichen Kamin wieder, in dem das Wasser nur so herunterschoss. Ich war vorausgegangen und hing an einem Haken, den ich nur mit Mühe hatte einschlagen können. Als Chris sich zu mir gesellte, um den winzigen Stand mit mir zu teilen, stellten wir fest, dass das Seil sich beim Abseilen verhängt hatte. Mannhaft, aber mühsam arbeitete sich Chris mit Hilfe der Prusik-Technik wieder nach oben.

Die ultimative Gemeinheit bei dieser Aiguille-Route war eine über drei Meter breite Randkluft zwischen Fels und Schneefeld. Während ich mich abseilte, stand Chris auf einem kaminsimsgroßen Vorsprung über dieser furchterregenden Spalte, wie ein junger Adler, der seinen ersten Flug wagen will. Das Seil war lang genug, also ging ich an ihm vorbei, sprang vom letzten Felsvorsprung mit aller Kraft ab und erreichte gerade noch die Kante des Schneefelds. Es war knapp.

Ziemlich geknickt schlichen wir hinunter; unser Stolz war verletzt und wir waren auch körperlich ganz zerschlagen von unserem Misserfolg. Die zwei jungen Recken, die sich in der Aiguille-de-l'Envers-Hütte gespreizt hatten wie Pfauen, schlichen nun leise an der Tür vorbei, damit die hübsche *gardienne* sie nicht bemerkte. Und als ob das alles noch nicht gereicht hätte, verirrten wir uns zwischen den Gletscherspalten des Mer de Glace und brauchten für einen Weg von einer halben Stunde drei Stunden.

In unserer Hütte hatten sich inzwischen zwei Österreicher eingefunden. Walter Philip war 21, dunkelhaarig und groß, und in seinen Bewegungen geschmeidig wie eine Katze; Richard Blach, drei Jahre jünger, war schmächtig und ruhig. Trotz ihrer Jugend hatten sie in den Ostalpen schon einige beeindruckende Leistungen voll-

bracht. Wir freundeten uns schnell mit ihnen an und warfen unsere gastronomischen Ressourcen zusammen. Die Diät der zwei Österreicher war genauso eintönig wie die unsrige: Außer großen
Mengen Salami hatten sie kaum etwas dabei. Da sie befürchteten,
ihre Proteinbomben hätten keine allzu lange Lebensdauer, schlug
ich vor, das Mer de Glace als Kühlschrank zu benutzen. Feierlich
ließen sie die Salamis in eine Gletscherspalte hinab, aber nicht bevor ich mir ein Stück davon für ein paar Feigen und ein bisschen
Sirup eingetauscht hatte. Die Luft in der Hütte wurde davon nicht
besser.

Schließlich kam die Sonne heraus und Chris und ich kamen zu
einer ehrenhaften Übereinkunft, was unser nächstes großes Vorhaben betraf. Ich schlug den Bonatti-Pfeiler im Petit Dru vor, der
damals als die vielleicht schwierigste Kletterei in den Alpen galt.
Als Erster hatte ihn 1953 Walter Bonatti durchstiegen, und zwar
in einem atemberaubenden fünftägigen Alleingang. Seitdem war
der Südwestpfeiler noch viermal bezwungen worden, aber es war
kein britisches Team darunter gewesen. Ich wusste, dass das für
Chris eine Verlockung war.

»Der Pfeiler ist genau dein Fall«, warb ich. »Fast durchgehend
Fels, und zwar guter.«

Er war einverstanden und Walter und Richard wollten auch mitmachen. Walter hatte im Vorjahr die Westwand des Petit Dru, eine
über 900 Meter hohe, glatte Granitfläche, im Schnelldurchgang
geschafft. Diese Wand grenzt an den Pfeiler, deshalb wusste Walter, wie man wieder herunterkam. Das war eine rechte Beruhigung
für den Fall, dass das Wetter umschlug.

Wir brauchten aber unbedingt eine Routenbeschreibung. Also
stiegen wir nach Chamonix hinunter und baten Donald Snell, den
Besitzer eines Sporthauses, uns eine zu besorgen. Es klappte. Wir
leisteten uns Steaks und Fritten in der Bar National und stiegen
auf dem Geleise der Zahnradbahn wieder nach Montenvers hinauf.

Damals (1958) gab es noch nicht die regelmäßige Hubschrauberkontrolle, die jeden Abend aus der Luft überprüft, ob kein Kletterteam in Not ist. An einen Unfall am Bonatti-Pfeiler wollten wir gar nicht denken, so furchtbar wäre das gewesen, aber wir vereinbarten mit dem Stationsvorsteher in Montenvers, wir würden ihm jeden Abend mit der Taschenlampe ein Signal geben, um unsere Fortschritte auf der Route anzuzeigen. »Jeden Abend um neun, André.«

Wir waren sehr erleichtert, als wir die Käfigatmosphäre von Montenvers hinter uns ließen, wo Hunderte von buntscheckigen Touristen die Berge angaffen und sich um die großen Münzteleskope scharen.

Wir überquerten den schmutzigen Schnee des Mer de Glace und stiegen in der steilen Moräne auf der anderen Seite auf – ein gefährliches Unternehmen in lauter losem Geröll. Der übliche Biwakplatz für Westwand und Bonatti-Pfeiler ist der Rognon du Dru, eine schön gelegene Stelle unter einem Überhang, die, wenn der Wind aus der richtigen Richtung kommt und es nicht regnet oder schneit, dem anspruchslosen Alpinisten Ein-Stern-Komfort bietet.

Als es schon dämmerte, bemerkten wir zwei Gestalten mit großen Rucksäcken. Sie kamen näher und wir sahen, dass einer der beiden beinahe so breit wie hoch war. Und er trug eine flache Mütze, genau wie ich. Wir erkannten ihn sofort: Das war Don Whillans, einer der führenden Bergsteiger seiner Generation und vielleicht der größte britische Alpinist aller Zeiten. Es war Don, der die erste britische Besteigung der Westwand geschafft hatte, zusammen mit Joe Brown. Sein jetziger Begleiter war Paul Ross, einer der bedeutendsten Kletterer aus dem Lake District. Aus ihren Rucksäcken ragten Baguettes.

»Abend«, sagte Don. Es war ein barscher Gruß, klang aber neutral, weder freundlich noch aggressiv. Er zog an seiner selbstgedrehten Zigarette und musterte uns mit seinen kleinen Knopfaugen. Ganz offensichtlich versuchte er uns zu taxieren.

»Hello, Don«, antwortete Chris. »Soll's der Bonatti sein?«

»Genau.« Don blickte mich fest an. »Ich habe gehört, dass du eine Beschreibung des Pfeilers hast, Hamish.« Es klang, als hätte ich Geheimdokumente geklaut. »Ich war bei Snell«, fügte er hinzu, um zu erklären, woher er diese Kenntnis hatte.

»Es ist keine tolle Beschreibung, Don«, gab ich zurück. »Du weißt, wie knausrig Bonatti mit seinen Angaben ist.«

»Tja. Na denn.« Don zog an seiner Zigarette. »Sieht aus, als wär die Unterkunft hier ausgebucht. Wir verziehen uns und schauen, ob wir weiter oben einen Biwakplatz finden.«

Wir stellten den Wecker auf zwei Uhr und versuchten zu schlafen, so gut es ging. Aber als wir (und die Bäcker im Tal) aufwachten, war der Himmel bedeckt und wir drehten uns noch mal um. Bald bewies lautes Schnarchen, dass Chris mit sich und der Welt im Reinen war.

Um halb sechs sah es besser aus und ich stieß ihn an.

»Wach auf, Genosse, Zeit zum Abmarsch.« Die Österreicher waren schon auf und Walter platzte schier vor Ungeduld.

»Könnte ein schöner Tag werden, Walter«, grüßte ich ihn. »Auch wenn's eine Menge Arbeit gibt.«

»Ja, Hamish, wir werden viel Spaß haben.«

An diese Bemerkung sollte ich später noch denken.

Als wir den Rachen des Couloirs betraten, erblickten wir über uns zwei kleine Gestalten. Don und Paul hatten sich schon angeseilt, aber als wir an den Spalt zwischen dem unteren Schneefeld und dem Fels des Couloirs kamen, schlug Walter vor, wir sollten unangeseilt klettern, um Zeit zu sparen. Wir waren einverstanden, aber es war eine ziemlich unvernünftige Entscheidung. Gerade als Walter zum Sprung vom Schnee zum Fels ansetzte, brach der Schnee unter ihm ein und Walter stürzte. Instinktiv warf er sich nach hinten und vermied so eine schnelle und kalte Abfahrt in die Tiefe. Unbeeindruckt stand er auf, sprang hinüber und hetzte den Berg hinauf, als ginge es um einen Rekord. Der glatte Granit wir mit viel Schotter bedeckt und dadurch tückisch.

Nach kurzer Zeit hatten wir Don und Paul eingeholt. Don führte und Walter kletterte mit einem kurzen »Guten Morgen« an ihm vorbei wie auf der Überholspur.

Aber kaum hatte er Don überholt, rutschte er aus und fiel und Don konnte ihn nur mit größter Mühe halten. Das war eine knappe Sache gewesen und ich fand es bewundernswert, dass Don sich mit Kommentaren sehr zurückhielt. Nun beschloss auch das Mac-Innes-Bonington-Philip-Blach-Team, sich anzuseilen.

So kamen wir an der Wand der Flammes de Pierre an, die das Couloir nach oben sehr effektvoll abschließt. Ich hatte die letzten paar Stunden die Führung gehabt, weil die anderen offensichtlich der Meinung waren, ich könne endlos Stufen in das harte Eis hauen. Im steilen oberen Teil des Couloirs gab es nur Eis und harten Schnee, und weil wir alle zusammen nur ein Paar Steigeisen hatten, waren die Stufen unbedingt nötig.

Aus der kalten dunklen Tiefe des Couloirs konnten wir den Pfeiler im goldenen Sonnenlicht sehen. Wir waren freudig erregt, so etwa wie die Druiden, wenn sie die Morgensonne begrüßten.

Am Fuß des Pfeilers fanden wir in einer Felsspalte einen Spazierstock, den jemand hier abgestellt hatte wie in einer Gardrobe. Wir haben nie erfahren, wer das war. Hier gab es wieder Sonne, ihre warmen Strahlen drangen uns in den Leib und verjüngten uns. Aber wir hatten Arbeit vor uns, 600 Meter Arbeit, Kletterei von der schwierigsten Sorte. Jetzt übernahm Don das Kommando; und für mich bedeutete dieser Augenblick den Anfang einer langen Kameradschaft, während der mein Respekt vor diesem großartigen Bergsteiger ständig wuchs.

»Also denn«, knurrte er. »Walter, du solltest mit Richard vorangehen und Paul und ich folgen und lösen euch ab, wenn ihr müde werdet.«

»Ja, prima«, sagte Walter erfreut.

»Okay. Paul und ich ziehen die Rucksäcke hinauf. Hamish und Chris, ihr könnt dann die Haken wieder einsammeln.«

»Ist recht, Don.« Ich schwang meinen Hammer, der aus einer Werft am Clyde stammte.

Die Österreicher sprangen in den Fels wie übermütige Gämsen und waren innerhalb von Minuten verschwunden. Die Route bot ein volles Programm an Überhängen, Spalten, glatten Wänden und allen möglichen sonstigen Schikanen. Leichte Stellen gab es überhaupt nicht und es wurde uns bewusst, dass das eine Klettertour der höchsten Kategorie war. Für das Couloir hatten wir fünf Stunden gebraucht, das war normal; aber jetzt, auf dem warmen Fels, wollten wir schnell vorwärtskommen. Doch das war nicht so einfach. Wir schlossen bald zu Walter auf, der sich an einem großen Überhang abmühte. Er benützte dazu eine kleine Strickleiter, die er an Haken und Keilen in einem Spalt befestigte. Don beobachtete diesen Kampf mit der Schwerkraft und teilte Paul mit, er werde hier damit beginnen, die Rucksäcke hinaufzuziehen. Er ging die Stelle bedächtig an, stieg aber dann nicht so weiter wie die Österreicher, welche die normale Route nahmen, sondern kletterte direkt in einer Rinne weiter – eine außerordentlich schwierige Variante. Als er oben war, zog er alle unsere Rucksäcke am Seil hinauf und Paul schloss zu ihm auf. Als Chris an diese Stelle kam, hatte er Probleme, aber er bat nicht um ein Seil von oben, obwohl er von Paul leicht eines hätte kriegen können. Chris gestand mir später, dass er noch selten an einer so schwierigen Stelle geführt hätte. Ich dagegen, als Zweiter in unserer Seilschaft, war von oben gesichert, als ich drankam, und dafür war ich höllisch dankbar.

Weiter oben wurde die Kletterei sehr ausgesetzt und der Abgrund unter unseren Schuhen bekam eine eigenartige Anziehungskraft; er schien uns in die Tiefen des Couloirs ziehen zu wollen. Ich konnte Don über mir sehen. Er hatte Paul die Führung überlassen und irgendwie waren beide Seile in die Karabiner eingehakt worden, so dass Paul die Rucksäcke nicht nachziehen konnte. Don hatte sich zwei aufgeladen und kletterte über eine überhängende Stelle, indem er die Finger in die Ösen der Karabiner hakte. Er schrie, das Seil solle nachgezogen werden, denn es hing durch. Wahrscheinlich klemmte es irgendwo in einer Öse. Ein Haken, an dem er sich mit zwei Fingern der linken Hand festhielt, kam langsam aus dem Fels, aber mit Einsatz aller Kraft konnte Don einen kleinen Pflock weiter oben erreichen und sich schließlich zu Paul auf den Stand gesellen. Er sagte später, diese Stelle habe ihn mehr Kraft gekostet als die gesamte übrige Tour zusammen.

60 Meter höher musste man sich wie ein Pendel an einer senkrechten Wand entlangschwingen. Man hielt sich an einem kurzen Seil fest, das an einem Haken weiter oben befestigt war – eine sehr unerquickliche Sache mit 600 Metern Frischluft unter den Füßen.

Noch ein kurzer, steiler Kamin und wir fanden uns auf einem luxuriös breiten Band. Es war schon spät am Nachmittag und wir beschlossen, es für heute gut sein zu lassen. Walter und Richard waren noch ein bisschen weiter gestiegen und hatten eine weitere kleine Plattform gefunden, die, wie sie versicherten, ihren bescheidenen Ansprüchen genügte.

Wir schlugen in unserer kurz gefassten Bibel, der Beschreibung Bonattis, nach und erkannten, dass wir gut im Rennen lagen. Es war fraglos eine weise Entscheidung, diese horizontale Stelle in all der kompromisslosen Vertikalität auszunutzen. Direkt über uns ragte die Felswand in einem einzigen Schwung so hoch auf wie das Empire State Building.

Ob man solche Extremtouren unternimmt oder andauernd mit dem Kopf an die Wand schlägt, läuft in einem Punkt auf dasselbe hinaus: Es ist ein wunderbares Gefühl, wenn man aufhört. Nicht, dass man ungern klettert – aber wenn man sich in einem luftigen Biwak für die Nacht einrichtet, hat man Zeit, nachzudenken und in sich zu gehen; und wenn es ein schöner Abend ist, kann man die Aussicht genießen. In solchen Augenblicken fühlt man sich wie ein Vogel, wie ein Adler, der alles beherrscht, soweit sein Auge reicht. So ein Abend war es auch auf unserem Biwakplatz am Südwestpfeiler. Die Lichter von Chamonix erinnerten an einen Rummelplatz und jenseits des Tales, hoch über Montenvers, das jetzt, von den Ausflüglern befreit, wieder still dalag, standen der Grepon und der Charmoz wie Wachtposten in der Dämmerung. Ich verlor mich in Erinnerungen an die Zeit, als ich, ganz jung noch, diese Berge allein bestiegen hatte.

Um ehrlich zu sein: Ich kletterte hinter dem berühmten französischen Führer Lionel Terray her, der mir erlaubte, ihm und seinem Kunden zu folgen. So erwarb ich Hochgebirgserfahrung und er konnte ein Auge auf mich haben.

Diese spezielle Tour jedoch nahm ein dramatisches Ende. Wir hatten den Gipfel des Charmoz erreicht und ich folgte den beiden hinunter. Als ich mich wieder einmal abseilte, riss die Schlinge, durch die das Seil lief, und ich stürzte etwa zwölf Meter tief ab, blieb aber glücklicherweise auf einem schmalen Band liegen. Lionel, der schon ein gutes Stück weiter unten war, sah mich fallen und war innerhalb von zehn Minuten bei mir.

Meine Füße waren beide verletzt und ich hatte mir die Knie in die Augenhöhlen gerammt, so dass ich nichts sehen konnte. Lionel wollte Hilfe holen, aber als er feststellte, dass ich am Seil absteigen konnte, beschloss er, mich erst über die schwierigsten Stellen hinunterzubringen. Er konnte ja auch seinen Kunden nicht allein lassen, der schon ein recht ängstliches Gesicht machte.

Steif und unter Schmerzen tastete ich mich abwärts, während Lionel mir sagte, wo die Griffe für Hände und Füße waren. Die Fußspitzen konnte ich einsetzen, aber die Fersen konnte ich nicht belasten. Ich sah alles durch einen roten Schleier. Es war uns klar, dass ich nach Montenvers getragen werden musste; auf ebenem Boden konnte ich nicht gehen. Lionel erspähte den Bergführer Raymond Lambert am Grepon und rief ihm zu, er solle zu Hilfe kommen. In 20 Minuten etwa waren Raymond und ein junger Bergführer-Aspirant bei uns. In dieser illustren Gesellschaft war ich langsam aber sicher nach Montenvers gekommen.

Ich unterbrach mich in meinen Gedanken, weil es Zeit wurde, unserem Stationsvorsteher das vereinbarte Zeichen zu geben. Kurz darauf sahen wir im Tal das antwortende Blinken. Es war ein schönes Gefühl, zu wissen, dass dort unten jemand an uns dachte und mit uns in Verbindung bleiben wollte.

Auch bei Don und Paul fauchte der Kocher und um den Pfeiler schwebte der Duft von Suppe. Es war so friedlich. Ich weiß noch gut, dass ich genau das dachte, als plötzlich ein höllischer Lärm ausbrach. Unter uns war eine Steinlawine losgegangen, die Felsbrocken krachten in das Couloir, dass die Funken stoben. Es dauerte eine ganze Weile, bis alles diese Kegelbahn aus Fels und Eis hinuntergedonnert war, und plötzlich wurde der Suppenduft von stechendem Schwefelgestank überlagert – einem Geruch, der in meiner Vorstellung mit Tod und Verderben verbunden ist.

»Ganz gut, dass das nicht heut früh passiert ist«, bemerkte Don trocken. »Da wär nicht viel von uns übrig geblieben.«

Wieder war alles ruhig; es wirkte fast noch ruhiger nach diesem lärmenden Zwischenspiel. Dann zerschnitt ein schrilles Pfeifen wie von einem Querschläger die Stille. Es hatte etwas Absichtliches und Zielgerichtetes an sich und wir hatten sofort das Gefühl, es gelte uns. Das auserwählte Ziel war ich. Der Felsbrocken drang mir in den Kopf wie der Schlag einer Axt und warf mich vornüber, so dass ich von unserem Plateau abrutschte und im Seil hängen blieb. Für einen Moment verlor ich die Besinnung. Ich griff mir instinktiv an den Kopf und fühlte warmes Blut zwischen meinen Fingern. Meine Erinnerung an die folgende Zeit ist verschwommen, aber ich glaube, dass Chris einen Verband aus seinem Rucksack holte, ihn auf die Wunde presste, um die Blutung zum Stillstand zu bringen, und ihn mir unter dem Kinn zuband.

Die Platzverteilung wurde geändert und wir schmiegten uns dicht an die Wand des Pfeilers, außerhalb der Reichweite eventueller weiterer Geschosse. Ich balancierte oberhalb von Chris auf einem schmalen Band und fiel im Lauf der Nacht ein paarmal in Ohnmacht und auf ihn drauf. Es war kalt und ich für meine Person war nicht fähig, mir Gedanken über den nächsten Tag zu machen, aber die anderen taten es. Ein Rückzug kam nicht in Frage. Das Couloir war viel zu gefährlich und außerdem wäre es äußerst schwierig gewesen, sich vom Pfeiler abzuseilen, weil wir beim Aufstieg oft gequert hatten.

Am Morgen reckten wir uns wie eben exhumierte Zombies, mit kältestarren Gelenken.

Chris fragte: »Wie geht's dir, Hamish?«

»Nicht grade glänzend, aber ich werd's überleben.« Ich muss ziemlich übel ausgesehen haben, denn als Richard von seinem höher gelegenen Biwak herunterschaute, wurde er ganz blass.

Wir tranken Tee und Chris schlug vor, Don solle mich ans Seil nehmen, weil er der Stärkste in der Gruppe war.

»Ich nehm dann mit Paul die Haken raus, Don.«

»Ja«, sagte Don nachdenklich. »Das wird wohl das Gescheiteste sein. Schaffst du es, Mac?«

»Ich versuch es jedenfalls«, sagte ich mit mäßiger Zuversicht. »Wir haben schließlich keine andere Wahl.«

Die Österreicher waren schon unterwegs und der Berg hallte wider von den Hammerschlägen, mit denen sie die Haken in die Wand trieben. Walter kämpfte sich eine Reihe von Rinnen hinauf, welche sich die ansonsten völlig glatte Wand emporzogen. Es war eine Kletterei von hohem Schwierigkeitsgrad und Walter demonstrierte seine Hakensetzkunst, indem er den nächsten Haken immer so weit entfernt einschlug, wie er gerade noch reichen konnte; und er war groß. Manchmal gab es auch Griffe für die Finger, und wenn mein nächtliches Missgeschick nicht gewesen wäre, hätte ich es wohl fast genossen. So aber fühlte ich von Zeit zu Zeit den Dru und alles um mich herum hinweggleiten und fiel in eine wunderbare Bewusstlosigkeit, in der vielleicht eine Minute lang völliger Friede herrschte. Don behandelte mich wie einen schwerfälligen Fisch an der Angel; er ließ mir keinen Zentimeter Leine und an der schlimmsten Stelle zog er mich buchstäblich hinauf.

Ich schaute hinauf zu Walter und Richard, die mit ausgebreiteten Armen, Adlern ähnlich, in der glatten roten Wand hingen. Die letzte halbe Stunde hatte Walter immer mehr Haken verlangt.

»Das ist der Rest«, schrie Don hinauf, als er die letzten sechs Haken für Walter an die Schnur band. Chris hatte sie unten herausgezogen – eine lästige, anstrengende Angelegenheit.

»Pass auf mein Seil auf, Hamish, wenn du kannst«, sagte Don. »Ich schau mal rechts um die Kante; da muss es doch eine einfachere Route geben.«

Zwei Minuten später kam er wieder in Sicht, eine kleine breite Gestalt, die mit dem riesigen Rucksack aussah wie ein buckliger Gorilla.

»Da hinüber«, deutete er mit dem Daumen an, übers ganze Gesicht grinsend. »Über den größten Überhang in den drei Königreichen.«

Als ich zu ihm hinüberging, sah ich, dass er nicht übertrieben hatte. Ein großes Dach ragte über die Wand und auf das Dach zog sich ein langer Riss hinauf, der mit Holzpflöcken in verschiedenen Stadien des Verfalls versehen war. Das Herz blieb mir stehen, denn mir war klar, dass ich nicht genug Kraft hatte, um da hinaufzukommen.

Walter wurde zurückgerufen und beim Abseilen zog er die ganzen Haken, die er mit so viel Mühe in die abweisende rote Wand eingeschlagen hatte, wieder heraus.

Ich blickte benommen nach oben, wo Don nun an den Pflöcken hing. Es sah aus, als falle ihm das nicht schwerer als Treppensteigen. Ich konnte ihm nicht lang zusehen, weil ich davon Kopfschmerzen bekam. Schließlich gesellten sich die anderen zu mir auf meinen Sims.

»Wie schaut's da oben aus?«, rief Chris hinauf.

»Ein bisschen steil, schickt mir noch Haken.«

»Es wird spät«, schrie Chris zurück. »Es ist schon fast sieben und es wird bald dunkel sein.«

Don sah auf die Uhr.

»Ich komm runter«, rief er. »Wir können auf dem Band biwakieren, wo wir nachmittags waren.«

Er zog die zwei Seile durch die Ösen nach oben und ließ sie wieder herunter. Sie baumelten vor uns in der Luft. Als Dan sich abseilte, musste er sich hereinschwingen und Walter zog ihn zu uns auf das Band.

Wir stiegen ab zu den breiteren Bändern, niedergeschlagen, weil wir nur so geringe Fortschritte gemacht hatten. Don hatte mich buchstäblich hinaufgezogen und ich war eine Last für die anderen, das war mir nur zu klar. Aber ich musste weitermachen und durfte nicht aufgeben. Ich hoffte nur, ich würde mich am nächsten Morgen besser fühlen. Chris sandte dem Bahnhofsvorsteher das vereinbarte Signal.

Diese Nacht wollte kein Ende nehmen.

Ich lag in einer Spalte über den anderen, mit Haken und Seil gesichert, damit ich nicht ganz so weit absteigen musste. Paul schickte mir das Abendessen, zwei Würstchen, an einer Schnur herauf. So unbequem ich es auch hatte, war ich in gewisser Hinsicht doch besser dran als Chris. Der lag nämlich zusammen mit Don in dessen Biwaksack, und weil Don Kettenraucher ist und Chris Nichtraucher, paffte der eine die ganze Nacht und der andere hustete unentwegt. Wir hatten seit dem vorigen Morgen nichts mehr zu trinken bekommen und unsere Kehlen fühlten sich rau und geschwollen an. Die grimmige Kälte drang durch alle Ritzen und Lücken unserer Biwaksäcke, und weil die Morgensonne uns nicht erreichte, brauchten wir viel Zeit, um die gefrorenen Seile zu ordnen und unsere Stiefel aufzutauen. Das Frühstück bestand aus einem dicken Haferkeks, der aussah wie Holz und auch so schmeckte.

Don schlug vor, Walter solle die Führung übernehmen.

»Ich werde Hamish dort hinaufhelfen müssen.« Er deutete mit einem behandschuhten Finger auf das Dach. »Das wird ein bisschen mühsam.«

Ich sah Walter zu. Er strotzte vor Energie und warf sich mit Begeisterung auf jedes Kletterproblem. Normalerweise kam er auch überall hinauf – aber doch nicht immer. Später erzählte er mir von seinem Angriff auf die Nordwand der Cima de Laveredo, wo er gestürzt und die volle Seillänge hinuntergefallen war. Das Seil und damit sein Sturz waren haarscharf über dem Geröll am Fuß der Wand zu Ende und er kam mit leichteren Verletzungen davon. Ich war neidisch, als ich sah, dass er Eiszapfen abbrach und lutschte, als er den Überhang erkletterte.

Ich brauchte eine Ewigkeit, um diese Etappe zu schaffen. Don konnte mir nicht viel helfen und ab und zu wurde ich ohnmächtig. Es war sehr eigenartig, wenn ich wieder zu mir kam und merkte, dass ich an einem Seil baumelte, das durch Ösen und über Pflöcke geführt war. Es war eine Umkehrung der normalen Albtraumsituation. Hier war die Wirklichkeit der Albtraum. Chris kam direkt hinter mir und tat viel für meine Stimmung, indem er bemerkte, ich hinge da wie ein Leichnam am Galgen.

Nach dem Dach kam ein weiteres, das aber nicht so weit vorragte. Ich war schon ein gutes Stück vorwärtsgekommen, als mich die Sonnenstrahlen trafen. Es war die Tageszeit, zu der sich vernünftige Leute zum Mittagessen an den Tisch setzen, und die Sonne hatte eine beachtliche Kraft. Bevor ich Dons Stand erreichte, begann ich schon unter der Hitze zu leiden und Chris, der noch immer seine Daunenjacke trug, fand sie fast unerträglich.

Hinter Chris kam Paul, der die Haken aus den Überhängen zog. Ich ruhte mich im Sitzen aus und Don hatte in einer Spalte Eis gefunden und machte Tee. Ich hörte von unten einen Ruf und blickte über die Kante. Es war Chris. Er hatte einen Haken an einer harten, glatten Stelle erreicht. Die schnelle Aufeinanderfolge von Kälte und Hitze, in Verbindung mit der Dehydration, hatte ihn erschöpft. Er bat um ein Seil von oben. Zwei Minuten später hatte er sich daran angeklinkt und kam zu uns auf den Sims. Seine Augen leuchteten auf, als er den Tee sah – wenn es auch nur ein stark mit Kies versetzter Schluck für jeden von uns war.

Es war eine eigenartige Situation. Der Sims hatte ungefähr die Größe eines Küchenhockers, und weil wir jetzt zu dritt waren, hatten wir nur im Stehen darauf Platz. Walter und Richard waren wieder vorausgeklettert und Don ließ durchblicken, dass sie Schwierigkeiten hatten, die Route zu finden.

Fünf Minuten später hörten wir von oben einen Schrei. Es war Walter. Er hatte die richtige Linie gefunden und war schon beinahe auf der Schulter. Der Gipfel des Bonatti-Pfeilers war zum Greifen nahe, Halleluja!

Ich weiß noch gut, dass ich den letzten Abschnitt der Kletterei ungeheuer anstrengend fand. Mit jeder Seillänge war meine Energie geringer geworden. Ich hatte mich total verausgabt, mein Kopf klopfte wie ein Dieselmotor und ich wusste, dass ich nicht mehr lang durchhalten konnte. Don sagte bei jeder Seillänge, das sei die letzte – und dann die allerletzte und die definitiv letzte. So hielt er mich wenigstens in Bewegung. Ein Zitat kam mir in den Sinn: »Immer ein wenig weiter: Vielleicht ist es hinter dem letzten blauen schneebedeckten Berg.«

Die definitiv allerletzte Seillänge war gar nicht besonders schwer. Ich hatte einfach alle meine Reserven aufgebraucht.

Wir hatten bisher nicht bemerkt, dass das Wetter sich laufend verschlechterte. Jetzt drängten bleifarbene Wolken von Süden heran und der Wind wurde scharf und kalt. Wir brauchten keine prophetischen Fähigkeiten, um zu wissen, dass das einen Wetterumschlag bedeutete.

Schwerer Schneefall setzte ein und bald war alles ausgelöscht. Die Grandes Jorasses wurden von dichten Wolken verhüllt. Wir biwakierten auf den Felsbrocken unterhalb des Gipfels. Don kannte die Route über den Gipfel, aber er fand sie zu gefährlich bei solchem Wetter. Walter dagegen war direkt von dem Punkt, an dem wir uns jetzt befanden, abgestiegen, als er im Vorjahr die Westwand durchstiegen hatte, und er glaubte, er könne den Weg finden. Aber nicht mehr an diesem Abend, denn jetzt mussten wir unbedingt in unsere Biwaksäcke kommen, damit wir nicht erfroren. Binnen zehn Minuten hatten wir uns mit Haken gesichert und waren verschnürt wie Pakete.

Dieses Biwak war sogar noch schlimmer als das vorhergehende. Es war bitterkalt, und der feine Treibschnee drang durch jeden Riss und jede undichte Stelle in unseren Säcken, so dass wir zuerst nass wurden und dann steif froren, als wären wir in Harz gegossen worden. Unsere einzige Nahrung war ein Päckchen Suppe, geteilt durch sechs. Es gab nicht viel Anlass zu Heiterkeit; es gab keine Freude, dass wir die Route geschafft hatten, nur ein dumpfes Bewusstsein, dass wir heraufgekommen waren. Aber ungleich wichtiger war jetzt, dass wir hinunterkamen, und zwar schnell, denn wir wussten, dass wir unter den herrschenden Bedingungen nicht lang überleben konnten.

Es dämmerte hinter dicken Wolken. Es schneite noch immer, und alles war zugedeckt. Man sah nur Weiß und metallisch schimmerndes Eis. Die Seile waren wieder steifgefroren, und unsere Plastik-Biwaksäcke knisterten und krachten, als wir sie zusammenlegten.

Walter führte beim Abstieg über die Westwand, und wir seilten uns an rutschigen Seilen ab ins weiße Nichts. Der Wind war jetzt so stark, dass wir uns kaum verständigen konnten. Wir waren etwa vier Seillängen weit gekommen, als Don mit seinem untrüglichen Instinkt für Gefahr uns einen Halt verordnete.

»Walter«, rief er, »Ich glaube, du gehst falsch. Das ist zu riskant hier.« Und tatsächlich wurde es verdammt steil.

Die Österreicher waren eine Seillänge weiter unten, zwei schneebedeckte Gestalten auf einem winzigen Sims.

»Da kannst du Recht haben, Don. Wir versuchen es weiter rechts.«

Aber sie hatten Mühe, wieder zu uns heraufzukommen, und ich sah, dass Richard in keiner guten Verfassung war. Körperliche Anstrengung und schlechtes Wetter hatten ihm arg zugesetzt. Don und Chris waren bereits auf der richtigen Linie unterwegs.

Ich fühlte mich jetzt aus irgendeinem Grund besser, vielleicht, weil wir abstiegen, was nicht so mühsam ist; außerdem war ich als Schotte an Blizzards und sonstige Wetterkatastrophen besser gewöhnt als unsere österreichischen Freunde.

Ich versuchte Richard ein bisschen zu helfen, während Paul und Walter den Abseilpunkt vorbereiteten. Walter war abgerutscht, als er zu uns heraufkletterte, und kam mir ziemlich nervös vor. Nun ging er daran, sich abzuseilen. Ich konnte wie in Zeitlupe sehen, was geschah, aber mein Gehirn war nicht schnell genug, um es zu verhindern. Er hatte eine Schlinge um einen scharfen Felszacken gelegt und sein Seil dort durchgeführt. Als er nun mit seinem ganzen Gewicht an dem Doppelseil hing, war die Belastung für die Schlinge zu groß. Sie riss, als er noch kaum zwei Meter weit gekommen war, aber glücklicherweise hatte ihn Richard mit einem Seil von oben gesichert und verhinderte so einen bösen Sturz.

Ich hörte Don von unten rufen: »Die Flammes de Pierre, Chris. Jetzt haben wir die richtige Route.«

Ich seufzte erleichtert auf. Erst seit es mir besser ging, hatte ich den vollen Ernst unserer Lage erfasst. Aber jetzt hatten wir das Schlimmste hinter uns. Walter und Richard, die beide schon stark abgebaut hatten, lebten wieder auf wie müde Pferde, wenn sie den Stall riechen.

Eine Länge nach der anderen seilten wir uns ab, und je weiter wir hinunterkamen, desto schwächer wurde der Wind, und wir kamen allmählich aus den Schneewolken heraus. Es war immer noch scheußlich, aber wir konnten das breite Couloir unten sehen und bald auch schon die Hütte.

Wir beschlossen, nicht in der Charpoua-Hütte zu übernachten, und gingen stattdessen in der sinkenden Dämmerung bis Montenvers weiter, wo wir aßen und aßen, bis wir schließlich zu unseren Schlafplätzen im Chalet Austria taumelten. Oben in der Aiguille tobte ein furchtbarer Sturm, aber das scherte uns nicht.

Meine Ferien waren damit zu Ende, denn ich musste heim und meinen Schädelbruch auskurieren. Die Folgen dieser Verletzung, Kopfschmerzen und gelegentliche Ohnmachten, erinnern mich immer wieder an das Drama am Dru und erfüllen mich mit ewiger Dankbarkeit Don gegenüber, ohne den ich vielleicht auf einem schmalen Band am Bonatti-Pfeiler liegen geblieben wäre.

Heinrich Harrer
aus **Die Weiße Spinne**

Die mächtige Eiger-Nordwand galt bis in die 30er Jahre als unbezwingbar. Neun Menschenleben hatte sie bereits gefordert. Doch im Juli 1938 gelang Heinrich Harrer zusammen mit seinen drei Gefährten, Anderl Heckmair, Ludwig Vörg und Fritz Kasparek, das Unmögliche: die Erstdurchsteigung der »Todeswand«. Bis heute zählt die Eiger-Nordwand zu den gefährlichsten Alpenregionen überhaupt, denn plötzliche Schneestürme, Lawinen und Steinschlag lassen sie immer wieder für Bergsteiger zur tödlichen Falle werden.

Es ist bereits elf Uhr nachts. Wiggerl hat mit der Kocherei aufgehört und sich »zur Ruhe begeben«. Auch hier, auf diesem winzigen Biwakplatz in 3750 Meter Höhe, mehr als 1500 Meter über dem festen Boden der Erde, hat er nicht auf die Bequemlichkeit seiner Biwakschuhe verzichtet. Anderl muss seine Steigeisen anbehalten, um sich irgendwo im Eis zu verspreizen und Halt zu finden. Sein Kopf aber ruht auf dem breiten Rücken Wiggerls. Und am nächsten Morgen werden wir erfahren, dass Vörg die ganze Nacht regungslos gesessen und sich nicht bewegt hat, damit Anderls Schlaf nicht gestört würde. Fritz und ich haben den Biwaksack über uns gestülpt; unsere Rucksackkonstruktion als Beinstütze bewährte sich, und bald hörte ich die tiefen, regelmäßigen Atemzüge des schlafenden Freundes neben mir. Durch das kleine Fenster des Zeltsacks sehe ich, dass keine Sterne am Himmel stehen und das Wetter immer noch schlecht ist. Es muss wohl schneien. Von Zeit zu Zeit kommt ein kleiner Schneerutsch von oben. Er streift nur

über die Zelthaut. Das gibt ein leises wischendes Geräusch, wie
von einer Hand, die darüber streicht …

Mich beunruhigt das Wetter nicht. Ein großer Friede ist über
mich gekommen, nicht Ergebenheit in unser Schicksal, sondern
die Überzeugung, dass wir morgen bei jedem Wetter den Gipfel
und das sichere Tal erreichen werden. Dieser Friede in mir steigert
sich zu einem bewusst erlebten Glücksgefühl. Oft erlebt der
Mensch das Glück. Aber er erkennt es nicht. Er weiß es erst viel
später: Damals warst du glücklich. Aber hier, in unserem Biwak,
bin ich glücklich. Und ich weiß es. Dem Platz nach ist dieses Biwak
in der Eigerwand, das dritte von Fritz und mir, das beengteste. Und
trotzdem ist es das schönste.

Wie das kommt? Es liegt an der Ruhe, dem Frieden, der Freude,
der großen Zufriedenheit in jedem von uns.

Wenn in den vergangenen Stunden der Bewährung einer von uns
versagt hätte, eine Sekunde versagt hätte … Wenn einer aus per-
sönlichem Selbsterhaltungstrieb an die Flucht aus der Gemeinschaft gedacht hätte, um sich selbst zu retten – keiner hätte ihn an-
geklagt. Seine Gefährten hätten ihn nicht ausgestoßen, sondern
vielleicht nur etwas kühler gegrüßt. Aber das Frohsein, das aus
dem Aufgehen in der Gemeinschaft wächst, wäre ihm fremd geblieben. Und wir sind alle froh in diesem Biwak in der Eigerwand.
Es schneit und über das Zelt wischen die Schneerutsche. Aber das
Glücksgefühl wohnt in uns. Es lässt uns gute Gedanken denken
und schlafen …

Das Erlebnis der Selbstbewährung – das ist eigentlich eine über-
hebliche Bezeichnung für ein ehrliches Empfinden; sie steht im
Widerspruch zu dem stillen Rechenschaftsbericht, den man vor
sich selbst ablegt. Völlig falsch ist es aber, wenn man dem Bergsteiger die Selbstbewährung als Triebfeder andichtet. Das haben
die unverbesserlichen Komplexdeuter erfunden, weil ihnen
nichts Besseres einfiel, um etwas Unerklärliches zu erklären.
Wenn ich mir zum Beispiel das Gesicht von Fritz Kasparek vor-
stelle, falls ihn so ein Neunmalkluger fragen sollte, ob er zur

Selbstbewährung in die Berge steige, muss ich unwillkürlich schmunzeln.

Kein Bergsteiger klettert in eine schwere Wand in der Absicht, sich zu bewähren. Wenn er auf dem Berg im Augenblick höchster Gefahr noch an den Gefährten denkt, wenn er das Persönliche zugunsten des Gemeinsamen zurückstellt, dann hat er sich bewährt. Er wird sich wohl auch in Katastrophen des täglichen Lebens bewähren, bei Hochwasser etwa oder Feuersbrunst. Das Bewusstsein, sein Bestes getan zu haben, ist für ihn genug. Die Sucht, sich zu bewähren, kann niemals die Triebfeder für ihn sein.

Ärgerlich denke ich auch an manche Kritiker, die Bergsteiger extremer Richtung als geistig nicht normal bezeichnen. Ich kann mir keine normaleren Männer vorstellen als meine drei Freunde. Gewiss, die Situation, in der wir uns befinden, ist außergewöhnlich. Aber die Art, wie sie auf das Außergewöhnliche reagieren, ist völlig normal. Fritz wollte trockene Zigaretten. Wiggerl zog bequeme Schuhe zum Biwakieren an. Und Anderl schläft, mit den Steigeisen im Eis verankert, geschützt vom breiten Rücken Wiggerls, den Schlaf des Gerechten.

Die Harmonie und der Frieden dieser Biwaknacht lassen mich in einen Dämmerzustand zwischen Wachsein und Schlaf hinübergleiten. Der Körper ruht, ist fast wesenlos. Die Kälte peinigt nicht, sie erinnert mich nur daran, dass ich in der großen Wand bin; ebenso wie die etwas verkrampfte Stellung in unserem Rucksackbiwak. Aber auch sie peinigt nicht. Es ist hier wohl wie überall im Leben: Aus dem Kontrast wächst die Beglückung. Wie sehr schätzen wir jetzt unseren Biwakplatz, nachdem wir noch vor wenigen Stunden in der Spinne von Lawinen überschüttet waren!

Ein kräftiger Schneerutsch über unser Zelt weckt mich. Durch das kleine Fenster schimmert die Dämmerung. Ein neuer Morgen zieht herauf. Er kündigt sich aber nicht durch das Farbenspiel der aufgehenden Sonne an, nicht durch einen blassblauen blanken Himmel, auf dem die Sterne vom neuen Licht ausgelöscht sind; er kommt grau aus grauem Nebel. Als wir den Zeitsack abstreifen, schauen wir in eine Winterlandschaft. Es schneit noch immer. Der Schnee verwischt alles Eckige, Kantige. Auch unser Band ist verschwunden. Die Freunde, wenige Meter von uns, scheinen an die senkrechten Felsen geklebt. Absurd ist schon allein der Gedanke, dass in dieser Umgebung, die die kühnste Phantasie nicht wilder erfinden könnte, Menschen leben, dass diese Menschen heute diesem Kerker aus senkrechten, mit Eis verglasten und mit Schnee beklebten Felsen entrinnen wollen. Aber wir leben. Und wir wollen nicht nur hinauf, wir haben sogar die Überzeugung, dass uns der Aufstieg gelingen wird.

Oben, über den Graten, hören wir den Sturm pfeifen. Bei uns ist es windstill. Nur die Lawinen, die von oben kommen und über uns hinwegfegen, erzeugen Wind. Wir lernen den Fahrplan der Lawinen kennen und werden uns danach richten. Bedrückend legt sich der Gedanke aufs Gemüt, wie das wäre, wenn wir noch tiefer unten stünden, wenn wir jetzt erst durch die Spinne müssten. Die kleinen Lawinenrutsche, die durch die Rinne über uns kommen, sind nur Teil der großen Lawinen, die aus den vielen Kanälen gespeist werden und über das Eisfeld der Spinne gleiten. Wir sind glücklich, schon so hoch zu sein. Aber uns ist auch klar, dass das enge Biwak leicht war gegen das, was uns der heutige Tag aufgeben wird.

Wir sind in guter Form. Die Schmerzen in Kaspareks Hand scheinen geringer geworden zu sein. Anderl ist prächtig ausgeschlafen, dank dem breiten Rücken Wiggerls. Und der ist schon wieder als Koch beschäftigt. Er braut Töpfe voll Kaffee, löst Schokoladetafeln in Kondensmilch auf, bereitet ein reichliches und köstliches Frühstück. Dabei beraten wir. Das Wetter wird nicht mehr umschlagen. Es hat schon umgeschlagen. Es ist so schlecht, wie es in der Eigerwand immer wurde, wenn Menschen mehrere Tage in ihr waren. Wir hätten noch genügend Proviant und Brennstoff, um tagelang hier biwakieren zu können. Aber was wäre damit gewonnen? Selbst wenn es morgen oder übermorgen oder in drei Tagen schön würde, brauchte es immer noch Tage, bis die Verhältnisse in der Wand besser, bis die Felsen begehbar werden. Sollen wir uns durch dieses endlose Warten zermürben lassen?

»Fallen ist besser als erfrieren«, hat Michel Innerkofler, der Älteste der berühmten Bergführerdynastie der Dolomiten, einmal gesagt. Wir denken nicht daran abzustürzen, aber wir denken noch weniger daran, uns zu ergeben, weil die Wand ihr Winterkleid angelegt hat. Wir gehen.

Als dieser Entschluss feststeht, erleichtere ich unsere Rucksäcke. Einen Teil der überflüssig gewordenen Ausrüstung und des Proviants werfe ich die Wand hinunter. Es ist ein ganzer Brotlaib dabei, der in rasendem Flug im Nebel unter uns verschwindet. Ich habe eine harte Jugend gehabt und habe noch nie ein Stück Brot weggeworfen. Jetzt aber scheint es mir fast wie ein symbolischer Akt: Wir gehen! Es gibt nur mehr ein Hinauf. Kein Zurück. Die Vergangenheit ist erloschen, es gilt allein die Zukunft. Und diese führt über die verschneite, vereiste Gipfelwand. Ich glaube, man muss sich völlig darüber klar sein, dass die letzte Brücke abgebrochen ist, dass man nur noch vorwärts kann, wenn man fähig sein will, alle Kräfte, alle Gedanken, alle Energie für den letzten Gang zu sammeln, denn es war der »Point of no return«.

Wir gehen. Anderl führt uns aus der Wand. Dies wird der große Tag Andreas Heckmairs.

Ich bin nach nüchterner Überlegung auch heute, da ich diese Zeilen schreibe, überzeugt, dass wir alle aus der Wand gekommen wären, auch ohne die Sicherung von oben; auch Fritz, trotz seiner verletzten Hand. Aber wir hätten es nicht so geschafft wie unter der Führung Anderls. Vielleicht hätten wir nochmals biwakieren müssen. Wir wären wahrscheinlich auch daran nicht gestorben. Ich glaube, wir waren alle gut genug, kräftig genug, erfahren genug. Aber werden wir schlechter, fällt uns ein Stein aus der Krone, wenn wir bekennen und bewundernd anerkennen, dass der eine besser war?

Wir binden uns wieder zu einer Seilschaft zusammen. Die Reihenfolge ist: Anderl, Wiggerl, ich, Fritz, der heute als Letzter geht, damit er mir mit seiner verwundeten Hand nicht Seilzug zu geben braucht.

Schon der Beginn der Kletterei gibt Anderl Rätsel auf. Zunächst die Entscheidung: durch den vereisten, überhängenden, rissähnlichen Kamin, der verdammt schwer aussieht, aber vor Schneerutschen sicher scheint? Oder durch die links davon befindliche eisige Steilrinne, durch die periodisch kleine Lawinen fegen? Anderl entschließt sich für den Kamin. Wiggerl sichert. Schon gleich am Anfang muss Heckmair Haken schlagen. Der Kamin ist so schwierig, dass selbst seine Meisterschaft daran scheitert.

Also zurück und durch die Rinne, nachdem man den Fahrplan der Lawinen nun einigermaßen zu kennen glaubt. Es schneit ununterbrochen, und zwar jetzt bei Tag feuchten Schnee, der so gut gleitet und den Lawinen erhöhte Wucht gibt. Aber auch ohne Lawinen ist die überhängende Rinne so schwer, dass Anderl zweimal abrutscht und erst beim drittenmal mit seiner bekannten Angriffswut die Stelle packt und links der Rinne einen kleinen Felskopf erreicht. Mit dem Pickel schlägt er das Eis und den Schnee weg und gewinnt so brauchbaren Stand.

»Nachkommen.«

Vörg und dann wir beide folgen. Und Anderl klettert weiter in dem Gelände, das von allen das Letzte fordert. Er darf sich vor allem nicht Zeit lassen, er muss in den Lawinenpausen den nächsten Stand, den nächsten sicheren Platz erreichen, bevor wieder ein Schneerutsch kommt. Sicherer Stand? Eine Stufe im Eis, ein Eishaken, in den man die Selbstsicherung einhängen kann – das ist schon das Beste, was man hier erhoffen darf. Aber je höher wir kommen, desto dünner wird die Eisschicht in der Rinne. Sie verträgt keine Pickelschläge. In ihr sind auch keine verlässlichen Eishaken anzubringen. Die Stahlstifte dringen durch das Eis, stehen an den Felsen an, verbiegen, verkrümmen sich.

Wir alle sind an einem Seil. Wenn der Erste stürzt, wenn der Zweite ihn nicht halten kann, muss ich versuchen, den Fall zu hemmen. Und wenn es mich herausreißt, dann kommt die ganze Wucht auf Fritz. Ein Mann kann nicht drei stürzende Körper halten, in diesem Gelände, in dieser Wand. Das wissen wir. Das weiß vor allem Anderl, der sich oft an der Sturzgrenze bewegt, bewegen muss, um den Weg zum Gipfel zu bahnen. Und einmal sind wir kurz vor dem Scheitern. Ich stehe auf dem Köpfl und sichere Fritz nach. Dreißig Meter über mir steht Wiggerl und sichert Anderl, der da irgendwo, turmhoch über uns im Nebel und Schneetreiben mit glasigem Fels, trügerischen Eisrinnen und Schneerutschen rauft. Wir können die Freunde über uns nicht sehen.

Fritz ist bei mir.

Aber Wiggerl gibt kein Kommando zum Nachkommen. Wir hören Stimmen, unterdrückte Rufe. Was ist denn da oben los?

Jetzt hört man nur noch Gemurmel. Gleichzeitig kommt von oben ein Schneerutsch. Das ist nichts Besonderes, das sind wir schon gewohnt. Aber dieser Schnee ist nicht weiß. Er ist rötlich verfärbt. Blut?

Ja, Blut! Denn gleich darauf kommt die Hülle eines Verbandspäckchens von oben und zuletzt folgt noch ein leeres Medizinfläschchen. »Hallo! Was ist geschehen?«

Keine Antwort. Das Warten dünkt uns eine Ewigkeit, wird durch Zweifel und Sorge zur Qual. Wieder kommt eine fahrplanmäßige Lawine mit grimmiger Wucht. Dann erst, endlich, die erlösende Aufforderung zum Nachkommen.

Vörg zieht das Seil ein. Er zieht so, dass es mir den Atem nimmt. Aber ich verstehe, was dieses Ziehen zu bedeuten hat: Jetzt ist nicht mehr Zeit, Stellen mit Bedacht und »sauber« zu erklettern. Tempo ist die Parole! Wir müssen aus der Wand. Und da droben ist etwas geschehen, das große Verzögerung mit sich gebracht hat.

Als ich zu Vörgs Standplatz komme, fällt mir ein Stein vom Herzen. Anderl und Wiggerl sind nicht ernsthaft verletzt. Nur Vörg trägt an der Hand einen blutdurchtränkten Verband. Anderl ist bereits wieder eine Seillänge höher auf ausgesetztem, winzigem, labilem Stand.

Heckmair hat später in seiner trockenen und doch so lebendigen Art berichtet, wie Vörg zu seiner Handverletzung kam, wie in seinem Buch *Die drei letzten Probleme der Alpen* nachzulesen ist:

»Es schneite nass und schwer. Es war schon lange her, seit die letzte Lawine da war. Darum schnell den Überhang hinauf! Gemein ... Das Eis auf dem Fels war nicht mehr so dick. Darum hielten die Haken nicht. Nach dem zweiten Schlag fielen sie hohl durch und verbogen sich im Fels.

Am Überhang selbst konnte ich mit den Steigeisen nur mehr übereinander treten, weil in der Rinne nur noch ein schmaler Streifen Alteis war und das Neueis viel zu hart, blank und dünn den Fels überzog. Die Spitze des Eishakens, mit dem ich mich im Eis festkrallte, drang nur noch ganz wenig ein und die Pickelspitze ebenso. Plötzlich rutschte mir der Haken ab und gleichzeitig auch der Pickel. Hätte ich breitbeinig stehen können, hätte ich das Gleichgewicht gehalten. Mit übereinander gestaffelten Beinen aber gab es kein Halten mehr.

›Wiggerl, Achtung!‹

Und schon ging's dahin ...

Wiggerl passte auf. Er zog so viel Seil ein als nur möglich. Ich kam aber direkt auf ihn zu. Es war kein freier Fall, da die Rinne geneigt war, sondern ein rasend schneller Rutsch. In dem Moment des Sturzes drehte ich mich mit dem Gesicht nach außen, um mich nicht zu überschlagen.

Wiggerl ließ das Seil los und fing mich mit den Händen ab. Dabei drang ihm einer meiner Steigeisenzacken in den Handballen. Ich überschlug mich, aber im Bruchteil einer Sekunde griff ich den Seilhaken, das gab mir einen Ruck, so dass ich mit den Füßen wieder nach unten kam. Mit allen zwölf Zacken schlug ich die Steigeisen ins Eis und – stand!

Die Wucht, mit der ich auf Wiggerl zugeschossen war, hatte auch ihn aus dem Stand geworfen, aber auch er konnte sich fangen und so standen wir einen Meter unterhalb des Standes ohne Stufen im Eis. Ein Schritt und wir waren wieder im Stand. Die

Haken hatte es natürlich herausgerissen und ich schlug gleich wieder neue.

Das alles hat sich in Sekunden abgespielt. Es war eine ausgesprochen instinktive Reaktion, die uns rettete. Von all dem hatten die eine Seillänge unter uns stehenden und mit uns am Seil verbundenen Freunde überhaupt nichts gemerkt. Es hätte sie, wenn wir den Sturz nicht selbst aufgehalten hätten, in hohem Bogen mit uns aus der Wand geschleudert.

Indessen hatte Wiggerl den Fäustling von der Hand gezogen. Das Blut spritzte nur so heraus, aber ganz dunkel, es konnte also keine Schlagader getroffen sein.

Ein Blick auf die Wand: Gott sei Dank, jetzt kam noch keine Lawine! Den Rucksack ab, das Verbandszeug heraus und die Hand eingebunden. Wiggerl war ganz blass. Wenn er überhaupt noch eine Farbe hatte, dann war er grün.

›Wird dir schlecht?‹

›Ich weiß nicht so recht‹, meinte er.

Ich stellte mich gleich so, dass er auf keinen Fall stürzen konnte. ›Reiß dich zusammen, jetzt gilt es alles!‹

Da kam mir im Medizinbeutel gerade ein Fläschchen Herztropfen in die Finger, die mir die Frau Dr. Belart aus Grindelwald für alle Fälle mit der Bemerkung gegeben hatte: ›Hätte Toni Kurz solche Tropfen gehabt, dann hätte er vielleicht die Krisis überstanden!‹

Wir sollten sie nur im äußersten, allerernstesten Fall gebrauchen. Es stand etwas auf der Flasche drauf ... zehn Tropfen. Ich schüttete aber gleich die Hälfte davon dem Wiggerl in den Mund, die andere Hälfte trank ich selber aus, weil ich Durst hatte. Ein paar Stück Traubenzucker nachgeschoben und wir waren wiederhergestellt.

Von der Lawine war noch nichts zu sehen.

›Du, ich pack den Überhang gleich wieder an!‹

›Fall mir aber bitte nicht noch mal ’nauf‹, meinte Wiggerl mit ganz schwacher Stimme.

Ich riss mich zusammen und ging jetzt mit voller Sicherheit über die schwere Stelle. Auf die Sicherung mit Haken verzichtete ich ganz, um diese heikle Stelle möglichst schnell hinter mich zu bringen. Fast dreißig Meter – das ganze Seil – musste ich ausgehen, fand aber noch keinen Stand. Da glückte es mir, wenigstens einen der kleinen Felshaken anzubringen.«

Und gerade an dieser Stelle, in diesem Augenblick, da Heckmair die Selbstsicherung in den rettenden Haken eingehängt hatte, kam die Lawine, die wir unten mit so starker Wucht zu spüren bekamen.

Sie hat Heckmair nicht hinuntergeschleudert, nicht Vörg, nicht uns. Aber viele Stunden sind seit unserem Aufbruch vergangen, bis ich neben Vörg stehe und Fritz nachsichern kann. Vörg eilt, von Heckmair gezogen, zu dessen Standplatz. Auch ich ziehe Fritz. Wir alle ziehen, denn die Zeit eilt und der Weg ist noch so hoch, steil und schwer. Wir wissen nicht, was uns noch bevorsteht. Wir fühlen nur die Peitsche der Zeit, die uns drängt, die uns nie Muße und Ruhe gönnt. In keiner Wand zuvor habe ich jemals dieses Jagen und Wettrennen mit der Zeit so erlebt wie hier am Eiger. Und doch ist die Schlusswand bei diesem vereisten, verschneiten Zustand so, dass sie vom Ersten zentimeterweise bezwungen werden muss.

Wir steigen weiter. Es schneit ohne Unterbrechung. Man sieht kaum eine Seillänge weit, eine Seillänge hoch. Da dringen durch Nebel und wirbelnden Tanz der Flocken Rufe zu uns. Woher sie kommen, wissen wir nicht genau. Vom Gipfel? Vom Westgrat? Sie gelten uns. Aber wir vereinbaren schnell, nicht zu antworten. Die Rufer sind zu weit entfernt, um uns genau verstehen zu können. Jede Antwort kann eine Rettungsexpedition auslösen, die dann nicht mehr abzustoppen wäre. Der lange Weg vom Berg ins Tal, das Zusammentrommeln der Bergrettungsleute, der neuerliche Aufstieg ... Das alles könnte ein missverstandener Ruf von uns auslösen. Und selbst wenn es nur ein jodelnder Gruß wäre.

Wir steigen weiter. Immer Anderl an der Spitze. Die Minuten reihen sich zu Stunden. Meter um Meter, Seillänge um Seillänge.

Wieder hören wir Rufe. Diesmal näher, deutlicher. Wir erkennen auch, dass es andere Stimmen sind als früher. Aber wir antworten wieder nicht. Später erfahren wir, dass die ersten, die sorgend in die Wand riefen, Fraißl und Brankowsky waren, die um unser Schicksal bangten. Und das zweite Mal schrie Hans Schlunegger, der große Bergführer des Berner Oberlandes, in die Wand, fragend, ob wir Hilfe brauchten. Er war zwar, ebenso wie die Wiener, überzeugt, dass bei den bösen Verhältnissen der schneebedeckten Gipfelwand im Augenblick keine Hilfe gebraucht werden könne, aber auch er war wie die Freunde bereit, zu helfen und zu retten, sobald es das Wetter zuließe. Die Opferbereitschaft der einheimischen Führer muss hier wieder hervorgehoben werden. Die beiden Partien hatten unabhängig voneinander auf dem verhältnismäßig leichteren Normalweg der Nordwestwand im Schneetreiben den Gipfel erreicht, waren aber, da von uns keine Antwort kam, gleich wieder zurückgeklettert. Freilich gab man nach den hoffnungslosen Berichten der Männer, die auf der Suche nach uns auf den Eiger gestiegen waren, nicht mehr viel für unser Leben.

Doch wir leben noch. Wir steigen weiter.

Die Rinne nimmt an Steilheit ab. Auch die Lawinen tun uns nichts mehr. Sie haben hier oben keine Kraft.

Und dann steigen wir aus der Rinne auf ein Eisfeld.

Es ist das Gipfeleisfeld. Wenn wir nicht aus der Eigerwand kämen, würden wir es als steil bezeichnen. Aber uns erscheint es flach. Wir haben die letzte Rinne hinter uns, wir sind dem letzten Greifarm der Spinne entronnen. Um zwölf Uhr mittags steht Anderl am unteren Rand des Eisfeldes. Eine Stunde später ist der letzte von uns vieren hinaufgesichert.

Nur noch das Gipfeleisfeld trennt uns vom Gipfelgrat. Wir queren nicht nach links gegen den Mittellegigrat, sondern schräg rechts aufwärts, Richtung Gipfelnähe.

Nur das Gipfeleisfeld. Nur …

Auch dieses letzte Bollwerk der Eiger-Nordwand ist kein Spiel. Der feuchte Schnee ist keine feste Verbindung mit dem Firn und Eis eingegangen; er gleitet ab. Hier ist die Quelle der Lawinen. Der Anstieg ist kein Sturmlauf. Er fordert noch immer Vorsicht. Uns allen ist im Bewusstsein verankert, dass uns die Wand noch immer nicht Gleichgültigkeit und sorgloses Dahinschreiten gestattet.

Noch immer führt Anderl. Er tut es mit bewährter Umsicht. Außerdem meint er, dass ein Führungswechsel Seilmanöver erfordere und Zeitverlust bedeute. Dazu käme, dass er sich beim Nachsichern in der dünnen Luft erholen könne, wir aber atemlos ankämen. Auch diese Erklärungen entspringen jedoch seinem bescheidenen Wesen.

Hier merke ich wieder besonders deutlich das Fehlen meiner Steigeisen. Wenn auch Anderl an wichtigen Stellen Stufen schlägt, wenn auch Wiggerl das zu mir führende Seil sicher bedient, will und darf ich mir doch keine Schwäche leisten. Ich darf nicht rutschen, muss mich mit meinen Klauennägeln halten. Das erfordert viel Kraft.

Es schneit noch immer, ja stärker denn je. Und die Flocken fallen nicht mehr senkrecht, sie werden vom Sturm fast waagrecht gepeitscht. Nimmt das Eisfeld kein Ende? Wieder vergehen zwei Stunden.

Dann aber ereignet sich etwas, was heiter gewesen wäre, wenn es nicht einen Augenblick höchster Gefahr gebracht hätte. Anderl steigt im Nebel und wilden Schneetreiben den Hang hinauf, der hier schon flacher ist. Das merkte er aber nicht, weil er gegen den Sturm zu kämpfen hat und man nichts sieht. Wiggerl folgt. Und Wiggerl entdeckt plötzlich vor sich dunkle Flecken. Nein, nicht nur vor sich – unter sich. Weit, weit unter sich …

Es sind die Felsen der Südseite des Eiger die nicht so dicht von Nebel und Schneetreiben verhängt sind. Beinahe wären die beiden ersten aus der Nordwand über die Gipfelwechte direkt in die Südwand gefallen! Ob wir sie hätten halten können?

Im letzten Augenblick treten sie von der Wechte zurück.

Wir kommen nach, stehen auf dem sturmumbrausten Grat, stapfen hinüber zum Gipfel des Eiger. Es ist 15.30 Uhr. Am 24. Juli 1938. Wir sind die ersten Menschen, die die Nordwand des Eiger durchstiegen haben.

Freude? Erlösung? Taumel des Triumphs?

Nichts von alledem. Die Befreiung kommt zu plötzlich, unsere Sinne und Nerven sind zu abgestumpft, unsere Körper zu müde, um einen Gefühlstaumel zu gestatten. 85 Stunden waren Fritz und ich, 61 Stunden Anderl und Wiggerl in der Wand. Wir sind nicht mit knapper Not dem Verderben entronnen, sondern haben in unserer Freundschaft immer Halt und Zuversicht gefunden. Nie haben wir am guten Ausgang unseres Unternehmens gezweifelt. Aber der Weg war schwer. Auf dem Gipfel ist der Sturm so arg, dass wir gebückt stehen müssen. Um Augen, Mund und Nase haben sich dicke Eiskrusten gebildet, die wir erst abkratzen müssen, um einander überhaupt sehen, um sprechen, um atmen zu können. Vielleicht schauen wir aus wie rätselhafte Tiere aus der Arktis. Aber wir haben keinen Sinn für die Komik eines solchen Anblicks. Und es ist wahrlich nicht der Ort und nicht die Zeit, um Kopfstände zu machen und zu heulen vor lauter Freude und Glückseligkeit. Wir drücken uns nur stumm die Hände.

Dann beginnen wir sofort mit dem Abstieg. Mir fällt wieder ein Wort Michel Innerkoflers ein: »Hinunter, sell ist leicht. Da helfen alle Engelein ...«

Es ist aber nicht leicht. Der Abstieg ist voll Tücken und Bosheiten. Hier hat der Sturm nicht den Schnee verblasen. Schwer und nass ist er auf die Westflanke gefallen, bedeckt fast einen Meter hoch die vereisten Platten. Oft rutschen wir und kommen doch immer wieder zum Stand. Wir sind auf einmal müde, so furchtbar müde. Den Abstieg zu finden, zu führen ist meine Aufgabe, da ich ihn ja schon kenne. Doch damals, als wir den Eiger überschritten, war klare Sicht. Heute ist Nebel und Schneetreiben. Oft finde ich nicht gleich die richtige Route. Dann schimpfen die Freunde mit mir. Ich protestiere nicht. Sie haben ja Recht.

Und plötzlich sieht man, wie Anderl zusammenbricht. Nicht körperlich, sondern seelisch. Er geht mechanisch weiter, er klagt nicht. Aber er hat die Führung abgegeben. Die ungeheure Nervenanspannung, unter der er über Tage und Nächte hinweg in der großen Wand gelebt hat, muss zu einer Reaktion führen. Er ist in den vielen Stunden der Gefahr über sich selbst hinausgewachsen. Jetzt darf er wieder ein gewöhnlicher Mensch sein, mit allen Schwächen, empfindlich und den Tücken des Alltags ausgesetzt.

Da ist zum Beispiel Anderls Hose. Der Gummizug seiner Überhose ist gerissen. Die Überhose fällt ihm herunter, zieht die Berghose mit. Immer wieder richtet Anderl seine Beinkleider, immer wieder rutschen sie herunter. Der Mann, der im Sturz in der vereisten Rinne blitzartig reagierte und so alle vor der Katastrophe bewahrte, wird nun fast zur Verzweiflung gebracht durch einen gerissenen Gummizug.

Anderl hat die Führung abgegeben. Er hat ein Recht darauf, über den Abstieg ebenso sicher geführt zu werden, wie er in der schweren Wand geführt hat. Und er hat das Recht zu fluchen, jetzt, da er die Erschöpfung seines zum Äußersten beanspruchten Körpers fühlt und wir einmal wieder 200 Meter emporsteigen müssen, weil ich mich im Nebel und Schneetreiben in der Wegführung geirrt habe.

Wir sind wieder auf der richtigen Route, wir steigen weiter ab. Wir rutschen, gleiten, taumeln, halten uns gegenseitig. Wir kommen tiefer. Heraus aus dem Nebel. Der Schnee geht in Regen über. Aber da drunten ist die sichere Welt der Menschen.

Menschen? Die vielen dunklen Punkte, die sich dort unten auf dem Gletscher bewegen, sind Menschen. Sie steigen langsam höher, uns entgegen.

Auf einmal steht ein junger Bursche vor uns. Er starrt uns an wie Gespenster. Sein Gesicht drückt verlegenes, ungläubiges Staunen aus. Dann wagt er die Frage: »Kommt ihr aus der Wand?«

Als wir das bejahen, wendet sich der junge Mann talwärts, er läuft und schreit in hohem Diskant: »Sie kommen! Sie sind da! Sie kommen!«

Und dann sind wir von Menschen umringt. Bergführer, die Wiener Freunde, die Münchner, Angehörige der Bergwacht, Journalisten, Neugierige: Alle sind vereint in der großen Freude.

Man nimmt uns die Rucksäcke ab, man würde uns tragen, wenn wir nicht auf einmal so frisch und munter wären, als kämen wir von einem Spaziergang und nicht von der Eiger-Nordwand. Fritz bekommt seine erste trockene Zigarette. Rudi Fraißl hält Anderl eine kleine Kognakflasche hin: »Da, trink, das macht warm.«

Mit einem Zug leert Anderl die Flasche. Er wird nicht betrunken davon. Wir sind alle betrunken von der großen Freude. Jetzt erst fühlen wir die große Befriedigung, das Gelöstsein, die Befreiung von allen Sorgen, das unbeschreibliche Glück, die Eiger-Nordwand durchstiegen zu haben.

Tom Patey
Ein kurzer Ausflug mit Whillans

*Tom Patey (1932-1970) war einer der führenden schottischen
Bergsteiger, mit allen Eigenschaften ausgestattet, die man
am Berg braucht: mit Kühnheit, Respektlosigkeit, Ehrgeiz und
einer perversen Vorliebe für kalte, dunkle, fürchterlich schwierige Routen. Seine Leser hätten ihn wohl alle gern persönlich
kennen gelernt; er war heiter und liebenswürdig, und auch sein
Stil ist amüsant. Hier tut sich Patey mit dem misanthropischen
Don Whillans zusammen und die beiden starten einen ziemlich ko-
mischen Angriff auf die Eiger-Nordwand.*

Hast du auf der Straße von Chamonix her die Blutspur gesehen?
Sechs Meter lang, schätzungsweise.«

Das hatte Don Whillans gesagt. Wir saßen in dem kleinen Gasthaus von Alpiglen und sein kühnes Profil hob sich vor dem Hintergrund der respekteinflößenden Eiger-Nordwand scharf ab. Mir
schien, dass sich unsere Unterhaltung der Umgebung anpasste.

»Vermutlich irgendein unglückliches Tier«, sagte ich ohne rechte Überzeugung.

Whillans' Augen wurden eng. »Menschliches Blut«, sagte er.
»Weißt du noch, Mädchen?« (an seine Frau Audrey gewandt),
»ich bat dich anzuhalten, weil ich es mir genauer anschauen wollte. Es hat ihr beinahe den Magen umgedreht, wirklich wahr. Sie
hat sich ja noch kaum von der Beerdigung erholt.«

Ich hätte gern gefragt, auf welcher Beerdigung sie gewesen waren. Es hatte mehrere gegeben. Jedes Mal, wenn wir mit der Bahn
nach Montenvers herauffuhren, passierten wir eine Leiche, die

hinabgebracht wurde. Ich verkniff mir die Frage. Sie kam mir belanglos, vielleicht sogar pietätlos vor.

»Tja, das Leben ist schon in Ordnung«, sagte er sinnend, »vorausgesetzt, man wird nicht schwach.«

»Und wenn man schwach wird?«

»Dann beerdigen sie dich«, knurrte er und leerte sein Bierglas.

Don hat das seltene Talent, ein ganzes philosophisches Traktat in einem einzigen knappen Satz zusammenzufassen. Andererseits kann er auf eine gewisse makabre Art auch geradezu poetisch werden. Es kommt ganz auf die Umstände an.

Wir saßen um einen Fenstertisch in der Gaststube. Es gab noch mehrere andere Tische und um jeden saß eine Gruppe Männer in dunklen Lodenkotzen – wettergegerbte, harte, einsilbige Burschen, deren Augen ständig auf das Fenster gerichtet waren. Wenn man in ihre ernsten Gesichter schaute, war sofort klar, dass diese Männer Eiger-Aspiranten waren – potenzielle Märtyrer der »Mordwand«.

»Schau dir bloß diesen riesigen schwarzen Bastard da oben an.« Whillans lachte trocken und deutete mit dem Daumen hinaus. »Wartet bloß darauf, dich dranzukriegen. Und denk an all die jungen Burschen, die schon da gesessen sind, wo du jetzt sitzt, und dann in einem Sack zurückgebracht wurden. Da kann man schon nachdenklich werden.«

Wie wahr. Ich wünschte fast, ich wäre in Chamonix geblieben, Beerdigungen hin oder her.

»Nimm nur mal diese junge Eingeborene da drüben.« Er deutete auf die blonde Kellnerin, die eben sein Glas nachgefüllt hatte. »Würde mich interessieren, mit wie viel toten Männern sie schon getanzt hat. Und wenn man es recht bedenkt«, fügte er nach einer Weile hinzu, »wäre es nicht das Schlechteste, seine letzte Nacht so zu verbringen.«

Ich fuhr mir mit der Zunge über die trockenen Lippen. Dons philosophische Erörterungen sind nichts für zaghafte Gemüter.

Einer der Eiger-Kandidaten löste sich von seiner Gruppe und kam auf uns zu. Er war rothaarig, klein und stämmig und sah aus wie ein Neandertaler. Diese Ähnlichkeit verdankte er seinen hängenden Schultern und der Art, wie er den Kopf vorstreckte. Er wirkte, als wäre er schon oft mit einem schweren Hammer auf den Kopf geschlagen worden und sein Schädel hätte dadurch mit der Zeit eine extrasolide Panzerung entwickelt. Wie sich herausstellte, hieß er Eckhart und war Deutscher. Das sind immer noch die meisten.

Das Ungewöhnlichste an ihm war sein Lachen. Es klang hohl und unheimlich. Er lachte viel, ohne eigentlich heiter zu wirken, und auf seinem Gesicht war ein verzerrtes Grinsen festgefroren. Sogar Whillans ließ sich zu einer gewissen Anteilnahme hinreißen.

»Geht ihr hinauf?«, fragte er.

»Nein«, sagte Eckhart. »Nix gutt!« Und fuhr in gebrochenem Englisch und mit einem dicken Akzent fort: »Ihr wartet ein bisschen. Jetzt gibt es viel Wasser.« Er schlug seinen Mantelkragen kläglich in die Höhe und lachte. »Viele, viele Steine fallen ... den ganzen Tag, die ganze Nacht ... Steine, Steine.« Er schlug sich vielsagend auf den Kopf und lachte dröhnend. »Zwei Nächte wir warten im Todesbiwak.« Er wiederholte den unheilvollen Namen, als wollte er ihn auskosten. Ich flüsterte Whillans zu, was das Wort bedeutete. »Immer ist nicht gutt ... Wasser, Steine ... Steine, Wasser ... so wir gehen runter. Es ist sehr lustig.«

Wir nickten verständnisvoll. Ein Riesenspaß, ganz klar.

»Unsere zwei Kameraden, sie gehen weiter. Die Leute schauen durch Fernrohr und sagen, einer ist fünfzig Meter tief gefallen. Aber ich glaube nicht.« (Langes, lautes Gelächter von seinen Kumpels.)

»Hast du durchs Fernrohr geschaut?«, fragte ich besorgt.

»Nein«, grinste er. »Nicht nötig ... heute sie erreichen Gipfel ... morgen sie steigen ab. Und jetzt wir trinken noch ein Bier.«

Eckhart war neunzehn. Er hatte die Matterhorn-Nordwand als Klettertraining absolviert und war entschlossen, am Fuß des Eiger zu kampieren, bis sich die Verhältnisse besserten. Wenn nötig, konnte er bis Oktober bleiben. Wie die meisten seiner Landsleute war er äußerst gründlich, und als er merkte, dass sein Biwakzelt seinen Ansprüchen nicht gerecht wurde, war er den ganzen Weg nach München zurückgetrampt, um sich ein anderes zu besorgen. Dabei hatte er die Periode guten Wetters verpasst, die mehreren Rivalen den Aufstieg ermöglicht hatte. Darunter waren auch das zweite britische Team, das es schaffte, nämlich Baillie und Haston, und der Schweizer Darbellay, der die Wand als Erster im Alleingang bezwang.

»Der Bursche ist von der richtigen Sorte«, erklärte Don.

»Wenn du mich fragst – ich glaube, er wollte uns nur Angst einjagen«, behauptete ich. »Psychologische Kriegsführung, darauf läuft's hinaus.«

»Warte ab, bis wir in der Wand sind«, sagte Whillans. »Dann reden wir weiter.«

Am frühen Nachmittag des nächsten Tages ließen wir Audrey in Alpiglen zurück und stiegen die grünen Matten hinan, die den Fuß der Eigerwand umgeben. Don hatte vorher noch seinen Letzten Willen kundgetan. Sein Testament lautete: »Du hast die Autoschlüssel, Mädchen, und du weißt, wo der Hausschlüssel ist. Mehr brauchst du nicht zu wissen. Na denn.«

Audrey lächelte schwach. Sie hatte mein tiefstes Mitgefühl.

Es herrschte brütende Hitze, die Atmosphäre war bedrohlich geladen. Wie viele Münchner Bergsteiger waren wohl auf ihrem Weg aufwärts schon über diese Matten geschritten, um niemals zu ihrem heimischen Klettergarten zurückzukehren? Ich summte Wagners Walkürenritt, als wir die ersten Felsen erreichten.

Dann geschah etwas sehr Unerwartetes. Aus einer Nische im Fels tauchte ein ganz gewöhnlicher Schweizer Tourist auf, gefolgt von seiner ganz gewöhnlichen Frau, fünf kleinen Kindern und einem Pudelhund. Ich hörte zu summen auf. Ich hatte schon von manchem tränenreichen Abschied gehört, von klagenden Frauen und Geliebten, aber dies ging entschieden zu weit. Was für eine würdelose Verabschiedung! Die fünf Kinder begleiteten uns den ersten Schneehang hinauf, stolperten vergnügt in unseren Trittspuren und stocherten mit neugierigen Fingern an unseren Rucksäcken herum. »Verschwindet«, sagte Whillans gereizt, aber es nützte nichts. Wir waren sehr erleichtert, als sie endlich zurückgerufen wurden und wir uns nicht mehr wie zwei Rattenfänger von Hameln vorkamen. Der Hund hielt uns noch ein bisschen länger die Treue, bis ein paar gut gezielte Steinwürfe auch ihn zum Umkehren bewegten. »Großartig, wirklich«, bemerkte Don. Ich überlegte, ob Hermann Buhl unter diesen Umständen wohl das Handtuch geworfen hätte. Es war ein gänzlich irregulärer Start für ein Eiger-Epos und höchstwahrscheinlich ein böses Omen.

Wir begannen den Aufstieg an der linken Seite des Zerschrundenen Pfeilers, eine Variante, die Don bei mehreren früheren Versuchen ausgekundschaftet hatte. Er war auf dem besten Weg, der Große Alte Mann von Grindelwald zu werden. Dies war sein vierter Angriff auf die Wand. Bisher war er immer zurückgeschlagen worden, entweder durch schlechtes Wetter oder weil er andere Kletterer retten musste. So kam es, dass er schon mehr Stunden in der Wand verbracht hatte als jeder andere britische Bergsteiger.

Dons Vorbereitungen für den Eiger, sonst in jeder Hinsicht peinlich sorgfältig, hatten sich nicht auf übertriebenes körperliches Training erstreckt. Während ich meine müden Muskeln via Matterhorn von Breuil nach Zermatt schleppte, verbrachte er ruhige Tage in Chamonix und lag in der Sonne, bis abends der Betrieb losging. In der Bar National ließ er sich jeden Abend mit Starkbier volllaufen, rauchte vierzig Zigaretten, überredete andere Müßiggänger, die Jukebox mit ihren letzten Francs zu füttern und erwarb sich lokale Berühmtheit beim Tischfußball. Eines Tages war die Hitze offenbar so gewaltig, dass ihm das Blut zu Kopf drang, denn er stieg die sechseinhalb Kilometer nach Montenvers hinauf, immer am Gleis der Zahnradbahn entlang, und lief sich so gewaltige Blasen, dass er mit der Bahn zurückfahren musste. Trotzdem war er so fit, wie er sein wollte – oder besser, sein musste.

Der erste Eindruck der Eigerwand entsprach ihrem schlechten Ruf nicht. Das war prima Kletterfels, griffig und mit vielen kleinen Rissen und Kerben. Wir kletterten ohne Seil und gewannen schnell an Höhe. Die Sache fing gerade an mir Spaß zu machen, als ich den Bergschuh fand ...

»Da hat jemand einen Schuh vergessen«, rief ich Don zu.

»Schau nach, ob der Fuß noch drin ist«, schrie er zurück.

Ich hatte den Schuh in die Hand genommen – jetzt legte ich ihn hastig zurück.

»Ha! Hier ist noch was – ein ziemlich ramponierter Rucksack«, rief Don. »Und seine Feldflasche – platt gequetscht.«

Meine noch ganz frische Begeisterung hatte sich verflüchtigt und ich beschloss, in Zukunft fremde Gegenstände zu ignorieren.

»Du gewöhnst dich am besten gleich daran«, empfahl Whillans. »Hier prallen sie gewöhnlich ab, bevor sie unten aufschlagen.«

Was für ein sonniges Gemüt, dachte ich. Für Don ist ein Spaten nur ein Spaten – ein simples Grabwerkzeug, mit dem die Totengräber arbeiten.

Oben auf dem Pfeiler setzten wir die Schutzhelme auf. »Eins musst du dir am Eiger noch merken«, sagte Don. »Schau nie nach oben, sonst brauchst du eventuell einen Schönheitschirurgen.«

Sein Ratschlag kam mir übertrieben vor, denn an diesem Abend war von Steinschlag weit und breit nichts zu hören. Wir kletterten weiter, über den Zweiten Pfeiler hinaus, und seilten uns an für den Quergang zum Schwierigen Riss. So spät am Tag kam in dem Riss eine Menge Wasser herunter, also beschlossen wir zu biwakieren, solange wir noch trocken waren. Es gab eine prima Biwakhöhle am Fuß des Risses.

»Ich nehme eine von deinen Zigaretten«, sagte Don. »Ich hab nur Gauloises dabei.« Das war eine Feststellung, keine Frage. Dons Grobheit ist sprichwörtlich und irgendwie auch bewundernswert. Aus solchem Stoff sind Feldherren gemacht. Wir diskutierten kurz über unser Biwak und ich musste mich schließlich seinen Argumenten beugen und den äußeren Platz nehmen. Da würde ich nicht so sehr an Klaustrophobie leiden – darauf lief es in etwa hinaus.

Der rasche Temperaturabfall beschäftigte mich sehr. Zwischen meiner extrawarmen Daunenjacke und dem Biwaksack, den ich mir von Joe Brown geliehen hatte, klafften ein paar Zentimeter. Der Sack war, wie sich die Hersteller brüsteten, nach Joes persönlichen Wünschen gefertigt, und soweit ich es beurteilen konnte, auch nach seinen persönlichen Maßen.

Aus dem Nichts heraus hatte sich im Tal, keine zwei Kilometer entfernt, ein gewaltiges Gewitter aufgebaut. Blitze erhellten die ganze Wand und Nebel kroch mit grauen Tentakeln aus dem Dunkel und drohte unseren luftigen Horst einzuhüllen.

»Das Mädchen im Tourismusbüro hat gesagt, der Hochdruckgürtel, der sich über ganz Europa erstreckt, würde noch mindestens drei Tage anhalten.«

»Na prima«, knurrte Whillans. »Ich kann dir eine genauere Vorhersage geben, ohne auch nur die Augen aufzumachen.«

»Wir könnten bayrische Trinklieder singen, um uns bei Laune zu halten«, schlug ich vor. »Oder wie wär's mit Jodeln?«

»Die verdammten Österreicher springen zu gern in Gletscherbäche ... daher kommt es.«

»Daher kommt was?«

»Dass sie jodeln. Die sind verrückt, alle miteinander.«

Der Tag kam klar herauf. Ausnahmsweise war einmal ein Wunder geschehen und das schwere Gewitter war vorübergezogen, ohne dass sich Wolken in der Wand festsetzten. Don blieb trotzdem misstrauisch. Wir waren zwar vor dem Wind geschützt, aber wir hatten keine Möglichkeit, einen Wetterumschwung vorherzusehen, weil die Wand uns jede Sicht nahm.

Ein bisschen Wasser sickerte noch immer den Schwierigen Riss herab, als Don die erste haarige Stelle in Angriff nahm. Wir waren spät dran. Die Unsicherheit wegen des Wetters und eine Diskussion darüber, wer Frühstück machen sollte, hatten viel Zeit gekostet. Es war schon halb sieben und wir mussten uns beeilen. Unglücklicherweise hatte Don beide Stränge des Doppelseils in die drei Haken eingehängt, die er vorfand. Das Seil verklemmte sich andauernd und das war für mich besonders lästig, weil ich mit beiden Rucksäcken hinterherkletterte. Mitten in unserer Route hing ein ausgefranstes altes Seil herab, das angeblich noch von Mademoiselle Loulou Boulaz stammte. Unsere Eispickel verhedderten sich ständig darin. Als ich Don erreichte, war ich völlig außer Atem und ziemlich sauer. Wir hielten es beide für klüger, bis zum Hinterstoißer-Quergang unangeseilt weiterzuklettern, jeder in seinem eigenen Rhythmus. In dieser Gegend war die Route leicht zu finden: Man brauchte nur den Haken zu folgen. Sie steckten überall in der Wand und in den meisten hingen verrottende Seilschlingen (die man offenbar zum Abseilen gebraucht hatte). Es gestattet einen tiefen Einblick in die menschliche Psyche, dass sich am Eiger niemand je die Mühe macht, überflüssig gewordene Haken zu entfernen. Aber sie helfen wenigstens, den Eindruck äußerster Einsamkeit zu lindern, den diese riesige Wand vermittelt. Überdies erinnern sie an die letzte Bestimmung des Menschen und sind Schriftzeichen im Fels, die von einer heroischen Geschichte künden. Auch andere Erinnerungsstücke gab es hier in Mengen – Handschuhe, Socken, Seile, Steigeisen und Stiefel. Nichts von diesen Dingen sah aus, als hätten die Eigentümer es freiwillig dagelassen.

Der Hinterstoißer-Quergang ist trotz der Bilder von Vorkriegshelden, die ihn im Dülfer-Sitz passierten, nicht der Rede wert. Mit Hilfe von zwei befestigten Seilen unbekannter Herkunft, die als Behelfsgeländer dienen, kommt man in drei Minuten hinüber. Ohne dieses Hilfsmittel allerdings würde die Stelle nach heutigen britischen Maßstäben als schwierig gelten. Die Fixseile setzten sich ununterbrochen fort bis zum Schwalbennest – einem weiteren durch die Tradition geheiligten Biwakplatz. Bis dahin hätte ich geradeso gut über den italienischen Grat aufs Matterhorn steigen können.

Wir umgingen das erste Eisfeld auf der rechten Seite und stapften durch Schotter aufwärts, wo wir mit schwarzem Eis gerechnet hatten. Es war zwar ungewöhnlich warm, aber wenn das Wetter hielt, dann gab es durchaus begründete Hoffnung, dass wir die Besteigung in einem Tag schaffen konnten – was wir ursprünglich vorgehabt hatten. Der Eisschlauch, der durch die Felsbarriere zwischen dem ersten und zweiten Eisfeld führt, verdiente seinen Namen nicht mehr, weil das Eis völlig verschwunden war. Da schien sich ein leicht gangbarer Weg zu eröffnen, aber Don hielt sich lieber an die bekannten Alternativen und stieg nach links auf eine ziemlich unmöglich aussehende Wand zu. Bis ich unsere Position mit Hiebelers Routenbeschreibung verglichen hatte, hatte Don diesen Abschnitt hinter sich gebracht und rief mir zu, ich solle nachkommen. Er war richtig in Schwung, schien aber meinen Optimismus immer noch nicht zu teilen.

Seine Zweifel waren nur zu berechtigt. Zehn Minuten später – wir überquerten gerade die vom Wasser ausgewaschenen Platten, die zum zweiten Eisfeld hinaufführten – sahen wir die ersten Felsbrocken fallen. Genau gesagt, sahen wir nicht die Steine selbst, sondern nur die Rauchwolken, die von der jeweiligen Einschlagstelle aufstiegen. Die Felsbrocken polterten nicht wie sonst üblich mit lautem Getöse den Berg herunter. Tatsächlich hörte man sie erst, wenn sie vorüber waren – WITSCH! Ein außerordentlich unsympathisches Geräusch.

»Das sind die kleinen, die hören sich so an«, erklärte Whillans. »Bei den großen klingt es noch ganz anders.«

Bei der Planung einer Eiger-Besteigung muss man unbedingt darauf achten, dass man zur richtigen Zeit an der richtigen Stelle ist. Nach unseren Berechnungen hätte die Wand um diese Zeit am Morgen gegen Steinschlag immun sein müssen.

Aber der Eiger hielt sich nicht an unsere Berechnungen. Aus heiterem Himmel hatte sich eine ungeheure schwarze Wolke zusammengeballt, die sich auf dem Eisfeld am Gipfel niederließ. Sie erinnerte mich an einen riesigen schwarzen Geier, der seine Schwingen ausbreitet, bevor er sich schnell wie der Blitz auf seine arglose Beute stürzt.

Bei uns herunten, am Fuß des zweiten Eisfelds, war es plötzlich sehr kalt und einsam. Ein Stück weiter links befand sich die Rampe; dort konnte man eventuell ein bisschen Schutz vor dem Unwetter finden. Es sah aus, als wäre es dort hinüber nur einen Steinwurf weit, aber ich wusste ebenso gut wie Don, dass wir ein 500 Meter breites, steiles und vereistes Schneefeld queren mussten, bevor wir auch nur einigermaßen vor Steinschlag geschützt sein würden.

In unserer unmittelbaren Umgebung war auch an eine notdürftige Deckung gar nicht zu denken. Rechts und links fielen steile, eisige Abhänge ins Nichts. Gerade als Whillans zu mir trat, schlug der erste Blitz in die Weiße Spinne ein.

»Schluss, aus«, sagte er und klinkte das freie Seil in meinen Klettergurt ein.

»He, was ist los?«, fragte ich. Er konnte doch nicht so hastig eine so weit reichende Entscheidung treffen!

»Ich geh runter«, sagte er. »Das ist los.«

»Wart einen Augenblick! Wir können die Sache doch in Ruhe besprechen.« Ich streckte den Arm aus, um die Asche von meiner Zigarette zu schnippen. Da geschah etwas sehr Ungewöhnliches. Nach einem ganz besonders fies klingenden WITSCH! war das Ende meiner Zigarette verschwunden! Das war ganz die Art von subtilem Hinweis, wie sie Hollywood-Regisseuren vorschwebt.

»Ganz deiner Meinung«, sagte ich. »Ich geh mit.«

Noch nie bin ich so schnell einen Berg hinuntergekommen. Aufgrund seiner langjährigen Vertrautheit mit der Wand kannte Don jeden Abseilpunkt und so konnten wir uns den ganzen Abschnitt der Wand, in dem der Hinterstoißer-Quergang und der Kamin hinauf zum Schwalbennest liegen, ersparen. Man braucht sich nur vom letzten Abseilpunkt oberhalb des Schwalbennests hinunter-

zulassen, dann erreicht man einen wichtigen Haken am oberen
Ende der Wand, von wo aus man den Anfang des Hinterstoißer-
Quergangs sieht. Von da aus geht es über 40 Meter senkrecht hinunter zu dem breiten Band am Beginn des Quergangs. Wenn Hin-
terstoißer das bemerkt hätte, dann gäbe es jetzt wahrscheinlich
keinen Quergang, der nach ihm benannt ist, und die Eiger-Nordwand wäre nicht halb so berüchtigt. Die Idee von einem »Point of
no Return« hat etwas Faszinierendes und bis vor Kurzem war es
noch üblich, an diesem Quergang ein befestigtes Seil zurückzulas-
sen, um bei einem eventuellen Rückzug abgesichert zu sein.

Das unaufhörliche Steinschlag-Bombardement, das uns von einem Abseilpunkt zum anderen springen ließ wie verschreckte Flö-
he, wurde ein bisschen leichter, als wir in den Windschatten der
Roten Fluh kamen. Das Wetter war nun völlig zusammengebro-
chen und es regnete heftig. Wir hasteten die leichte untere Sektion
der Wand auf verschiedenen Routen hinunter und stießen dabei
jede Menge Geröll zu Tal. Gelegentlich hörten wir eigenartige Geräusche, so etwas wie ein gedämpftes Jaulen, aber darum kümmer-
ten wir uns nicht. Schließlich waren wir ja die Einzigen weit und
breit. Whillans war gerade um eine Kante herumgeklettert und außer meiner Sicht, als ich einen lauten Ausruf hörte.

»Allmächtiger!«, sagte er (oder etwas dergleichen). »Japse! Das
musst du dir anschauen!«

Tatsächlich. Zwei identische kleine Männer in identischen Klet-
terausrüstungen kauerten Seite an Seite unter einem Überhang. Sie
waren schon eine Stunde lang so gesessen und hatten darauf gewartet, dass das Bombardement von oben ein Ende nähme. Ich
schätzte, dass wir sie oft nur knapp verfehlt hatten.

»Ihr – Japaner?«, knurrte Don. Eine ziemlich überflüssige Frage,
meiner Meinung nach.

»Ja, ja«, grinsten sie fröhlich und zeigten ihr komplettes Gebiss.
»Wir Japaner.«

»Aufwärts?«, erkundigte sich Whillans. Er wies vielsagend auf
das graue Unheil, das von der Weißen Spinne herunterquoll.

»Ja, ja«, sprachen sie im Chor. »Aufwärts. Immer aufwärts. Erste Besteigung von Japaner!«

»Ihr – geht – vielleicht – aufwärts – Kumpels«, sagte Whillans, indem er jede Silbe übertrieben betonte. »Aber – sehr – viel – weiter – hinauf – als – ihr – denkt!«

Das verstanden sie natürlich nicht und so schüttelten sie ihm ausdauernd die Hand und bedankten sich überschwänglich für den guten Rat.

»Völlig meschugge«, sagte Don. »Die sehen wir nicht wieder.«

Da täuschte er sich. Sieben Tage später, nachdem über ein Meter Schnee gefallen war, waren sie wieder da. Sie hatten einen ausgewachsenen Schneesturm am Eiger überlebt und waren bis zu unserem höchsten Punkt am zweiten Eisfeld gekommen. Ich weiß nicht, ob sie eine Tapferkeitsmedaille bekommen haben, aber verdient hätten sie sie auf jeden Fall. Sie waren die Vorhut der japanischen Bergsteigerelite, deren Mitglieder heutzutage nur mal so auf den Mount Everest steigen und mit Skiern abfahren.

Wir kamen in Alpiglen noch rechtzeitig für ein spätes Mittagessen an. Das Fernrohr stand einsam und verlassen im Regen. Der Eiger hatte sich in neblige Ferne zurückgezogen und Don Whillans zog sich auf seinen Lieblingsplatz am Fenster zurück.

Andrew Greig
aus **Gipfelfieber**

Der schottische Schriftsteller Andrew Greig (geb. 1951)
nahm 1984 an einer Expedition zum Mustagh-Turm im Kara-
korum teil. Er brachte zu dem Unternehmen keinerlei bergstei-
gerische Erfahrung ein, dafür aber eine sehr gesunde Angst
vor Höhen, Gletscherspalten und umstürzenden Eistürmen.
Sein Buch über diese Reise ist manchmal komisch, manchmal er-
hebend und manchmal traurig; diese Erzählung von seinem Klet-
tertraining in Schottland ist alles zusammen.

Als wir im Januar auf eisglatten Straßen nordwärts streben, begeistert sich Mal über die Bedingungen. Ein ausgiebiger Schneefall, leichtes Tauwetter und jetzt ordentlicher Frost. »In Glencoe
wird es dieses Wochenende von Bergsteigern wimmeln.« Ich bin
nicht so enthusiastisch; ich sehe mich schon im Schnee herum-
krabbeln. Die Heizung im Auto ist kaputt und ich kuschle mich
tief in meine brandneue Bergsteigerkluft und schaue auf den wirbelnden Schnee im Scheinwerferkegel. Wir sind beide in Gedanken
versunken und reden nicht viel.

Ich bin erregt, zugleich ängstlich und sonderbar begeistert. Um die
Kälte zu vergessen, wiederhole ich mir im Geist alles, was Mal mir
über das Klettern in Schnee und Eis gezeigt hat. Das war gestern, in
seiner warmen Wohnung. Es war sehr verwirrend – die Knoten, die
Grundsätze der Sicherung, die verblüffende Vielfalt der Eisenwaren,
die Haken, Ösen, Nägel, Schrauben, Karabiner ... Eine geheimnis-
volle Litanei, besonders weil jedes Teil anscheinend mehrere verschiedene Namen hatte. Ich musste bei Adam und Eva anfangen.

Ich versuche alles der Reihe nach zu bedenken. Erstens, der Klettergurt. Ich muss im Dunkel lächeln. Mit dem Klettergurt, von dem die ganze Bewaffnung des modernen Kletterers herabbaumelte, hatte ich ausgesehen wie eine Kreuzung aus Gladiator und Stammeshäuptling. Zweitens, das Seil. Ich versuchte mir den wichtigen Achterknoten vorzustellen, mit dem man das Seil in den Ösen des Klettergurts befestigt.

Dann die Reihenfolge der Ereignisse beim Klettern. Der Führer steigt auf, mehr oder weniger gesichert durch seinen Gefährten, der einen (hoffentlich) sicheren Stand am unteren Ende des Seils einnimmt. Wenn der Führer fast nach der vollen Länge des Seils einen passenden Platz findet, dann sichert er seinerseits den Zweiten, der nach ihm aufsteigt. Einfach und völlig ungefährlich. Hoffte ich jedenfalls.

Wir hatten im Treppenhaus geprobt. Wir standen angeseilt am Fuß der Treppe. Mal band eine Schlinge aus starker Schnur um einen Treppenpfosten und verband sie mit Hilfe eines Karabiners mit meinem Klettergurt. Das sicherte mich an meinem Stand. Dann fädelte er das Ende des Seils durch einen Abseilachter und hängte auch den in meinen Gurt ein. Dann sprach er feierlich: »Am Gipfel sehen wir uns wieder« und ging die Treppen aufwärts, während ich das Seil durch den Abseilachter ausgab. Nach fünf Metern blieb er stehen und erklärte, wenn er jetzt stürzte, dann fiele er zehn Meter tief, bevor das Seil zwischen uns den Fall stoppen könnte. »Also lege ich jetzt eine Zwischensicherung.« Er band wieder eine Schlinge um einen Treppenpfosten und hängte einen Karabiner ein. Das Seil lief frei durch. Wenn er jetzt stürzte, würde er nur doppelt so weit fallen, wie er über der Zwischensicherung war, dann würde das Seil zwischen uns ihn aufhalten.

Ich dachte ein bisschen darüber nach und es leuchtete mir schnell ein. Sehr vernünftig. Die Zwischensicherung sollte den Fall des Führers beschränken.

In diesem Moment kam eine Frau die Treppen herauf und musterte uns irritiert.

Leicht errötend setzte Mal seinen Aufstieg fort, und bis er oben war, hatte er noch zwei Zwischensicherungen gesetzt. Dann band er sich am Treppengeländer fest und rief: »Stand!« Der Ruf hallte von den Wänden wider. Ich hängte den Abseilachter aus und versuchte mich an den passenden Ruf zu erinnern. »Seil ein!«, schrie ich. Er holte es ein, bis es sich zwischen uns straffte. Ich wartete, bis er das Seil in den Achter eingehängt hatte. »Nachkommen!« Mit einiger Schwierigkeit befreite ich mich von meiner Standsicherung, rief: »Ich komme!« und machte mich auf den Weg.

Ungefähr fünf Meter lief ich recht flott, dann brachte mich irgendetwas ganz plötzlich zum Stehen. Ich konnte nicht weitergehen. »Vielleicht nimmst du besser meine Zwischensicherung raus«, schlug Mal vor. Klar – die hatte mich gestoppt. Ich nahm den Karabiner aus der Schlinge, band die Schlinge los und ging weiter.

Oben schüttelten wir uns bewegt die Hände.

Das waren also Theorie und Praxis des Kletterns in Seilschaft. Hoffentlich erinnerte ich mich richtig an die Rufe. Ich murmelte sie in dem kalten Auto vor mich hin. Den Rest der Ausrüstung – die verschiedensten Haken, Schrauben und Klemmkeile – brauchte man, wenn es nichts gab, woran man eine Schlinge befestigen konnte. Wir hatten sie übungshalber in Risse in Mals Kamin getrieben. Das war alles sehr spaßig gewesen, aber das nächste Mal würde es Ernst sein. Wo war ich da bloß reingeraten?

Hinter Callander wird die Landschaft wilder und einsamer. Die langen Hänge schwingen sich plötzlich jäh in die Höhe und der Schnee wird tiefer, als wir am Rannoch Moor entlangfahren und dann auf kurviger Straße hinab nach Glencoe. Als wir uns dem berüchtigten Clachaig Inn nähern, muss ich an den Tag denken, als ich das letzte Mal hier war. Beschwingt von Adrenalin, Jugend und billigem Bier, war ich in prachtvollem Hippie-Outfit – goldener Umhang, wattierter Teewärmer als Mütze, Pfauenfedern, rosa Hemd – in einer Ecke gestanden und hatte meine Lieblingssongs der Incredible String Band zum Besten gegeben. Die kleine Bar war total verräuchert und voller riesengroßer Bergsteiger, die so behaart waren, dass man nicht sah, wo die Bärte zu Ende waren und die Pullover anfingen. Bergsteiger sind offenbar unglaublich tolerant und so kam es, dass sie mich nicht nur weitermachen ließen, sondern mir sogar noch ein paar Biere spendierten. Als die Bar zumachte, ging ich mit einer Krankenschwester aus Glasgow hinaus in die dunkle Nacht. Berauscht von Abenteuer, Bier und dem Bewusstsein der gewaltigen Berge rings um uns, versuchte ich wieder einmal, meine Unschuld zu verlieren ...

Jetzt erkenne ich die Bar nicht wieder. Die Kundschaft ist so ziemlich dieselbe, nur sehen die Leute jünger und kleiner aus. Es ist eine bunt zusammengewürfelte Gesellschaft mit wild wuchernden Haaren, Bergstiefeln, Turnschuhen, ausgelatschten Schlapfen, alten Jeans und roten Gore-Tex-Jacken, die sich da durcheinander bewegt, Klatsch austauscht, über die Schneeverhältnisse fachsimpelt, Kraftproben veranstaltet oder Billard spielt. Auch einige Mädchen sind dabei; zum Teil sind sie hübsch und sichtlich gelangweilt, zum Teil sehen sie entschieden kompetent aus.

Mal ist hier offenbar allgemein bekannt und geachtet. Dauernd kommen Leute an unseren Tisch, und immer geht es im Gespräch um Berge, Gefahrenstellen, Schwierigkeitsgrade, Abstürze und Beinahe-Abstürze, und natürlich auch um Triumphe. Für mich ist das alles neu, exotisch und verwirrend, aber ich fühle doch gewisse Untertöne hinter harmlos klingenden Worten. Freundschaften und Rivalitäten schimmern durch, mancher sucht Information, mancher hält Informationen zurück; es gibt abschätzige Worte und versteckte Herausforderungen. Was kann eine beiläufige Bemerkung wie »Für den fünften Grad hab ich das ziemlich einfach gefunden« nicht alles implizieren! Sie deutet an, dass der Sprecher sich leicht getan hat und dass er mit dem echten fünften Grad vertraut ist, sie fragt so nebenbei nach den Fähigkeiten des Gesprächspartners und lässt durchblicken, dass man von seinem Freund, der die Route als Erster durchstiegen und klassifiziert hat, nicht viel hält. »Mir war's voriges Mal schwierig genug«, antwortet Mal gelassen. Damit macht er klar,

dass er die betreffende Route auch schon geklettert ist, und zwar
mehr als einmal, und dass er es nicht nötig hat, eine schwierige
Kletterei einfach zu nennen, bloß um sein Können herauszustrei-
chen ...

Es ist tatsächlich genau wie in der literarischen Welt. Konkur-
renz und Kooperation; Rangeln um die Plätze auf einer imaginären Rangliste; Trennlinien ideologischer, persönlicher und geogra-
phischer Art. Die Burschen aus Aberdeen, die den anderen mal
zeigen wollen, was Klettern heißt, die harten Männer aus dem englischen Norden, die sich auszeichnen wollen, die Typen aus dem
mittleren Schottland, die ihr Terrain eifersüchtig verteidigen ...
nur zu vertraut das alles.

»Wer bist du?«, fragt mich ein junger Mann, der nicht recht
weiß, wie er Mals neuen Partner einordnen soll. »Ich bin Gitarre-
spieler.« Pause. »Und was machst du dann hier heroben?«

»Ich lerne ein paar neue Akkorde.« Er ist verblüfft, wirft mir einen bösen Blick zu und verschwindet. Mal grinst und gibt zu, dass
nicht nur das Klettern selbst seine Tücken hat, sondern auch die
soziale Seite der Kletterei. Keiner lässt durchblicken, was er morgen vorhat.

Tony Brindle und sein Partner Terry Dailey kommen zur Tür
herein. Tony ist, soviel ich weiß, außer Mal der einzige Bergsteiger, der auf den Mustagh führen kann. Überall Händeschütteln.
Schön, ein bekanntes Gesicht zu sehen. Zum letzten Mal haben
wir uns bei der Hochzeit von Mal und Liz getroffen, wo er schon
ziemlich angeheitert war. Auch jetzt, wo er nüchtern ist, wirkt er
noch reichlich hyperaktiv. Er textet ohne Punkt und Komma
über vergangene und zukünftige Touren und plötzlich fällt mir
ein, an wen er mich erinnert: an Davy Jones von den Monkees.
Klein, mit unschuldigen braunen Augen, die Haare sauber zum
Pony geschnitten, lädt er einen direkt dazu ein, ihm den Kopf zu
tätscheln. Er ist 23 und sieht aus wie 15. Das scheint ihn
einerseits zu ärgern, andererseits aber kokettiert er damit. Es ist
schwer erklärlich, dass er bei diesen rauen Burschen anerkannt

wird. Hinter diesem Babygesicht muss ein stählerner Kern verborgen sein.

»Na, wo führst du denn Mal morgen hin?«, fragt er mich, laut genug, dass Mal, der gerade anderweitig in ein Gespräch verwickelt ist, es hören kann.

»Och, ich weiß noch nicht, wir schauen uns bloß ein bisschen um.« Ich kann mich schließlich genauso vage ausdrücken wie alle anderen hier. »Vielleicht nehmen wir Smith's Gully zum Aufwärmen und wenden uns dann ernsthafteren Dingen zu.« Am Nachbartisch spitzen ein paar Leute die Ohren. Mal ist zusammengezuckt, kann sich aber nicht aus seinem Gespräch befreien.

Tony grinst. »Ja, Mal ist ein bisschen faul, der alte Bastard. Aber wenn du führst, macht er bestimmt alles mit.«

»Vielleicht lass ich ihn auch mal führen, wenn er es sich zutraut.«

Die Ankunft neuer Freunde rettet Mal. Ich kenne sie auch von der Hochzeit. Das war eine ziemlich feuchte Nacht damals; die Bergsteiger rotteten sich alle in einer Ecke zusammen und sprachen über das einzige Thema, das bei einem solchen Anlass angemessen ist – Bergsteigen. Sie sind Besessene, aber es ist eine interessante Form der Besessenheit – zumindest die ersten zwei Stunden.

Der Abend im Clachaig geht weiter. Rote Gesichter, geschwollene Fingerknöchel, Fluten von Bier, wachsende Erregung und Vorfreude, Pläne und Hoffnungen für morgen. Wenigstens leben sie nicht nach der Devise: Orangensaft und früh ins Bett. Ihre Prinzipien sind Alkohol, Nikotin, lange Nächte und Ausschweifungen, sowohl in Worten wie auch in Werken. Mir soll es recht sein.

Bevor ich ins Bett gehe, bleibe ich noch ein paar Minuten vor unserem Chalet stehen. Die Luft ist klar und kalt und riecht unverkennbar nach Schnee. Wolken ziehen vor einem Dreiviertelmond vorbei und ihre gewaltigen Schatten gleiten über die schimmernden Hänge jenseits des Tales. Die Stimmen der Vorübergehenden klingen laut in der Kälte. Der Orion steigt auf, der Wind wispert über dem Schnee und bringt ein fernes Wasserplätschern mit sich.

Ich fühle mich erhoben und entrückt durch die unwiderstehlichen Kräfte des Mondes, der Schatten, der Berge, des Schnees. Allein deswegen hat sich das Kommen schon gelohnt. Ich schüttle den Zauber ab und gehe hinein. Mal sehen, was der morgige Tag bringt. Hoffentlich bin ich ihm gewachsen. Schließlich habe ich zwei Monate dafür trainiert.

Böiger Wind wirbelt uns Schnee ins Gesicht, aber meine neue Montur hält mich erstaunlich warm, als wir durch tiefen, weichen Schnee ins Lost Valley stapfen. Wir nehmen noch mal den Einsatz des Eispickels und die Sicherung im Schnee durch. Dann wird es ernst. Es geht ans Klettern.

Mein Herz klopft wild, als wir unsere Ausrüstung anlegen, und ich muss mich zwingen, ruhig zu atmen. Konzentration. Ich lege den Klettergurt an und knüpfe das Seil daran. Dann schnalle ich die Steigeisen an die plumpen Doppelstiefel. Sie gleichen überdimensionierten Laufspikes, haben aber zusätzlich noch zwei Frontzacken. Dann lege ich meine zwei Eishämmer zurecht. Beide haben an einer Seite eine gebogene Spitze, die am Ende gezahnt ist. Der eine hat an der Gegenseite einen Hammer, mit dem man Haken einschlagen und wieder entfernen kann, der andere einen Schaufelkopf zum Stufenschlagen.

Ich komme mir ziemlich blöd und überrüstet vor, wie ein Tiefseetaucher in einem Kinderplanschbecken, als ich Mal den steiler werdenden Hang hinauf folge. Er ist nicht so steil, dass man sich sichern müsste, sagt Mal. Ich blicke konzentriert auf meine Füße. Ausrutschen, erschrecken, sich wieder beruhigen. Die blöden Äxte auseinander halten. Nicht über die Steigeisen stolpern. Hinauf und hinüber ... ich mag keine Traversen ... wir kommen allmählich recht hoch hinauf. Schau dich nicht um, pass auf deine Füße auf, denk nicht nach. Wie klar die Geräusche sind: das Kratzen der Steigeisen auf dem Fels, das Klappern unserer Werkzeuge, das Knirschen des Schnees unter unseren Stiefeln, der Wind, ein ferner Ruf ...

Wir schauen auf und sehen, dass weiter oben auf John Gray's Buttress eine Gestalt unbeholfen winkt. »Der hat anscheinend Angst«, sagt Mal. »Stampf dir einen Stand und warte hier.« Einen Augenblick lang fühle ich mich diesem Stümper da oben wohltuend überlegen, aber dann siegt die Erkenntnis, dass es mir nicht viel anders geht. Mal redet ihm zu, er solle heruntersteigen, aber er schüttelt nur verzweifelt den Kopf. Mal klettert weiter hinauf und sichert den Mann. Mit ungeschickten Bewegungen hangelt der sich schließlich runter. Er ist sehr bleich, als er bei mir vorbeikommt, und ziemlich verlegen. »Der Schnee ist stellenweise tückisch«, murmelt er zur Entschuldigung. Ich pflichte ihm höflich bei.

Mal ruft. Er winkt mich zu einem Band weiter links, neben einem Steilabfall, der in eine Rinne mündet, dann ruft er noch etwas, was ich nicht verstehe. Als ich das Band erreiche, ist er verschwunden. Das Seil läuft über den Rand in die Rinne und verschwindet nach unten außer Sicht. Ich warte. Und warte. Und warte.

Eine halbe Stunde später: noch kein Zeichen von Mal und der Blick nach unten zerrt allmählich an meinen Nerven. Ich rufe, wenn auch ohne große Hoffnung, und komme mir dabei ziemlich dumm vor. Keine Antwort. Der Adrenalinspiegel sinkt, die Muskeln werden steif. Was tun? Nicht nachdenken. Warten. Scheußliches Gefühl, so allein hier oben ...

Schließlich kommt Mal weiter unten wieder zum Vorschein. Er stapft den Hang herauf, erhitzt und verdrießlich. »Wie ich diesen Trottel gesichert habe, ist mir ein Handschuh runtergefallen und die ganze Rinne hinabgerutscht.« Ich frage ihn, was dem Mann passiert war. »Panik«, sagt er kurz und zeigt unsere nächste Etappe an. Wir müssen einen arg steilen Schneehang queren. Er geht los. Anscheinend will er mich nicht sichern. Der Anblick des Hangs macht mir keine Freude; ich folge mit größter Vorsicht und meine Gedanken kreisen um Lawinen, um Stürze ...

Außer Atem erreiche ich seinen Stand, ein schmales Band neben einem Felsblock. »Gut, und jetzt seil dich an, Andy.«

Ich sichere ihn mit dem Abseilachter, wie wir es vor einer Ewigkeit in seinem Treppenhaus geübt haben. Er überprüft meine Ausrüstung, geht noch einmal die Abfolge der Rufe durch und verschwindet um die Ecke. Eines Tages wird mir das alles vielleicht
ganz normal vorkommen. Ich will schauen, wo er hingeht, und
blicke direkt in die Öffnung einer steilen Schneerutsche. Mir wird
schlecht und ich schaue schnell wieder weg. Wie sind wir so hoch
heraufgekommen? Die Angst ist wie Seekrankheit, sie erfasst Körper und Seele. Die Hände verkrampfen sich, der Magen hebt sich,
die Beine geben nach ... Ich schaffe das nicht. Ich blase die Unternehmung ab. Das ist doch der reine Wahnsinn. Dann wieder Ärger
über mich selbst, über diese instinktive Furcht und Abwehr. Leises
Klappern ist zu hören. Er setzt wohl eine Zwischensicherung. Guter Kerl. Setz ein Dutzend! Ich starre auf meine Handschuhe, auf
den Schnee, der in die Bündchen des Anoraks gedrungen ist. Alles
ganz scharf und klar. »Ich bring dich in kontrollierte Horrorsitua-
tionen«, hatte Mal gesagt. »Du kriegst den Horror, die Kontrolle
übernehme ich.« Er weiß schon, was er tut. Du vertraust ihm
doch, oder? Also kein Grund zur Angst, mach dich nicht lächerlich ...

Das Seil läuft nicht mehr aus. Ich mache mich los, nehme den
Abseilachter vom Seil und hänge ihn in den Klettergurt. Das Seil
wird eingeholt, dann ruckt es ein paarmal. Hier gibt es nicht nur
einen Augenblick der Wahrheit, sondern eine ganze Menge. Also
los ...

»Na also, junger Mann.«

Ich erreiche Mals Standplatz und sinke zusammen, bebend vor
Adrenalin. Ich habe eben gelernt, dass das Warten das Schlimmste
ist; das Klettern selbst ist zu neu und zu anstrengend, um Platz für
Angst zu lassen. Es verlangt die ganze Aufmerksamkeit. Nicht
einmal für Erinnerung ist Platz. Die letzten zwanzig Minuten sind
im Gedächtnis zu einer einzigen Quälerei im endlosen Weiß geworden. Schmerzende Fingerknöchel, die zwischen Pickelschaft
und Wand eingeklemmt sind, eine schnelle akrobatische Einlage,

als sich die Steigeisen miteinander verhaken, die Befriedigung, wenn die Pickelspitze in gefrorene Erde eindringt. Alles so unelegant und ungewohnt, aber irgendwie auch großartig, eigentlich völlig sicher ...

Dann schaue ich hinunter und die Angst schlägt über mir zusammen wie das Wasser über einem Ertrinkenden. Wir balancieren am Rande des Nichts. Grauenhaft. Wider die Natur. Ich lehne mich eng an den Hang. Aber Mal erklärt mir ganz nüchtern, dass die Steigeisen in dieser Haltung nicht richtig greifen. Die Wahrscheinlichkeit eines Sturzes ist viel größer, wenn man sich an den Hang lehnt. Ich gebe zu, dass das stimmen mag und dass es eine schöne buddhistische Parabel abgäbe, aber jede Faser meines Körpers wehrt sich gegen das aufrechte Stehen.

Das Wetter wird jetzt schnell schlechter; grüngrauer Himmel und jeder Windstoß ist wilder als der vorige. Mal findet, wir hätten für diesen Tag genug getan. Ich heuchle Bedauern und eigenartigerweise tut es mir tatsächlich ein bisschen Leid. Mal sichert mich, als ich über einen Grat und einen besonders jähen Hang absteige. Bergab ist die richtige Richtung, deshalb genieße ich das Klettern, auch wenn der Wind mir den Schnee in die Augen peitscht und mich blendet. Dann drehen wir uns nach außen und springen und rutschen die steilen Schneehänge übermütig hinunter. Ich bin begeistert, fühle mich beflügelt. Man ist in den Bergen so unmittelbar an der Natur, entwickelt ein völlig neues Körpergefühl. Und irgendwie ist ja auch was dran an der Winterkletterei: Seil, Pickel, Steigeisen; Dinger, die man in kleine Felsspalten reinzwängen kann, und mit ihrer Hilfe kann man dann fast überall hinkommen, mit ausreichender Sicherheit. Sinnlos vielleicht, aber befriedigend. Und mir gefällt es, dass die Routen, anders als bei der Felskletterei, sich ständig ändern. Du steigst niemals den gleichen Weg zweimal.

Im Tal finden wir eine Eiswand, und weil wir noch keine Lust haben, für heute ganz aufzuhören, beschäftigen wir uns mit ihr. Sie ragt senkrecht auf, dreieinhalb Meter hoch. Hier erlebe ich den ersten Sturz des Tages. Er endet damit, dass ich hilflos an der Schlinge eines Pickelstiels hänge und weder hinauf noch hinunter kann, ungefähr einen halben Meter vom Boden entfernt. Und ich verfluche Mal, der sich schieflacht.

Als wir heimstapfen, steigert sich der Wind zum Sturm. Treibschnee und Neuschnee zusammen türmen im Nu hohe Schneewehen auf. Ein paar Windstöße werfen uns fast um. Wir sind in Hochstimmung. Wir wissen nicht, dass das der Beginn des schlimmsten Blizzards seit Jahren ist, und dass fünf Bergsteiger gestorben sein werden, bevor er zu Ende ist.

An diesem Abend verstärkte sich im Clachaig die Atmosphäre von Kampf und Drama wie der Sturm draußen, als eine Gruppe nach der anderen hereinstolperte, mit geröteten Gesichtern, geblendet, schneebedeckt von Kopf bis Fuß. Mit ihren Stirnlampen sahen sie aus wie Negative von Bergleuten. Ich kämpfte mich durch brusthohe Verwehungen zu unserem Chalet und kam auf dem Weg an zwei Zelten vorbei, von denen jetzt nur noch zerbrochene Stangen und ein paar Stofffetzen übrig waren. Und das im geschützten Talboden! Gerüchte verbreiteten sich schnell: Alle Straßen in die Außenwelt blockiert ... sechzehn Stirnlampen noch in den Bergen ... die Bergwacht gleich in vier Fällen alarmiert ... Hamish MacInnes mit seinem Landrover stecken geblieben ... einer ist gestürzt und hat sich das Schlüsselbein gebrochen ... Wir tranken weiter und die Abwesenheit von Tony und Terry wurde uns immer stärker bewusst. Sie waren um fünf Uhr früh aufgebrochen, um zum Ben Nevis zu fahren. Mal hatte großes Zutrauen zu ihnen, blickte aber trotzdem ständig auf die Uhr.

Endlich, um halb elf, schoben sich eine große und eine kleine Gestalt müde durch die Tür herein. Sie sahen aus, als wären sie im Windkanal, in einer Mangel und in einer Autowaschanlage getestet worden und dann ein paar Stunden lang mit einer besonders umfangreichen Ausgabe von *Das Sein und das Nichts* auf den Kopf geschlagen worden. Und das kam der Wahrheit ziemlich nahe. Ihr Blick wirkte noch ziemlich abwesend, als sie, den ersten Drink in der Hand, von ihrem dramatischen Tag berichteten. Sie hatten den Vanishing Gully unter ungünstigsten Bedingungen bezwungen (»Sehr senkrecht«, sagte Tony und der Schrecken war ihm noch anzusehen. »Sehr.«) und sich vom Tower Ridge abgeseilt, wobei die losen Enden der Seile sich wie Schlangen in die Höhe wanden, verzaubert vom Heulen des Windes. Sie hatten es bis zur CIC-Hütte geschafft, meistens auf allen vieren kriechend. Und so unglaublich es klingt: Man hatte sie nicht eingelassen, weil sie keine Mitglieder des Scottish Mountaineering Club waren. Also mussten sie weiter. Für die Strecke von der Hütte bis zur Straße, die man normalerweise in einer Stunde geht, hatten sie sechseinhalb Stunden gebraucht. Taumelnd, fallend, schwimmend und kriechend hatten sie sich durch eine tobende, rasende, aus den Fugen geratene Welt gekämpft. »Ich hab für diese Strecke einmal unter extrem schlechten Bedingungen zweieinhalb Stunden gebraucht«, sagte Mal. »Wenn Tony heute sechseinhalb Stunden gebraucht hat ...« Er schüttelte den Kopf. Terry war in sich zusammengesunken, total erschöpft. Tony erholte sich langsam und unterhielt uns mit der absurden Geschichte, wie sie beinahe weggefegt worden wären, als sie den Golfplatz überquerten, und dann mit solcher Gewalt an den Zaun geschleudert wurden, »dass ich schon dachte, wir kämen auf der anderen Seite in Stücken heraus«. Dann erreichten sie ihr Auto und mussten es erst einmal ausgraben. Eine Weile schlitterten sie durch den Schneesturm, dann ließen sie das Auto stehen und kämpften sich zu Fuß durch bis zum Clachaig.

Ein wahres Heldenepos. Das Überleben hat sich schon gelohnt, wenn man eine solche Geschichte erzählen kann. Als ich in diesem sturmumtosten Gasthaus saß, umgeben von durchnässten, erregten, erschöpften Bergsteigern, an den vergangenen Tag dachte und den Geschichten lauschte, die ringsum erzählt wurden, da begann ich zu ahnen, was sie hierher trieb. Angst, Adrenalin, körperliche Höchstleistung, aufwallende Begeisterung; untertags im Gebirge,

abends in der Gesellschaft von anderen Verrückten – wenn man
das einmal erlebt hat, kommt einem jede andere Art der Wochen-
endgestaltung öde vor.

Man braucht kein Kletterer von Rang zu sein, um das zu spüren;
die Gefühle sind auf jedem Niveau die gleichen. Deswegen riskieren sie Kopf und Kragen, kratzen ihr letztes Geld zusammen, nehmen Kredite auf, trampen, vernachlässigen ihre Arbeit, ihre Familie, ihre Zukunft. Wenn du die nächste Seillänge angehst, fallen
alle Alltagssorgen von dir ab. Angst und Leichtigkeit erfüllen dich
gleichzeitig. Das Leben ist reduziert auf die nächste Bewegung,
den Berg und dein klopfendes Herz.

Am nächsten Morgen half ich Tony und Terry ihr Auto ausgraben.
Als wir nach Glencoe schlitterten, berichtete das Autoradio von
2000 Eingeschlossenen in Glenshee, von stecken gebliebenen Zü-
gen, von drei Bergsteigern, die man tot in den Cairngorms gefunden hatte ... Tony und Terry wechselten einen Blick, sagten aber
kein Wort. Das hätten auch sie sein können – aber sie waren es
eben nicht.

Mal verbrachte den größten Teil des Tages in seinem Schlafsack
und hörte im Walkman Frank Sinatra. Andere Bergsteiger kamen,
schwatzten, kramten ihre Sachen zusammen und gingen. Am
Abend schneite es wieder in dichtem Wirbel.

Wir gingen auf ein Bier ins Pub. Aus dem einen wurden mehrere
und plötzlich waren wir in einem langen und erstaunlich intimen
Gespräch über unser Leben. Unsere Lebenswege waren sehr verschieden, aber es gab doch Parallelen. Man kann es sich kaum vorstellen, aber Mal hat fünf Jahre lang in London bei einer Versiche-
rung gearbeitet. »Dann hob ich eines Tages den Kopf und schaute
mir aufmerksam all die vertrauten Gesichter an und mir schien, als
ob sie nur existierten, nicht lebten. Und wenn ich weitermachte,
würde ich in weiteren fünf Jahren genauso sein. Zum Teufel, nein,
dachte ich. Ich kündigte noch am selben Tag.« Er betrachtete sein
Bier mit dem Stirnrunzeln, das für ihn so charakteristisch ist.

»Deswegen warst du mir auch von Anfang an sympathisch, weil auch du dich entschieden hast, nicht wie die anderen Leute zu leben.«

Ich wusste, welche Art von Verwandtschaft er zwischen uns sah. In meinem Leben hatte es keinen so deutlichen Wendepunkt gegeben. Die Unzufriedenheit mit dem Leben, das ich führte, wuchs langsam und unbemerkt wie eine Wechte. Und eines Tages brach ich durch. Ich schrieb weiter, weil ich keine andere Möglichkeit sah.

Auf unserem Weg haben wir beide anderen Menschen Schmerzen zugefügt. Das macht es umso wichtiger, dass wir das, was wir tun, gut tun.

Am nächsten Morgen war der Neuschnee noch so locker, dass eine ernsthafte Bergtour nicht in Frage kam. Wir übten das Einsetzen von Zwischensicherungen, das Absichern eines Standplatzes und das Abseilen. Es hat entschieden etwas Unnatürliches, wenn man eine Wand rückwärts hinunterkrabbelt. Dagegen ist das Abseilen ein reines Vergnügen. Man lehnt sich zurück und geht hinunter und lässt dabei das Seil durch den Abseilachter laufen. Einfach genial.

Das Gehen am Seil übten wir am Grund eines Steinbruchs. Ich bewegte mich mühsam vorwärts, indem ich so tat, als gähne gleich rechts neben mir der Abgrund, und setzte an der Wand links von mir Zwischensicherungen. Mal folgte mir um die Kante; er ging langsam und markierte Konzentration und äußersten Ernst. Er kam zur ersten Zwischensicherung, entfernte den Haken – und fiel plötzlich nach hinten. Ich zog instinktiv das Seil am Abseilachter nach und er wurde gehalten. Er ging wieder los. Als er an meinem Stand ankam, hob er den Kopf, atmete tief durch und sagte: »Mann, das war knapp!« Wir lachten. Es war ein Spiel. Das Ganze ist ein absurdes und manchmal wunderbares Spiel.

Dann übten wir das Sicherungssystem noch an ein paar richtigen Hängen. Die gegenseitige Sicherung am Seil ist so simpel wie effektiv. Ich verhedderte mich noch gelegentlich in meinem ganzen Zubehör und schlug mir auch ein paarmal mit dem Eispickel auf den Helm, aber langsam gewöhnte ich mich ein und lernte, wie man die Steigeisen einsetzt, wie man sich bewegt, wie man einen Hang richtig einschätzt. Die letzte Seillänge war unangenehm, der Schnee oft tief und pulvrig, so dass man keinen Grund fand, dann wieder nur ein dünner Belag auf Felsen. Der Wind peitschte mir den Schnee ins Gesicht, das Stirnband rutschte mir über die Augen. Mein linker Pickel fand keinen Halt und ich verlor das Gleichgewicht. Wild schlug ich mit den Pickeln um mich, um Halt zu finden, und glitt ab ... Da sagte eine innere Stimme ganz deutlich: »Ganz ruhig, schau um dich.« Ich erblickte einen Flecken gefrorene Erde, der gebogene Pickel sauste hinein und hielt. Prima. Ich rapple mich auf, quere, komme oben an und finde Mal, der geduldig und unbeweglich wie ein Buddha dasitzt, in Schnee gehüllt.

Zum Schluss bauten wir noch ein Schneehaus. Es sah einem Bienenkorb ähnlicher als einem klassischen Iglu, aber man fühlte sich in seinem Inneren sehr geborgen. Es war absolut ruhig und windstill. »Wenn die Vermissten sich ein solches Haus gebaut haben und drinnen bleiben, können sie es tagelang aushalten.«

Wir kamen im Pub gerade recht zum Tee und zu den neuesten Abenteuergeschichten. In Glencoe hatte es ein paar Verwundete gegeben, aber keine Todesfälle. Am Abend lieh ich mir eine Gitarre aus und sang ein paar Lieder, die ich vor Jahren geschrieben hatte. Mal war begeistert und bestand darauf, dass ich sie auf Band aufnahm, und von da an lief er meistens mit dem Kopfhörer herum und sang meine Verse mit. Während er im Pub war, schrieb ich ein paar neue Verse für mein Lied »Gib mir mehr Seil«. Mal war verblüfft, als er zurückkam. »Wie machst du das?«

»Wie kletterst du allein eine Fünferroute?«, antwortete ich. Die Erinnerung daran, dass es Dinge gab, die ich besser konnte als andere, tat mir gut.

Wir brechen in der Morgendämmerung auf. Keine Wolke, kein Wind; blauer Himmel kommt durch. Die hohen Berge werden allmählich dreidimensional, während wir schweigend die Straße hinaufmarschieren. Unsere Sinne sind so scharf und klar wie die Luft. Eine Schafherde hat sich gerade erst aus einer Schneewehe befreit; die Felle sind noch mit Eisklümpchen bedeckt. Das zarte Gebimmel ihrer Glöckchen tönt wie eine Windharfe. Ein Bussard schraubt sich hinauf ins Sonnenlicht, getragen von unsichtbaren Strömungen. In Glencoe ist alles wie immer.

Es wurde ein langer Tag für uns an der Nordwand des Aonach Dubh, aber ich kann mich nur an Bruchstücke erinnern. Ich war so auf jeden Augenblick konzentriert, dass ich mir nichts merken konnte, und zu ängstlich zum Fotografieren.

Die erste Seillänge durch eine sich verengende, schneeverstopfte Rinne ließ die Anstrengungen des ersten Tages wie Kinderspiele wirken. Als ich Mals Stand erreichte, war ich erleichtert und glücklich, aber dann musste ich, geklammert an eine verkrüppelte Eberesche und von Panik erfüllt, eine halbe Stunde warten. Stillsitzen ist das Schlimmste. Da hat man Zeit, sich bewusst zu machen, wo man ist, Zeit zum Nachdenken und Zeit, sich zu fürchten. Ich schaue hinunter – zu steil, zu weit, zu leer. Wie bin ich nur auf die Idee gekommen, so etwas mitzumachen? Mein Körper ist ganz und gar dagegen. Nicht schauen, nicht denken! Sieh zu, dass das Seil weiter ausläuft.

Ich bin erleichtert, als ich wieder klettern kann, schräg über steilen Fels, weichen Schnee, gefrorene Erde. Handschuhe runter; ich klettere, wie ich es als Kind gemacht habe. Fetzen von meinen Knöcheln bleiben an Felsen hängen, meine Muskeln haben etwa die Spannkraft von Pudding. Voll konzentriert, bewege ich mich wie im Traum. Ich rufe Mal zu, er solle das Seil straffen. Danke, Freund. Jetzt noch über einen Buckel und da ist er ...

Wieder ängstliches Warten am Stand, dann eine weitere Seillänge klettern. Allmählich gewöhne ich mich daran. Ich mache sogar ein Foto von Mal, wie er sich über mir durch eine winklige Spalte windet. Zwei Stunden sind wir schon unterwegs und meine Angst lässt langsam nach. Obwohl ich weiß, dass diese Seillänge für meine Verhältnisse schwierig ist, kraxle ich beherzt durch losen Schnee und über nackten Fels, finde einen Flecken frostharte Erde und schlage zufrieden die Pickel hinein. Die könnten einen Elefanten halten. Jetzt muss ich mich nur noch hinaufziehen ... Die Sache macht richtig Spaß.

Bis man hinunterschaut.

Eine Stunde und zwei Seillängen später erreichen wir den Grat. Ich bin total erledigt, schnaufe wie eine alte Dampfmaschine und meine Armmuskeln sind wie gelähmt von all der Über-Kopf-Arbeit. Aber das Wetter sieht bedrohlich aus und das Tageslicht beginnt zu schwinden, also eilt Mal weiter und ich trotte hinterdrein. Am Gipfel des Aonach Dubh, auf dem Höhepunkt dieser strapaziösen Tour, verweilen wir nur einen Augenblick.

Mal zeigt den No. 2-Gully hinunter. »Komm mir so schnell wie möglich nach«, sagt er. »Aber pass gut auf.« Seine Stimme klingt ein bisschen drängend und ich folge ihm in der sinkenden Dämmerung. Es kommt mir sehr steil vor, aber ich habe keine Zeit, darüber nachzudenken. Schritt, Sprung, Pickel einschlagen ... und alles wieder von vorn. Seltsam unwirklich, endlos und einschläfernd. Ich esse Schnee, um wach zu bleiben. Irgendwann verliere ich ein Steigeisen. Keine Zeit, danach zu suchen. Ich werde wohl ewig so weitermachen. Weiter unten schwingt sich Mal seitwärts auf einen Felsblock. Und bald darauf bin ich bei ihm. »Gut gemacht«, sagt er kurz. Vielleicht war es schwieriger, als es aussah. Wir ertasten unseren Weg über Fels, Geröll und Schnee, immer in Richtung auf die gelben Lichter im Tal.

Mals Anspannung lässt nach; jetzt geht es nur noch geradeaus. Fünf Minuten lang sitzen wir auf Dinnertime Buttress, essen Kekse und schauen auf die schimmernden Hänge jenseits des Tales. Einen solchen Frieden habe ich seit Monaten nicht gespürt.

»Wie heißt die Route eigentlich, die wir gegangen sind?«, frage ich.

»Darüber können wir uns im Pub unterhalten.«

Es dauert eine Weile, bis ich begreife. »Soll das heißen, dass ... dass ...?«, stottere ich.

»Genau. Diese Route hab ich mir schon seit einiger Zeit vorgenommen.«

Eine neue Route, bei meiner ersten Bergtour! Ich bin empört, verblüfft und total happy. Es war keine schwierige Route, vielleicht im Grad 2 oder 3, und ich bin schließlich nur hinterhergegangen, aber trotzdem!

Schließlich erreichen wir das Clachaig, das voll Wärme, Licht und Gelächter ist. Dann das Wunder, sich hinsetzen zu können. Wir sind elf Stunden auf den Beinen gewesen. Ich sacke zusammen, an die Wand gelehnt.

»Müde?«, fragt Mal.

»Zum Umfallen«, sage ich, aber das ist eine völlig unzulängliche Beschreibung. Mit einiger Anstrengung hebe ich das erste Bier des Abends an die Lippen.

Zwei Tage später verließen wir Glencoe. Ich war erleichtert, als der alte blaue Wagen sich aus dem Tal herauskämpfte, aber gleichzeitig tat es mir Leid. Die fünf Tage hier hatten so viel Gewicht gehabt wie sonst ein ganzer Monat. Wir mahlten uns schlingernd an verlassenen Autos vorbei, an Häusern, die bis zu den Fenstern im Schnee steckten.

Wir schwiegen, als wir uns langsam der Zivilisation und ihren fragwürdigen Wohltaten näherten. Was war mit mir geschehen, was hatte ich gelernt? Vor allem hatte ich etwas über Angst gelernt. Die Angst, die mir aus Jugendzeiten vertraut war, war nicht verschwunden wie Akne. Diese Angst schwächte mich, aber dass ich sie beherrscht hatte, machte mich stärker.

Ein Neuling am Berg ist wie ein Mensch, der die Wirkung des Alkohols schnell spürt: Er wird leicht high. Es braucht nicht viel, damit mein Herz schneller schlägt, während Mal schon etwas Schwieriges unternehmen muss, um seinen Kick zu bekommen.

Aber Neuling wie Könner machen die gleichen Erfahrungen. Beide kennen Angst, Erregung, Befriedigung und Erleichterung. Beide müssen Unbequemlichkeit und Erschöpfung ertragen. Beide müssen ihre Grenzen erkennen und sie dann ein wenig weiter hinausschieben. Und beide erleben jene Vereinfachung des Lebens, die der Lohn überstandener Gefahren ist ...

Die zwei vermissten Bergsteiger sind heute tot in den Cairngorms gefunden worden. Aber die, die überlebt haben, fühlen sich bei aller Müdigkeit irgendwie stärker und lebendiger als zuvor.

John Roskelley
aus **Geschichten aus der Wand**

John Roskelley (geb. 1948) gehörte zu den besten amerikanischen Bergsteigern seiner Generation. Er hat Pioniertaten am Great Trango Tower, Dhaulagiri und Makalu vollbracht. Seine offene Art trug ihm Achtung ein, führte aber auch zu Auseinandersetzungen unter Bergsteigerkollegen. Hier schildert er auf sehr persönliche Weise die Besteigung des imposanten Uli Biaho im Karakorum.

Die Mitglieder des amerikanischen Uli-Biaho-Teams von 1979, Kauk, Schmitz, Bill Forrest und ich, die, wie ich hoffte, zu einer Einheit verschmelzen sollten, kamen in Islamabad in Pakistan als vier sehr unterschiedliche Individuen an. Eins hatten wir alle gemeinsam, nämlich die Bergsteigerei, aber sonst waren unsere Lebensläufe und unser Arbeitsethos sehr verschieden und auch große Altersunterschiede ließen ein gedeihliches Zusammenwirken fraglich erscheinen.

Ich wollte nur die Besten am Uli Biaho dabei haben. Vor zwei Jahren hatten fünf amerikanische Alpinisten, Dr. Jim Morissey, Galen Rowell, Dennis Hennek, Schmitz und ich, als Erste den Gipfel des Great Trango Tower mitten im Karakorum erreicht. Als ich mich umdrehte, um Morissey am Gipfel zu sichern, stach mir jenseits des Trango-Gletschers ein Berg ins Auge, der einem Reißzahn sehr ähnlich sah, und dieses Bild verankerte sich in meinem Gedächtnis in dem Bezirk, der Albträumen vorbehalten ist.

»Galen, was ist das da drüben für ein Berg?«, fragte ich. Rowell, einer der besten amerikanischen Bergfotografen, ist ein wandelndes Berglexikon. Er kennt von jedem Gipfel bis zum Horizont und darüber hinaus Namen, exakte Höhe, versuchte und gelungene Besteigungen.

»Uli Biaho«, antwortete er. »Die Franzosen haben 1976 einen Versuch unternommen, aber er ist bisher noch nicht bestiegen.«

Ich war nicht darauf aus, Schwierigkeiten aus dem Weg zu gehen. Ich wollte es mit der Wand aufnehmen, der Ostwand – senkrecht, ohne Simse oder Bänder, aber doch mit kleinen Rissen und Spalten, ähnlich wie die Berge im Yosemite. Es würde eine Kletterei sein wie am Capitan, nur auf bis zu 6000 Meter Höhe, mit extremen Wetterverhältnissen und ohne die Möglichkeit einer Rettung, auf einer 1200 Meter langen, unerforschten Route und mit einem ebenso langen, wahnwitzigen Anstieg durch cine 90 Meter breite Gletscherkampfzone, durch die ständig Felsbrocken wie Geschosse auf der Suche nach Kletterern zu Tal sausten. Kam mir alles sehr einleuchtend vor.

Als ich nach dreitägigem Kampf auf dem Gipfel des Great Trango Tower stand, schien mir der Uli Biaho unerreichbar. Aber es fiel ein Samenkorn in den Boden und der Boden war gedüngt mit Erfahrung und süchtigem Verlangen. Der Uli Biaho sollte mich kennen lernen.

Ich brauchte ein Team. T-E-A-M: Das bedeutete eine Gruppe von Menschen, die sich zusammengetan haben, um ein Ziel zu erreichen. Hier ging es nicht um Spaß und Spiel, sondern um alles oder nichts.

Zu viele amerikanische Expeditionen stellen ihre Mannschaften wie für eine Party zusammen und hoffen, dass es klappt. Ich aber ging mit Bedacht vor. Ich brauchte noch drei Leute für ein Viererteam; sie mussten zusammenpassen und ihre Talente mussten sich gegenseitig ergänzen, wenn wir Erfolg haben wollten.

Von Kim Schmitz hatte ich zum ersten Mal über meine ältere Schwester Pat gehört, die mit Schmitz' bestem Freund, Jim Madsen, liiert war. Schmitz und Madsen, beide über eins achtzig groß,

breitschultrig und muskulös, versetzten in den späten sechziger
Jahren die kalifornische Klettererszene in Erstaunen, indem sie in
den großen Wänden des Yosemite Geschwindigkeitsrekorde auf-
stellten. Ihre Zusammenarbeit nahm 1969 ein jähes Ende, als
Madsen bei einem Rettungseinsatz den ersten freien Abstieg vom
Capitan unternahm und dabei einen Schnelligkeitsrekord der be-
sonderen Art aufstellte. Schmitz machte nach Madsens frühem
Tod allein weiter und setzte noch weitere zehn Jahre im Yosemite-
Tal Standards.

Im Yosemite war an Schmitz schwer heranzukommen; er war
der ganz große Guru. Aber als Pats kleinem Bruder wurde mir
doch manchmal ein kurzes Kopfnicken zuteil, wenn ich die klassischen Routen kletterte. Als ich mir an der Dihedral-Wand und anderen großen Wänden die Sporen verdient hatte, fragte ich
Schmitz im September 1971, ob er nicht die North-American-
Wand mit mir besteigen wolle.

»Nein«, lehnte Schmitz ab. »Ich versuche, alle El-Cap-Routen
mit höchstens zwei Biwaks zu schaffen.«

Das war deutlich. Mein Partner und ich hatten für die Dihedral-
Wand sechs Tage gebraucht. Ich spielte in einer anderen Liga als
der Guru. Egal. Ein anderer vorzüglicher Kletterer, Mead Hargis,
der im Tal wohnte, unternahm mit mir die Tour, die damals als die
schwierigste Klettertour der Welt galt, und wir brauchten nicht
viel mehr als zwei Biwaks. Daraufhin wurde Schmitz etwas zu-
gänglicher.

Unser erster gemeinsamer Berg war der Great Trango Tower.
Wir taten uns in den Straßen von Rawalpindi zusammen und wurden auf dem Treck zum Trango Freunde.

Schmitz war hervorragend in großen Wänden, aber ich wollte
auch noch einen jüngeren Spezialisten für große Wände im Team
haben. Es gab eine ganze Schar von jungen Leuten, die das ganze
Jahr im Yosemite-Tal lebten, weil sie von der Felskletterei besessen
waren. Sie kletterten Routen, die man nur Vögeln zugetraut hätte.
Ron Kauk war der beste von ihnen.

Bei akrobatischen Leistungen am Fels spielt das Verhältnis zwischen Kraft und Gewicht eine große Rolle. Kauk, der mit seinen schulterlangen Haaren und dem Stirnband aussah wie ein Winnetou-Klon, hatte mit knappen eins achtzig Größe und einem Gewicht von 67 Kilo ideale Proportionen. Dazu kamen noch die Gewandtheit eines Labradors und die Anmut und Körperbeherrschung eines Tänzers. Aber um der Beste zu sein, dazu braucht es noch mehr, nämlich Leidenschaft. Auch die besaß Kauk.

Er kletterte jeden Tag mehrere Stunden und trainierte im behelfsmäßigen Fitnessraum des Lagers, wo es hängende Seile, Reckstangen und Balancierketten gab. Er übte an den Horrorrouten der Vergangenheit und versuchte sich – mit Erfolg – an neuen, nicht für möglich gehaltenen Führen. Wenn er sich mit der gleichen Unbedingtheit irgendeinem anderen Sport zugewandt hätte, wäre er sicher Olympiasieger geworden. So aber lebte er mit den anderen Verrückten im so genannten Camp IV im Yosemite-Tal, schnorrte Lebensmittel, erbettelte sich bei Gelegenheit etwas Geld und nahm auch mal eine Teilzeitarbeit an, wenn es ihm gerade passte.

Kauk erinnerte mich an meine eigene Jugend, nur dass ich damals nicht den Mut gehabt hatte, alle Verpflichtungen abzuwerfen. Er schon. Er hörte nicht hin, wenn ihm seine Eltern erzählten, was die Gesellschaft von ihm erwartete. Er hatte nicht die Absicht, sich den Kopf mit akademischem Kram voll zu stopfen. Ihn verlangte nach der klaren Luft des Yosemite, nach Freunden, welche die Freiheit des Kletterns schätzten wie er. Das war das Leben, in dem er sich auszeichnen, Abenteuer erleben und er selbst sein konnte.

Ich mochte ihn sofort. Um im Lager IV jahrelang zu überleben, braucht man Einfallsreichtum, Intelligenz und Gelassenheit. Das alles besaß Kauk, und dazu noch eine kindliche Freude am Leben. Es gab nur ein Problem mit ihm: Würde er am Abfahrtstag auch tatsächlich erscheinen? Im Juni ist der Granit im Yosemite warm und einladend und außerdem hat man immer die Chance, dass man ein paar Stunts für ein Filmteam machen kann, wodurch das Leben im Tal für ein weiteres Jahr gesichert wäre.

Wir machten uns Sorgen.

»Zuverlässigkeit ist nicht Kauks starke Seite«, sagte Schmitz. »Wir brauchen jemand, der ihn ins Flugzeug setzt.«

Ich dachte über das Team nach. Wir hatten alles – Kraft, Erfahrung, Wissen, Jugend ... halt, das war es. Jugend braucht einen Ausgleich. Wir benötigten jemand vom anderen Ende des Kletterer-Spektrums. Schmitz und ich wollten zuerst nach Nepal und den Gaurisankar besteigen, bevor wir nach Pakistan fuhren. Unsere zwei Teamkameraden müssten derweil in den Staaten die Organisation der Uli-Biaho-Expedition zu Ende bringen und uns dann in Rawalpindi treffen. Um Kauk rechtzeitig nach Asien zu bringen, komplett mit Geld und Ausrüstung, brauchten wir einen Menschen, der alle unsere Talente hatte und dazu noch die nötige Reife. Aussichtslos.

Bis mir Bill Forrest einfiel. Der Bill Forrest von Forrest Mountaineering, einem florierenden Unternehmen. Der Bill Forrest, der den Black Canyon des Gunnison bezwungen hatte. Der Bill Forrest, der einer ganzen Generation von Kletterern als Vorbild gedient hatte. Forrest konnte die Vorbereitungen übernehmen, wenn ich nicht mehr in den Vereinigten Staaten war, und er konnte Kauk aus dem Yosemite loseisen, ins Flugzeug setzen und nach Pakistan schaffen. Forrest war der einzige ältere Bergsteiger, dem man es zutrauen konnte, mit uns dreien auf Abenteuer auszugehen. Er sagte zu.

Ich kann gar nicht beschreiben, wie erleichtert ich war. Ich wollte mit der Finanzierung und Vorbereitung der Expedition weitgehend fertig sein, wenn ich mit Schmitz im Frühjahr nach Nepal abreiste, aber dann musste sich jemand noch zwei Monate lang um die Last-Minute-Angelegenheiten kümmern und dafür sorgen, dass Kauk im Flieger war. Forrest mit seiner Zuverlässigkeit und Tüchtigkeit war genau der richtige Mann dafür.

Ich hatte Bill Forrest 1976 kennengelernt, nachdem ich den Nanda Devi in Indien bestiegen hatte. Auf der Welle meines Erfolgs schwimmend, hielt ich überall Vorträge über unsere Heldentaten. Dabei bekam ich in Denver Gelegenheit, die Klettererlegende von Colorado zu treffen. Er war nicht nur ein anerkannt erfinderischer Bergsteiger, sondern auch mit seiner Firma, Forrest Mountaineering, sehr erfolgreich.

Mit Forrest lief alles wie am Schnürchen. Wenn ich mit einer Firma in Kontakt kommen wollte, bahnte er den Weg. Wenn Kauk nicht den richtigen Schlafsack hatte, besorgte ihm Forrest einen aus seinem Laden in Denver. Wenn die Finanzierung nicht restlos gesichert war, schoss Forrest etwas aus der eigenen Tasche zu. Er ist ein nachdenklicher, freundlicher Mann mit einem gewinnenden Lachen, ein leidenschaftlicher Kletterer und sein eigener Herr. Ich fühlte mich vom ersten Augenblick an wohl in seiner Gesellschaft.

Ein Puzzle mit vier Teilen. Würden sie zusammenpassen? Eine Gruppe wird zusammengeschweißt, eine andere bricht auseinander. Woran liegt es? An Führungsqualitäten? An der Organisation? Oder einfach daran, ob die Leute zusammenpassen oder nicht?

Als wir uns alle in Islamabad im Haus meines Freundes Andy Koritko trafen, fand ich unser Team geradezu ideal. Vielleicht war ich nur optimistisch, aber ich hatte noch nie ein besseres Gefühl gehabt.

In Islamabad lebten wir wie die Fürsten. Andy Koritko war der Sicherheitsbeauftragte der Amerikanischen Botschaft und ließ uns an den Segnungen der Botschaft teilhaben. Das hieß kaltes Bier in einem muslimischen Land, Partys, Cheeseburger, Liegestühle am Pool und hübsche Teenager in Bikinis, die Kauk umschwirrten. Kauk ignorierte ihre Flirtversuche, während Schmitz und ich froh gewesen wären, wenn sie uns nur einen Teil ihrer Aufmerksamkeit geschenkt hätten.

Nach achttägigen Verhandlungen mit dem Chef der pakistanischen Tourismusbehörde und Angestellten der Pakistan International Airways saß das Uli-Biaho-Team im Flugzeug nach Skardu in Baltistan.

»Das gefällt mir nicht«, sagte Kauk. »Es gibt zu viel Steinschlag.«

Schon wieder kam eine Ladung Felsen die Rinne heruntergedonnert. Kauk und ich duckten uns hinter einer schusssicheren Eiswand und warteten auf eine Pause im Bombardement.

»Das liegt nur an der Tageszeit, Ron«, sagte ich. »Morgen brechen wir früher auf, da ist es besser.«

Mir gefiel diese schmale Rinne, die 1200 Meter weit hinaufreichte, genauso wenig. Wie durch einen Trichter kam alles, was sich von der Ostwand des Uli Biaho löste, darin herunter. Aber es war der einzige Zugang zur Wand. Wenn ich nicht aufpasste, würde Kauk bocken und aussteigen.

»Wir wollen unsere Sachen hier deponieren, zum Lager zurückgehen und morgen wiederkommen«, schlug ich vor und gab mich optimistischer, als ich war. »In der Morgenkälte wird es hier sicherer sein.«

»Glaub ich nicht«, antwortete er und packte seine Sachen alle ein.

Schmitz und Forrest warteten gespannt auf unseren Bericht. Ich schwärmte von der großartigen Eiskletterei und der Geborgenheit hinter den Eiswänden und schlug vor, früh aufzubrechen, um den Steinschlag zu vermeiden. Dann machte Kauk zum ersten Mal seit Stunden den Mund auf.

»Ich geh da nicht rauf«, sagte er. Seine Augen zuckten von der Rinne zu uns und wieder zurück. Ich sagte nichts, weil ich ihm die Chance geben wollte, noch einmal darüber nachzudenken.

Schmitz aber sagte etwas. »Und warum nicht?«

»Mir gefällt der Steinschlag nicht«, antwortete Kauk.

»Schaut bloß unser Baby an«, sagte Schmitz und damit hub eine gewaltige Schlacht mit Worten an. Kauk brüllte Schmitz an, aber Schmitz wusste, dass er Kauk an der Kehle hatte. Und so brachte

er immer wieder neu variiert den Satz vor: »Daheim bist du ein
großer Mann, aber hier bist du nichts.« Und schließlich sagte er:
»Wir hätten dich sowieso nicht mitgenommen.«

Daraufhin sagte Kauk erwartungsgemäß: »Schön, ich gehe mit.
Der Teufel soll dich holen.«

Schmitz schaute mich an. In seinen Augen war deutlich zu lesen:
»So behandelt man Ron Kauk, die amerikanische Kletter-Prima-
donna.«

Angst macht oft aus einem Maulwurfshügel einen Berg. Am
Abend war Kauk wieder mürbe. »Es ist zu gefährlich«, sagte er
nach langem Schweigen, während dessen er die Rinne beobachtet
und das Gepolter der Steine registriert hatte. »Ich gehe nicht mit.«

Wir beließen es dabei. Er hatte den ganzen Tag mit sich gerungen
und Schmitz hatte versucht, ihn mit der »Na, alter Junge«-Metho-
de wieder aufzubauen. Er musste das schließlich selbst entscheiden.

Schon vor Morgengrauen stiegen Forrest, Schmitz und ich auf.
Jeder schleppte über 30 Kilo Gepäck und wir hasteten über die
Rinne, um auf die besser geschützte rechte Seite zu kommen. Wir
hielten uns eng an senkrechte Eiswände, kletterten über kleinere
Séracs und kamen schließlich auf das obere Eisfeld unterhalb der
Wand. In der Mittagshitze lösten sich immer mehr Felsbrocken; in
der Rinne heulten die Querschläger und wir suchten Schutz unter
den Granitwänden.

Forrest blieb hier, um einen Platz für ein künftiges Biwak zu-
rechtzuhacken, Schmitz und ich legten die volle Rüstung aus Helm,
Gurt, Schlingen, Hammer und Eisenwaren aller Art an, um die
Wand zu erforschen. Ich führte als Erster; es ging rasch voran und
nach 50 Metern erreichte ich einen bequemen Sockel. Ganz unten
war der Fels verwittert und brüchig, aber je höher ich kam, desto
fester wurde die Wand, die sich in einem einzigen Schwung 1200
Meter hoch über uns erhob. Schmitz kam mir nach und führte
dann seinerseits eine Seillänge über Blöcke und an kleinen Rissen
entlang aufwärts.

Ich zog die Haken wieder heraus und war mit einem halben Zentner Eisen beladen, als ich mich weit nach rechts streckte, um einen Buckel in der Wand zu überwinden. Plötzlich fühlte ich ein Reißen im Rücken, dann Schmerzen.

»Wir müssen runter, Kim«, sagte ich, als ich seinen Stand erreichte. »Ich hab mir einen Rückenmuskel gezerrt und werde mich bald nicht mehr rühren können.«

Beim Abstieg durch die steilen Eispartien der Rinne kletterten wir wieder über Séracs und versuchten, dem ständigen Stein- und Eisschlag aus dem Weg zu gehen. Als wir gerade eine Reihe von sechs Meter hohen Eisblöcken hinter uns hatten, lösten sich über Schmitz zwei gewaltige Blöcke in der Rinne. Er schaute ihnen direkt entgegen, bereit, den Kampf aufzunehmen, wich auf die eine Seite aus und sprang dann auf die andere, während sie an ihm vorüberdonnerten. Ohne eine Miene zu verziehen, drehte er sich um und machte sich wieder an den Abstieg. Es wirkte, als gehörten Begegnungen mit dem Tod für ihn zum alltäglichen Kleinkram.

Am 20. Juni blieb ich unten auf dem Gletscher, im Schlafsack zusammengekrümmt vor Schmerzen und völlig bewegungsunfähig. Schmitz und Forrest, unterstützt von einem plötzlich ganz begeisterten Kauk, brachten einen Teil der Ausrüstung halbwegs die Rinne hinauf. Nun hätten wir endgültig die Rinne hinter uns bringen können – aber ich konnte mich nicht rühren.

Düstere Gedanken machten mir genauso zu schaffen wie der Schmerz. Meine Kameraden verschwanden den Gletscher hinunter in Richtung Basislager und ich fürchtete, den Traum von der Besteigung des Uli Biaho begraben zu müssen.

Ich hatte Rückenprobleme, seit ich 1968 beim Bau eines Hauses vom zweiten Stock das Treppenhaus hinuntergefallen und direkt auf dem Rücken gelandet war. Die Verletzung meldete sich immer wieder und legte mich ein paar Tage lahm. Aber jetzt war es mir zum ersten Mal während einer Expedition passiert. Vor uns lagen anstrengende Wochen – wir mussten schwere Lasten schleppen und uns Tag und Nacht in unbequemen Stellungen verrenken. Konnte ich mich schnell genug erholen, um weiterzumachen? Würde ich zu einer Belastung für das Team werden? Sollte ich das Risiko eingehen, mich beim Klettern erneut zu verletzen, was auch für die anderen das Ende der Unternehmung bedeutet hätte?

Nach zwei Tagen waren meine Kameraden immer noch nicht wieder da. Ich hatte nichts mehr zu essen. Verärgert über ihre Gleichgültigkeit und vergrämt wegen meiner Unfähigkeit, humpelte ich schließlich den Gletscher hinunter ins Basislager. Als ich beim Abstieg warm wurde, schwand der Schmerz und meine Lebensgeister hoben sich mit dem Ende der Untätigkeit. Selbstzweifel und Entmutigung hatten mich mehr behindert als der körperliche Schmerz. Jetzt waren wir bereit, die Wand in Angriff zu nehmen.

»Kim«, sagte ich, »geh du mit Bill. Ron und ich führen am ersten Tag und ihr zieht die Säcke hinauf. Morgen wechseln wir.«

Ich wollte mit Kauk klettern. Er galt als der beste Felskletterer der Welt und ich wollte die Gelegenheit nutzen, um von ihm zu lernen. Ich war schnell im Fels, aber Kauk hatte in den letzten Jahren im Yosemite-Tal sein Repertoire erweitert und Tricks und spezielle Techniken erfunden, mit denen man die Geschwindigkeit steigern konnte. Außerdem hatte Kauk, wie ein junger Hund, der mit einem älteren im Zwinger eingesperrt ist, immer wieder kleine Geplänkel mit Forrest angezettelt. Es war für ihn hauptsächlich ein Zeitvertreib, wenn ihm langweilig war, aber ich wollte vermeiden, dass sein jugendlicher Überschwang während der eigentlichen Besteigung zu Streitigkeiten führte, wenn Hunger und Erschöpfung die Nerven schon genug strapazierten und zusätzliche Stressfaktoren das Unternehmen scheitern lassen konnten. Außerdem passten Schmitz und Forrest als Bergsteiger gut zusammen und vertrugen sich auch glänzend.

Kauk und ich wechselten uns am ersten Tag in der Führung ab.

Um vier Uhr stiegen wir wieder hinunter, um Schmitz und Forrest beim Aufziehen unserer sieben halbzentnerschweren Säcke zu helfen. Wir schafften sie gemeinsam zu unserem Endpunkt, einem 1,2 Meter breiten Band, auf dem Platz war zum Kochen und für zwei Schlafplätze. Kauk und ich verbrachten die Nacht daneben in unseren Hängematten mit Aluminiumgestell. Am Morgen des 25. Juni hatte sich der Himmel bewölkt und leichter Schneefall setzte ein.

»Ach du Scheiße«, sagte Kauk beim Frühstück. »Schmitz, du hast Kerosin in den Topf gebracht.«

»Das Wasser in den Flaschen, die wir gestern Abend gefüllt haben, riecht auch nach Kerosin«, sagte Forrest.

Auf dem kleinen Band gab es kein Eis mehr, das wir hätten schmelzen können, aber keiner wollte kerosinverseuchtes Wasser trinken. Also schütteten wir es weg. Das würde ein trockener Tag werden. Erst am Abend, am nächsten Biwakplatz, konnten wir wieder Eis schmelzen.

Während Schmitz und Forrest loskletterten, packten Kauk und ich die Säcke, wobei wir das Gewicht möglichst gleichmäßig verteilten. Dann begannen wir mit der langweiligen, anstrengenden Arbeit des Hinaufziehens. Einzelne Fels- und Eisbrocken, die aus tausend Meter Höhe heruntersausten, prallten rings um uns auf. Schmitz und Forrest warnten uns durch Schreie, wenn ein Geschoss besonders groß war oder besonders nahe herunterkam.

Am dritten Tag waren wieder Kauk und ich die führende Seilschaft. Forrest und Schmitz, die ihre Aufziehmethode stark verfeinert hatten, blieben uns auf den Fersen. Am Nachmittag erreichte ich ein siebzig Grad steiles, zwölf Meter hohes Eisfeld, das ungefähr die Form einer fliegenden Fledermaus hatte. Das war die einzige auffallende Stelle in der Wand, die wir vom Gletscher aus bemerkt hatten. Kauk kletterte vom Eisfeld aus noch 30 Meter weiter, was dem Aufziehteam einen Regen von Eisbrocken und Steinen eintrug. Die Flüche, mit denen Schmitz Kauks Ahnen bedachte, und die tatsächliche Gefahr, einen wirklich mörderischen

Brocken loszutreten, brachten Kauk zurück zu meinem Stand, wo
wir biwakieren wollten.

Bei körperlicher Anstrengung in großen Höhen ist es unbedingt
notwendig, genügend Flüssigkeit zu sich zu nehmen. Der Wasser-
mangel vom Vortag wäre uns beinahe zum Verhängnis geworden.
Wegen der Austrocknung schlief keiner von uns gut im Fleder-
maus-Biwak. Kauk und ich hingen in den Hängematten über unseren Gefährten, für die wir in stundenlanger Arbeit Liegeplätze
aus dem Eis geschlagen hatten. Forrests Gesicht war aufgedunsen,
er war lethargisch und ihm war übel. Das waren die ersten Anzeichen von Höhenkrankheit.

Am nächsten Tag blieb Forrest im Biwak und trank so viel wie
möglich, während Schmitz, Kauk und ich etwa 140 Meter weiter
kletterten. Diese Route versahen wir mit Fixseilen. Schmitz führte
an der schwierigsten Stelle, einer senkrechten Rinne, die mit losem
Geröll verstopft war. Kauk und ich suchten an der nackten Wand
Schutz, wichen tödlichen Geschossen aus und dachten darüber
nach, ob der Uli Biaho, oder irgendein anderer Berg, dieses Risiko
wert sei. Immer, wenn wir warten mussten, kamen wir auf Forrest
zu sprechen. Ich war der Verantwortliche bei diesem Unternehmen; ich musste dafür sorgen, dass alle heil und gesund heim-
kamen. Sollte Forrest sich nicht bis zum nächsten Morgen erholt
haben, wäre das Allerwichtigste, ihn sicher zum Basislager zurückzubringen. Wenn er wirklich an Höhenkrankheit litt, konnte
er nicht mehr höher hinauf.

»Wie geht's dir, Bill?«, fragte ich am Morgen des 28. Juni, als ich
den Kocher anzündete.

Bill öffnete seinen dicht geschlossenen Biwaksack und schaute
über die Bergkette des Karakorum, als sähe er sie zum ersten Mal.
»Viel besser«, antwortete er. »Die Übelkeit ist vorbei, und ich fühle mich viel stärker.«

Er sah auch besser aus. Die Schwellung im Gesicht, die ihm am
Vortag beinahe die Augen verschlossen hatte, war verschwunden.
Er war wieder der Alte: begeistert, energisch, entschlossen.

Aber es blieben doch Fragen. Würde sich sein Befinden verschlechtern, wenn wir höher hinaufkamen? Würden wir es zu dritt schaffen, Forrest, wenn er das Bewusstsein verlor, von einer höheren Stelle aus oder in einer schwierigeren Situation zu bergen? Forrest half uns bei der Entscheidung: »Ich werde es euch sagen, wenn es mir schlechter geht. Aber wir können jetzt nicht aufgeben.«

»Gut«, sagte ich. »Aber du steigst mit Jumars hinter uns her und trägst keine Lasten. Du sollst dich nicht mehr anstrengen.«

Als die Morgensonne unser Lager erwärmte, packten wir schnell und zogen dann die Säcke über die vier Fixseile hinauf. Nach tagelanger Zusammenarbeit saß jeder Handgriff, keine einzige Kalorie wurde unnütz vergeudet.

Wir waren jetzt tagelang einem System kleiner Risse in einer Verschneidung gefolgt. Damit hatte es ein Ende, als unsere Route südwestlich um eine Kante bog. Jetzt ging es auf einer senkrechten Granitfläche mit unregelmäßigen Rissen und kleinen Dächern weiter, von der sich die Oberfläche oft in elefantenohrgroßen Platten löste.

An diesem Tag installierten Schmitz und Forrest unsere vier Hängematten unter einem 1,2 Meter breiten Dach. Kauk und ich, endlich erlöst von der eintönigen und anstrengenden Schufterei mit dem Aufziehen der Säcke, gönnten uns noch ein paar Seillängen unbeschwerter Kletterei und erblickten schließlich weit über uns den Gipfelteil, eine Ansammlung feindseliger Eiswälle, unbezwinglich wirkender Überhänge und tiefer Kamine. Das Schlimmste stand uns offensichtlich noch bevor.

Wir verstauten die übrigen Eisenwaren an unserem höchsten Punkt und stiegen hinab zu unserem luftigen Quartier. Unsere bunten Hängematten klebten wie Schwalbennester an der leicht überhängenden Wand. Unser Blick schweifte vom Paiyu Peak im Südwesten zum Masherbrum im Südosten und zum K2, dem zweithöchsten Berg der Erde, der im Nordosten den Horizont beherrschte. Unzählige andere Gipfel, gewundene Gletscher und unerforschte Schluchten vervollständigten das Panorama und entflammten unsere Fantasie.

Die Zirruswolken, die den ganzen Tag westwärts geeilt waren, wurden gefolgt von Kumuluswolken, welche die Gipfel umhüllten und die Wärme des Tages konservierten. Ich lag schwitzend in meiner Hängematte und sah zu, wie der anrückende Sturm die Gipfel verschlang. Um drei Uhr morgens erreichte uns eine Kaltfront und nasser Schnee fiel, bedeckte die Felsen und bildete Pfützen in den tiefsten Teilen unserer Hängematten.

Den ganzen Vormittag zog diese sanfte, windlose Schlechtwetterfront durch den Karakorum. Wir wollten keine Unterkühlung in der Wand riskieren und blieben also lieber in unserem Biwak. Wir befestigten die Schutzdecken über unseren Hängematten, die uns vor dem Schnee, dem Wasser, das die Wand herunterkam, kleinen Eis- und Felsbrocken und dem Wind bewahren sollten. Wasser, das weiter unten in der Wand so selten und kostbar gewesen war, sickerte den Granit herab, an unseren Verankerungsschnüren entlang und in die Hängematten und durchnässte schließlich unsere Schlafsäcke, die Kleidung und alles, was mit der Wand in Berührung kam.

Am 29. Juni schrieb ich in mein Tagebuch:

Manchmal frage ich mich, was ich hier zu suchen habe. Ich schaue auf unendliche Mengen von Fels und Eis und auf Gipfel von überirdischer Schönheit. Ich sitze auf schmalen Bändern oder stehe in Schlingen, prüfe die Haken und die Seile, prüfe sie noch einmal, und vertraue mein Leben drei anderen Menschen an. Ich zwänge meine kalten, blutenden, wunden Hände in Felsrisse. Tödlicher Steinschlag und ständig Eis. Wo wird das enden und warum tue ich mir das an? Das Schwirren der vorbeistürzenden Steine klingt nach Tod. Der Fels kann sprechen, aber du musst ihm auch zuhören. Unterbrich ihn niemals. Einer der Gründe, warum ich so besessen klettere, ist, dass ich über all die Dinge, die fallen können, hinaufkommen will.

»Mein Schlafsack!«, hörte ich Schmitz schreien.

Ich blickte durch den Schlitz in meinem Hängematten-Überzug hinaus auf den Schneesturm und hinunter zu Schmitz. 15 Meter unter ihm lag sein Schlafsack auf dem einzigen Band in 600 Metern Wand und der Wind spielte damit und drohte ihn wegzuwehen. Schneller, als ich es für möglich gehalten hätte, befestigte Schmitz ein Seil und ließ sich daran zu seinem Schlafsack hinunter, bevor der Wind ihn entführen konnte. Schmitz hatte bis dahin ewig an seinen Sachen herumgefummelt. Das ließ er von jetzt an bleiben.

Am 30. Juni kletterten wir weiter, aber nicht viel. Nasse Kleidung, Kälte und dichte Wolken dämpften unsere Begeisterung. Wir konnten uns nicht schnell bewegen. Kauk und ich waren wieder mit dem Aufziehen dran, warteten in der unerträglichen Kälte und versuchten den Geschossen auszuweichen, die Schmitz und Forrest lostraten. Die schmalen, eisgefüllten Risse machten das Klettern schwer. Acht Stunden und hundert Meter höher errichteten wir unser Hängebiwak.

Obwohl sich ein neuer Sturm von Skardu her näherte, schafften Kauk und ich die Ausrüstung am Morgen bis zu der Stelle, wo Schmitz seinen letzten Haken angebracht hatte, bevor er zum Biwak abgestiegen war. Ich kämpfte mich den haarfeinen Riss in der Wand mit Knifeblades und abgebundenen Eisschrauben hinauf. Ich war in sehr verwegener Stimmung, vergaß meine Ängste und blendete alle Sorgen um das Ende unseres Abenteuers aus.

Kauk hatte einen sehr makabren Sinn für Humor und riss über alles seine Witze. Für ihn gab es kein Tabu. Die ewigen Stürme, die Austrocknung, unsere aufgerissenen, blutenden Hände, dreimal täglich Granola, vereiste Spalten, schlaflose Nächte, stecken bleibende Säcke, Schmitz' Gefummel, selbst Forrests Krankheit – alles lieferte ihm Stoff für Witze. Sogar Schmitz verzog sein stets unbewegliches Gesicht manchmal zu einem Grinsen. Wenn Kauk abends in der richtigen Stimmung war, konnte er uns für ein paar Stunden die tödliche Gefährlichkeit des Uli Biaho vergessen lassen.

Ron führte weitere 30 Meter bis zu einem Biwakplatz, einem glatten Buckel, der ein bisschen sicherer aussah als das, was weiter oben kam. Während Schmitz und Forrest Löcher für unsere Verankerungen bohrten, installierten Ron und ich noch Seile über 180 Meter konkave Stellen und Rinnen. Wir befanden uns jetzt wieder in der Ostwand, 180 Meter unterhalb vom Gipfelkamm, einem rasiermesserscharfen Grat, auf dem hausgroße Eispilze saßen. Leichter Schneefall setzte ein, als wir uns zu unserem Biwak – dem schlimmsten von allen – zurückzogen, kochten, möglichst viel tranken und darüber sprachen, dass das Ende in Sicht war.

Am 2. Juli sollte der Gipfel erobert werden. Ich wachte um vier Uhr auf, schmolz Wasser für alle und kletterte dann an den Fixseilen hinauf. Ich war als Erster mit dem Führen dran. Wir befanden uns unterhalb einer 95°-Wand, zwölf Meter breit und begrenzt von senkrechten Seitenwänden. Wo die Wände aneinander stießen, gab es jeweils einen Riss. Die rechte Seite war bröcklig; zu gefährlich. Ich querte also nach links und quälte mich einen Kamin hinauf, der gerade breit genug für einen Menschen war. Dann ging es fast 20 Meter verhältnismäßig leicht weiter. Ich folgte einem Riss bis zu einem Überhang. Noch ein Stück weiter und ich erreichte ein schönes Band. Die anderen folgten mir dicht auf.

»Ron«, sagte ich, »die Scheußlichkeit, die jetzt kommt, gehört dir.«

Ein scharfkantiger, vielleicht 13 Zentimeter breiter Riss verlief tief in der leicht überhängenden Ecke. Es war schon nach Mittag, als Kauk das Band verließ, um sich an diese höllische Stelle zu machen, in der ihn sein Humor völlig verließ. Dann übernahm Schmitz die Führung und ich stieg hinter ihm her und nahm alle Zwischensicherungen mit zum Stand. Dann war die Reihe wieder an mir.

Ich kletterte frei über mehrere Blöcke, dann folgte ich einem schönen, schmalen Riss. Als er sich verbreiterte, suchte ich mir einen anderen. In diesem Abschnitt war wirklich alles geboten. Ich musste in einer V-förmigen Ecke klettern und mich schließlich einen genau helmbreiten Kamin hinaufzwängen, der sich allmählich erweiterte, aber oben von einem Eisblock verschlossen war. Unterhalb des Eisblocks war ein kleines Band und auf dem standen wir nun. Es war sechs Uhr abends und wir waren noch weit vom Gipfel entfernt.

»Kim«, sagte ich, »wir können nicht ungeschützt übernachten. Ich schlage vor, wir versehen die drei schlimmsten Seillängen mit Fixseilen, steigen zurück zum Biwak und versuchen es morgen noch mal.«

Schmitz stimmte widerstrebend zu. Nachdem er am Gaurisankar den Gipfel nicht erreicht hatte, wollte er den Uli Biaho unbedingt schaffen und hätte notfalls auch die Nacht ohne Schlafsack verbracht. Kauk dagegen wollte für den Berg nicht sein Leben riskieren. Er war sowieso schon ziemlich vergrätzt und betrachtete die eisigen Festungsmauern oben, die Kälte und unsere momentane missliche Lage als Vorzeichen einer nahenden Katastrophe. Ich spürte, dass er nahe daran war zu rebellieren, und entschied mich deshalb für den Abstieg. Forrest war genauso wenig begeistert wie Schmitz, vertraute aber meinem Urteil. Bei Sternenlicht erreichten wir spät abends unser Biwak.

Unsere Stimmung war auf dem Nullpunkt. Gedanken ans Scheitern geisterten uns durch den Kopf. Aus einer anständigen, mit Griffen versehenen Wand war jetzt eine Anhäufung von Felsblöcken geworden, die durch steinhartes graues Eis verbunden und von riesigen Eiswechten gekrönt waren. Hinter diesen Festungswällen lag irgendwo, gut geschützt, der Gipfel. Irgendeine besonders tückische Stelle am Grat konnte uns noch kurz vor dem Gipfel zum Umkehren zwingen. Ähnliches hatten wir alle schon erlebt. Dass wir nicht wussten, was uns erwartete, war das Schlimmste. Aber schließlich schliefen wir doch ein.

Um sieben Uhr früh waren wir schon wieder unterwegs und stiegen mit Jumars zum Endpunkt des Vortags auf. Bröckliger Fels, Schnee, vereiste Risse und Überhänge – hier war alpiner Scheiß aller Art vereint. Ich studierte den tonnenschweren Eisblock, der den Kamin versperrte. An der Rückwand des Kamins saß er nicht fest auf. Ich konnte mit dem Eispickel genug abschlagen, um mich zwischen Eisblock und Fels hindurchzuzwängen. Ich musste noch einen Felsblock am Kamm überklettern und ein schmales, schnee-bestäubtes Band entlangschleichen, bevor ich eine sichere Felsni-sche fand. Kauk, auf den die ganzen Eissplitter in der Morgenkälte herniedergegangen war, kam langsam hinterher und brachte mir meine Steigeisen und die Kamera.

Ich führte wieder, überstieg einen 75° steilen Schneebuckel und kam an steile Eisstufen auf der linken Seite des Grats. Knappe 50 Meter oberhalb von Ron fand ich einen Stand und sicherte mich. 25 Meter über mir hing ein Eiswall auf dem messerscharfen Grat und neigte sich in meine Richtung. Er ähnelte einem großen blau-en Wal und war bestimmt 300 Tonnen schwer. Sein Schwanz hing den Grat hinab, sein Kopf zeigte zum Gipfel. Unter seinem Bauch schimmerte das Licht durch und, so unangenehm mir der Gedanke war, es sah fast so aus, als führe der Weg zum Gipfel da hindurch.

Kauk kam zu mir herauf. Ich bat ihn, mich zu sichern, und stieg den steilen Eishang hinauf, indem ich die Frontzacken der Steigei-sen in das blaue Eis stieß. Dabei schlug ich immer meinen Eispickel ein und plötzlich löste sich ein etwa fünf Kilo schwerer Eisbro-cken, stürzte aber noch nicht ab.

»Pass auf, Ron«, rief ich, »der kommt vielleicht runter.« Und als wäre das das Stichwort gewesen, verfing sich mein Seil in einem Zacken des Blocks und brach ihn los. Ich schrie. Ron duckte sich, aber der Klotz polterte zielsicher auf ihn zu und traf ihn am Arm.

Er umklammerte seinen Arm, lehnte sich an den Fels und stöhn-te laut.

»Ist er gebrochen, Ron?«, schrie ich zu ihm hinunter. Wir waren alle mit den Nerven am Ende und ich befürchtete eine Katastro-phe.

»Jetzt reicht's«, schrie er zurück. »Ich geh runter.«

Schlechte Laune war eins, ein gebrochener Arm war etwas anderes. Aber ich konnte auf meinem winzigen Stand auch nicht ewig warten, bis Kauk sich entscheiden würde. Ich gab ihm ein paar Minuten, um seine Fassung wiederzufinden, dann bat ich ihn, mich wieder zu sichern, bis ich das Loch unter dem Walfisch erreicht hätte. Er entsprach meiner Bitte ganz automatisch.

Dann kam Schmitz zu Kauk herauf und es gab Streit.

»Was soll das heißen, du gehst runter?«, fragte Schmitz in einem Ton, der minderen Lebewesen vorbehalten war. »Du bist getroffen worden, aber es ist nichts gebrochen. Ich wusste doch, dass du bloß ein großes Baby bist.«

Und so kam es, dass Kauk schnell hinter mir herstieg, um Kims Schmähungen zu entrinnen.

Während Schmitz und Kauk einander anschrien, ließ ich sie ein zweites Seil an das erste anbinden, damit ich nicht ausgerechnet unter dem Walfisch einen Stand suchen musste. Ein paar Minuten später war ich auf dem letzten Stück Grat vor dem Gipfel. Sobald Kauk mir nachkam, führte ich über ein flaches Schneestück, den ersten leichten Abschnitt der ganzen Kletterei, zum oberen Ende der Rinne und in die sinkende Sonne. Ein paar Schritte entfernt lag der schneebedeckte Gipfel. Einer nach dem anderen stiegen wir auf seine breite Fläche und in die Wärme der Abendsonne, weinten ein bisschen, lachten viel und vergaßen ein paar Minuten lang Kälte, Hunger, Durst und die Gefahren, die noch auf uns warteten.

Eine Viertelstunde auf dem Gipfel und es war Zeit zu gehen. Die nächsten zweieinhalb Tage seilten wir uns ab, ließen die Säcke hinunter und zogen uns zurück. Es gab noch manchen Unfall und Fast-Unfall, schlechte Biwaks und Zornausbrüche, aber wir erreichten alle heil den Fuß der Wand und die ebene Welt, die unsere Heimat ist.

Ich frage mich oft, was der Grund für unseren Erfolg am Uli Biaho war. So erfolgreich ist weiß Gott nicht jede Expedition. Es war das Team.

Wenn man von allen anderen Faktoren wie meiner Führung, der Route, dem Wetter und allem anderen, was zu einer Expedition gehört, absieht, dann sind es die Teilnehmer, mit denen ein Unternehmen steht oder fällt. Schmitz, Forrest, Kauk und ich kamen für eine kurze Zeit zusammen – und hatten Erfolg. Hätten wir nicht so großartig zusammengepasst, wäre der Uli Biaho immer noch ein Traum statt einer Erinnerung.

Pete Sinclair
aus **Wir strebten nach Höherem**

Die Memoiren von Pete Sinclair (geb. 1935), in denen er von seinem Leben als Kletterer und Ranger in den Tetons erzählt, zeigen, wie ein paar junge Männer und Frauen in den Bergen zu sich selbst finden. Der Bericht von einer großen Rettungsaktion macht aber auch deutlich, dass dieselben Berge diejenigen bestrafen können, die unerfahren sind, unbedacht handeln oder einfach Pech haben.

Das Hinterzimmer der Bergwachtstation hatte einen Ofen, weil es im Winter den Patrouillen als Unterkunft diente. An stürmischen Tagen oder an Ruhetagen setzten wir uns dort gern zusammen, tranken Tee und schwatzten. Wenn Leigh Ortenburger im Tal war, arbeitete er oft in diesem Raum, und weil er unser Historiker war, wurden hier viele Geschichten erzählt. Auf dem Campingplatz der Bergsteiger übrigens auch.

Im Juli 1962 saßen wir wieder einmal beisammen und erzählten. Leigh Ortenburger und Dave Dornan waren dabei. Ich war schon ein paarmal mit Leigh geklettert und dabei über mich selbst hinausgewachsen, so dass ich die heiklen Stellen unserer neuen Routen führen konnte. In Erinnerung daran bemerkte Leigh: »Mit Sinclair in die Berge zu gehen ist ein Risiko; er ist verrückt.« Dave schaute mich an und sagte: »Du solltest es wirklich machen.« Er spielte damit auf seine neuen Pläne an, im Yosemite zu klettern.

Ich sollte mit ihm dafür trainieren, und zwar am No-Escape-Pfeiler. Die südlichen Pfeiler des Mount Moran boten den Teton-Kletterern Routen, die eine gewisse Ähnlichkeit mit den Wänden im Yosemite-Tal hatten. Der östlichste dieser Pfeiler, der No Escape Buttress, war der schwierigste. Und weil Dornan unbedingt dort hinauf wollte, musste ich es mit ihm versuchen.

Das Wetter sah nicht schlecht aus, als wir in einem alten Holzkahn über den Leigh-See ruderten. Das heißt, einer ruderte, der andere schöpfte ständig Wasser aus dem Boot. Auf der Idaho-Seite der Berge ballten sich dicke schwarze Wolken zusammen und zeigten an, dass ein gewaltiges Unwetter zu erwarten war. Das war mir ganz recht, weil ich sowieso keine Lust auf die Tour hatte. Wir würden einfach übungshalber ein bisschen klettern und dann wieder heimgehen.

Dornan hatte gerade eine Seillänge geführt, als der Sturm losbrach. Er seilte sich ab und wir rannten zum See. Die Fahrt über den See mitten im Sturm war so ziemlich das Dämlichste, was wir machen konnten. Glücklicherweise kam der Sturm nur in Stößen, nicht in ständigem Wüten, und es regnete so stark, dass das Wasser eher flachgedrückt als zu Wellen aufgetürmt wurde. Sonst wäre unser Kahn gesunken. Dave freute sich diebisch, dass er nicht mehr zur Bergrettung gehörte, und prophezeite mir einen langen Tag, falls sich jemand in den Bergen befand. Ich machte mir da keine Sorgen. Bei einem solchen Unwetter würde kein Mensch in die Berge gehen, nicht einmal, wenn es sein letzter Urlaubstag war und er fünfzig Wochen Schreibtisch vor sich hatte. Der Sturmwind war so heftig wie kalt; er brachte einen Hauch von Alaska mit sich.

Ich freute mich auf ein paar ruhige Tage in der Hütte. Die Kletterer würden die Berge meiden und die Camper würden sich in Motels flüchten. Im Hinterzimmer würde es warm und gemütlich sein, Bergsteiger und Bergführer würden kommen, um Tee zu trinken, unsere Fotos anzuschauen und neue Touren zu planen.

Als wir zur Rangerstation kamen, sah die Lage nicht ganz so günstig aus. Lyn, Sterlings Frau, war mit dem Volkswagenbus umgekippt. Sie war nur leicht verletzt, aber sie und Ster waren ordentlich erschrocken. Und der andere diensthabende Ranger war ausgerückt, um nach einer zehnköpfigen Gruppe des Appalachian

Mountain Club zu suchen, die eigentlich schon hätte zurück sein sollen. Das war lästig, aber wir machten uns keine Sorgen. Zehn Leute können in einem so kleinen Gebiet wie den Tetons nicht einfach verschwinden.

Es kommt oft vor, dass Gruppen unter ähnlichen Umständen von der Nacht überrascht werden. Oft sind es große Gruppen, deren Mitglieder unterschiedlich viel Bergerfahrung haben, und sie wählen Routen, die als leicht gelten, aber selten begangen werden. Da müssen sie dann ziemlich häufig biwakieren. Normalerweise lassen wir Ranger ihnen reichlich Zeit, sich selbst aus ihrer üblen Lage zu befreien, bevor wir nach ihnen sehen. Oft gibt es andere Bergsteiger, die eine solche Gruppe gesichtet haben, und aus deren Schilderung können wir schließen, wie lang die Vermissten zum Rückweg brauchen werden. Erst wenn die geschätzte Zeit deutlich überschritten ist, setzen wir die Dinge allmählich in Gang, aber ganz piano. Zuerst schicken wir einen Ranger aus, oder auch zwei, wenn es sich um eine technische Kletterei handelt. Wenn möglich, sollen sie ihre Aufgabe gleich mit einer anderen verbinden, zum Beispiel mit einem Patrouillengang. Gleichzeitig setzen wir ein paar wichtige Leute von der Bergrettung davon in Kenntnis, dass eine Gruppe überfällig ist. Das bedeutet, dass sie erreichbar sein müssen und sich vielleicht das zweite Bier so lang aufheben, bis wir Entwarnung geben.

Gelegentlich protestierten Familienangehörige oder besorgte Freunde, die im Tal warteten, gegen diese Zeitschinderei. Aber anders geht es nicht. Wenn wir immer eine Such- und Rettungsaktion mit allen Schikanen durchführen würden, wenn ein paar Leute sich verspätet haben, würden gewaltige Kosten auflaufen. Außerdem entstünde dadurch ein verstärkter Druck für die Vermissten, rechtzeitig zurückzukehren, und Überhastung beim Abstieg führt oft zu Unfällen.

In diesem Fall zögerten wir nicht so lang wie üblich. Im Lager des Appalachian Mountain Club befanden sich über hundert Menschen, die nichts anderes zu tun hatten, als sich um die überfällige Truppe Sorgen zu machen. Auch war der Sturm so schlimm, dass die Leute möglicherweise lange aufgehalten wurden, und sie waren für einen Kälteeinbruch nur unzulänglich ausgerüstet. So kam es, dass sich der Ranger George Kelly schon bald zu einem Patrouillengang in die Berge aufmachte. Er wollte zuerst im Lager der Appalachians einen Suchtrupp zusammenstellen.

Es war nicht so, dass wir uns keine Sorgen machten. Wir werden fürs Sorgenmachen bezahlt. Man konnte sich ohne große Mühe das Schlimmste vorstellen, auch wenn sich unsere Vorstellungen schon hundertmal als weit übertrieben herausgestellt hatten. Aber wir hatten gelernt, uns an das übliche Vorgehen zu halten und unsere Befürchtungen als Privatsache zu behandeln. In diesem Fall aber war es leider so, dass die Wirklichkeit unsere schlimmsten Vorstellungen noch übertraf.

Der Führer der Gruppe, Ellis Blade, war ein professioneller Bergführer. Er war in den Fünfzigern und hatte langjährige Bergerfahrung.

Der Rest der Gruppe war sehr verschieden. Steven Smith, der Assistent des Führers, war noch jung, aber schon ein guter Felskletterer. Ein weiterer guter Kletterer war der 65-jährige Lester Germer. Charles Joyce war ein guter Freizeitkletterer, Janet Buckingham neigte mehr zum Bergwandern. Griffith June, Charles Kellogg und John Fenniman waren in der Kunst des Felskletterns sozusagen fortgeschrittene Anfänger. Mary Blade, Ellis' Frau, war auch dabei. Sie war eine erfahrene Bergsteigerin. Die Route, die sie steigen wollten, hieß Otterbody-Route nach einem Schneefeld mitten in der Ostwand des Grand Teton, das die Form eines Otters hatte.

Die Gruppe brach, wie geplant, am Dienstagmorgen um vier Uhr auf. Das war ein gutes Zeichen. In den Tagen zuvor hatte Ellis Blade ein paar kleinere Probleme mit seinen Leuten gehabt. Sie hatten sich nicht für Trainingsklettereien erwärmen können. Er hatte ein Trainingsprogramm ausgearbeitet gehabt, aber sie hatten sich nicht daran gehalten. Die Amerikaner haben eine Leiden-

schaft dafür, in die Wildnis zu gehen und dort eine neue Gesellschaft aufzubauen. Aber diese hier waren so damit beschäftigt gewesen, andere Leute kennen zu lernen und Hierarchien, Bündnisse
und Feindschaften zu etablieren, dass sie keine Zeit gefunden hatten, sich auf ihr eigentliches Ziel vorzubereiten.

Ein weiterer Grund zur Sorge war neben diesem Konditions-
mangel die Tatsache, dass Steven Smith, der junge Hilfsführer, an
einer Angstattacke litt. Das Wetter gefiel ihm nicht und er hatte
sich am Vorabend erbrochen. Steven war erst 21. Er hatte Blade
nichts gesagt von seinen Problemen, hatte sich aber Joyce anvertraut, der wiederum Blade informierte. Blade aber sprach darüber
nicht mit Steven. Kommunikationsfähigkeit war damals eine gerade erst aufkommende Tugend und wurde bei Führungspersonen
noch nicht als selbstverständlich vorausgesetzt.

Vielleicht hatte Smith einen Anflug von Grippe oder vielleicht
hatte er sonst einen Bazillus aufgeschnappt. Das passiert jedem
von uns einmal, und wenn man sich schlecht fühlt, schwindet auch
das Selbstvertrauen.

Aber was immer Smiths Zuversicht verringert hatte: Was an diesem ersten Tag alles passierte, trug nicht dazu bei, sie wieder zu
heben. Der frühe Aufbruch war das Letzte, was glatt ging.

Viereinhalb Stunden später, um halb neun, begannen sie Teepe's
Schneefeld hinaufzusteigen. Da hinkten sie schon zweieinhalb
Stunden hinter dem Zeitplan her.

Als der Schneehang steiler wurde, rutschte Janet Buckingham
aus. Smith konnte sie zwar leicht halten, aber sie strampelte hyste-
risch und kam nicht mehr auf die Beine. Jeder, der schon mal Anfänger unterrichtet hat, kennt das. Der Schüler oder Kunde verliert
die Kontrolle und schlägt wild mit den Füßen um sich, in der Hoffnung, irgendwie wieder Boden unter sie zu kriegen. Vielleicht hatte Smith da keine Erfahrung, vielleicht hatte er auch keine Chance.
Jedenfalls war es Blade, der sein eigenes Seil verließ und Janet so
lange zuredete, bis sie wieder Vertrauen fasste.

Bei dieser Gelegenheit muss Blade noch etwas anderes durch den

Kopf gegangen sein, nämlich, dass es für einen Anfänger unvergleichlich viel leichter ist, einen Schneehang hinaufzusteigen als wieder hinunter. Beim Aufstieg hat man den Schnee direkt vor dem Gesicht und kann ihn mit der Hand berühren. Man rammt den Fuß bei jedem Schritt direkt in den Hang. Beim Abstieg dagegen hat man nur leeren Raum vor Augen und Händen. Man verlegt sein Gewicht nicht, wie beim Aufstieg, von einem sicher aufgesetzten Fuß auf den anderen, sondern man tritt von einem festen Platz aus in die Luft. Beim Aufstieg ist der Schritt in jeder Phase kontrolliert und kann rückgängig gemacht werden. Beim Abstieg ist nichts rückgängig zu machen; ein einmal begonnener Schritt muss zu Ende geführt werden. Bei jedem Schritt ist man völlig ausgeliefert. Wie sollte man mit Leuten, die schon beim Aufstieg solche Schwierigkeiten hatten, diesen Schneehang wieder hinunterkommen? Der Zwischenfall mit Janet wäre vielleicht schnell in Vergessenheit geraten, wenn nicht andere beunruhigende Zwischenfälle dazugekommen wären.

Die erste Seilschaft mit fünf Leuten erreichte das obere Ende des Schneefelds um halb zwölf. Die zweite Seilschaft, die Smith führte, machte schon drei Seillängen früher Halt und ließ sich auf einem herausstehenden Felsen zum Essen nieder. Das war eine gefährliche Stelle, weil dort immer wieder Stein- und Eisschlag von einem Felsband und zwei weiteren Schneefeldern niederging. Auf diese Tatsache wies Joyce als Erster hin und er war es auch, der zuerst merkte, dass Eis von oben kam, und einen Warnruf ausstieß. Ein Eisbrocken riss Fennimans Eispickel mit sich. Ein zweiter prallte von Kelloggs Fuß ab. Auf Joyce stürzten zwei Eisbrocken zu und er konnte nur einem ausweichen. Er wurde mit voller Wucht getroffen und war einen Augenblick benommen, blieb aber unverletzt.

Bis dahin hatte sich Joyce, obwohl Smith sich ihm anvertraut hatte, nicht darüber geäußert, ob er das Unternehmen für ratsam hielt oder nicht. Jetzt, nachdem er getroffen worden war, war er zwar nicht so erschüttert wie Smith, dessen Hände zitterten, aber er schloss sich Smiths Meinung an, dass die Tour unter einem schlechten Stern stünde und man sie besser abbräche.

Als sie wieder aufbrachen, sagte Joyce zu Smith: »Lass uns schauen, dass wir hier wegkommen.« Smith sagte zu Joyce, seine schnelle Reaktion habe ihnen das Leben gerettet, und er fügte hinzu: »Dieser Berg wird uns noch umbringen.« Aber so etwas sagt man oft und normalerweise vergisst man es schnell wieder.

Als alle am oberen Ende des Schneefelds versammelt waren, brach ein Sturm los. Das war nicht das übliche Nachmittagsgewitter, sondern der Vorbote des Unwetters, das Dave und mich aus den Bergen gejagt hatte. Die Gruppe suchte Schutz in der Kluft zwischen Schneefeld und Fels. Jetzt endlich äußerte Smith Blade gegenüber die dringliche Bitte, die Sache abzublasen. Blade antwortete, dass der Schneehang jetzt eisiger und damit gefährlich geworden sei. Als der Hagel aufhörte und der Regen schwächer wurde, gab Blade das Signal zum Aufbruch. Joyce wandte sich an Smith.

»Was macht der denn? Ist er verrückt? Wir müssen runter. Sie sind doch auch ein Führer. Sagen Sie ihm, dass wir runtermüssen.« Smith brachte es nicht fertig. Am Ende war es Joyce selbst, der das Kommando übernahm und das Signal zum Rückzug gab. Aber das geschah erst zwei Tage später.

Die Gruppe traversierte oberhalb des Schneefelds zum Beginn einer Felsrinne. Blade schickte Germer voraus, um die Route zu erforschen, und bat ihn, zu berichten, »wie es geht«. Im Nachhinein bekommt jedes einzelne Wort Gewicht. Wenn Blade mit seiner Frage eigentlich meinte: Sollen wir es versuchen?, dann hat er die Frage falsch gestellt. Germer interpretierte die Frage nicht als Bitte um Rat, sondern als Aufforderung, die technischen Probleme zu erörtern.

Diese Rinne zwischen Ostwand und Ostgrat des Grand Teton verbindet das Otterbody-Schneefeld mit Teepe's Schneefeld. Sie ist in beängstigender Weise frei von dem Geröll, das sich in anderen Rinnen der Tetons reichlich findet. Sie ist zu steil, um etwas zu halten. Was da hineinfällt, rumpelt die volle Strecke durch. Der Fels kann nicht besonders fest sein, sonst hätte sich keine Rinne gebildet. Griffith June sah sie zuerst als Kegelbahn und erinnerte sich später an die Worte aus Dantes *Inferno*: »Lasst alle Hoffnung fahren, ihr, die ihr hier eintretet.« Nässe, Kälte, Verspätung, Müdigkeit, drohendes Unwetter und wachsende Spannungen in der Gruppe – negative Faktoren, wo man hinsah. Es war keine fröhliche Schar, die sich für die Felskletterei rüstete.

Germer kehrte zurück und lieferte seinen Bericht ab, den er ungefähr so in Erinnerung hat: »Ich sagte, es sähe recht einfach aus. Jetzt weiß ich, dass er mich um Rat gefragt hat, und meine Antwort bezog sich nur auf die Einstufung der Kletterei. Es handelte sich um eine einfache Felskletterei. Ich dachte nicht an die Sicherheit der Gruppe. Blade war zwar unser Führer, aber ich hätte etwas sagen sollen.«

Wahrscheinlich war Germer der Einzige, auf dessen Meinung Blade etwas gegeben hätte.

Als Smith wiederholte, sie sollten besser absteigen, antwortete Blade: »Ich bin schon bei solchem Wetter auf dem unteren Schneefeld gewesen. Es ist dann hart wie Eis. Wenn wir absteigen, wird jemand zu Tode kommen.«

Smith beharrte: »Wir können es so nicht schaffen.«

Blades Antwort: »Halt den Mund.«

»Ich bin immerhin der zweite Führer«, sagte Smith, »und meine Meinung sollte berücksichtigt werden.«

»Vergiss nicht, dass ich hier der Chef bin. Und ich weiß, dass es sicherer ist, wenn wir aufsteigen.«

In den folgenden Stunden wurden alle durch und durch nass. Lydia June wurde vom Blitz gestreift und erlitt einen Schock, Smith konnte einer Steinlawine nur dadurch entkommen, dass er quer über die Rinne in Griffith Junes Arme sprang, und Kellogg wurde von einem Felsbrocken getroffen, der ihm die Steigeisen durch den Rucksack in den Rücken trieb. Griffith June erwog, eine Splittergruppe hinunterzuführen. Aber das bedeutete eine große Verantwortung. In den heimatlichen Appalachen hätte er das ohne Weiteres machen können, aber hier traute er es sich nicht zu. Er bedrängte Blade, sie zurückzubringen, aber Blade antwortete, es bleibe ihnen nichts anderes übrig, als weiterzusteigen.

Blade kletterte schnell und gut und brachte die Gruppe drei Viertel der Rinne hinauf. Griffith June fand dort einen riesigen Felsblock, groß genug, dass alle darauf sitzen konnten. Joyce sicherte sie mit Haken und alle biwakierten dort, außer Blade, der die breiten Bänder oberhalb der Rinne erreicht hatte. Gegen Blades Entscheidung war jetzt nichts mehr zu machen. Es gab Beschwerden, aber wahrscheinlich weniger, als es gegeben hätte, wenn Blades Frau nicht dabei gewesen wäre. Ein Abstieg hätte jetzt bedeutet, Blade am Berg im Stich zu lassen.

In der Nacht fielen acht Zentimeter nasser Schnee. Sie hatten keine Daunen- oder trockene Ersatzkleidung, manche hatten nicht einmal Wollsachen, und sie hatten nichts mehr zu essen. Am Morgen fragte Germer Smith um seine Meinung. Der brüchige Fels gefiel Germer nicht, und die Nacht im Freien hatte ihn geschwächt. Smith antwortete, er kenne die Route nicht. Smith schien an einem Rückzug nicht mehr interessiert, nachdem sie die Rinne praktisch hinter sich hatten.

Aber es dauerte den ganzen nächsten Tag, um die Gruppe über das restliche Stück der Rinne zu bringen. Joyce und Fenniman kletterten zu Blade hinauf. June glitt auf dem Eis aus, direkt unterhalb der Stelle, wo die Rinne flacher wurde. Er versuchte es noch ein paarmal. Er schlug Stufen ins Eis, schaffte es beinahe und stürzte wieder ab, diesmal weiter und über einen Überhang. Es bestand Gefahr, dass das Seil ihm die Luft abschnürte. Smith schaffte ihn mit großer Anstrengung auf den Biwakfelsen, wo June erschöpft zusammenbrach.

Dann stieg Germer auf und richtete einen Zwischenstand ein. Dort blieb er, bis die sechs Letzten die Rinne hinter sich hatten. (Um diese Zeit wurden Dornan und ich ein paar Kilometer weiter nördlich durch den Sturm vom No-Escape-Pfeiler verjagt.) Ger-

mer war zwar kräftig und fit, aber immerhin schon in den Sechzi-
gern und die Anstrengung war zu viel für ihn gewesen. Er hatte alle
Reserven verbraucht. Seine Hände waren verkrampft; er nahm je
einen Haken in beide Hände und kroch auf dem Eis hinauf. Blade
war schon wieder unterwegs, aber er wurde zurückgerufen. Germer fühlte seinen Tod nahen.

Blade versuchte die Lage einzuschätzen und schlug einen neuen
Plan vor, aber keine neue Richtung. Er war wie ein Besessener, der
sich im Besitz der alleinigen Wahrheit fühlt und durch nichts
davon abzubringen ist. Er würde mit Joyce und Smith aufsteigen.
Vielleicht stießen sie auf dem Gipfel auf andere Bergsteiger. Wenn
nicht, würden sie auf der Owen-Spalding-Route absteigen und
Hilfe holen. Über ihnen gab es doppelt so viel Schnee wie auf
Teepe's Schneefeld. Zwischen dem Otterbody-Schneefeld und dem
Ostwand-Schneefeld war ein Felsband zu überwinden. Dazu kam
dann noch der Abstieg vom Gipfel, der vereist und schwierig sein
würde. Ellis Blade wusste das alles, aber er schien es völlig ver-
drängt zu haben. Er schien unfähig, über den nächsten Augenblick
hinauszudenken.

Als George Kelly das Camp des Appalachian Mountain Club bei
den Petzoldt-Höhlen erreichte, hatte man dort noch nichts von
den Vermissten gehört. Wir waren gerade in der Station angekommen, als er seine Neuigkeiten über Radio durchgab, und sagten
ihm, er solle einen Suchtrupp mit den AMC-Leuten organisieren.
Wir waren doch ein wenig beunruhigt. Der Suchtrupp war im
Grund eine Farce. Die Suche dieser Leute durfte sich nur auf Gegenden erstrecken, aus denen sich die Vermissten selbst hätten retten können. Immerhin konnten sie den Berg beobachten und auf
Hilferufe lauschen. Sie hielten also Ausschau, und was sie erblickten, das waren drei Bergsteiger auf dem Otterbody-Schneefeld.

Das war völlig unerklärlich. Zuerst dachten wir, diese drei Leute
könnten mit der gesuchten Gruppe nichts zu tun haben. Aber es
war sonst niemand auf der Ostseite des Berges unterwegs, also
mussten sie doch zu der Gruppe gehören. Wenn sie in diesem Tem-

po weitermachten, würden sie bis zum Gipfel noch zwei Tage brauchen. Das alles ergab keinen Sinn. Es war schlecht vorstellbar, dass niemand heruntergekommen wäre und uns verständigt hätte, falls etwas passiert war. Und wenn es eine richtige Katastrophe gegeben hatte und diese drei die einzigen Überlebenden waren, dann war es begreiflich, dass wir nichts von ihnen gehört hatten, aber nicht, dass sie aufwärts stiegen. Klar war nur eins: Wir mussten uns ernsthaft bemühen, herauszubekommen, was da los war.

Der Distrikt-Ranger Doug McLaren, der vor zehn Jahren eines der Gründungsmitglieder der Bergrettung gewesen war, führte die Oberaufsicht über alle Rettungsmaßnahmen. Doug schickte ein Team los, das möglichst viel an Ausrüstung zum Fuß des Berges tragen sollte. Doug, Sterling, Jim Creig und ich brachen um sieben Uhr abends auf. Rick Horn und Mike Ermath, die restlichen guten Kletterer der Naturpark-Aufsicht, sollten mit noch mehr Ausrüstung folgen. Alle Bergführer und noch ein paar Freunde hatten sich freiwillig gemeldet. Sie sollten am Morgen aufsteigen. Ein weiterer Bergführer, Herb Swedlund, hielt die Stellung bei den Petzoldt-Höhlen und wartete die Entwicklung ab.

Doug, Sterling, Jim und ich gingen noch bis etwa eine Stunde unterhalb der Petzoldt-Höhlen, schliefen ein bisschen und brachen um vier Uhr morgens auf. Um halb elf waren wir am oberen Ende des Schneefelds. Und hier machte ich einen Fehler. Die Gruppe musste entweder in dem Felsband zwischen Teepe's Schneefeld und Otterbody-Schneefeld sein oder am Kopfende des Otterbody, genau oberhalb der Stelle, wo die drei Bergsteiger gesichtet worden waren. Sie konnte zwei verschiedene Routen über das Felsband genommen haben. Die eine war die Rinne auf der rechten Seite, dunkel, nass und mit brüchigem Gestein; die andere war eine schöne, sonnige Kletterroute und begann genau da, wo wir standen.

Auf der Suche nach neuen, noch nicht überlaufenen Routen war ich vor ein paar Wochen ganz in der Nähe gewesen und hatte aus einiger Entfernung in die Rinne geschaut. Sie war eisig gewesen,

und immer wieder waren Eis- und Felsbrocken durch sie hinunter-
gepoltert. Sie war die verkörperte Unberechenbarkeit.

Jetzt war das Eis verschwunden und Wasser lief die Rinne herab.
Meine Kameraden waren der Meinung, die Gruppe sei durch die
Rinne aufgestiegen. Ich hielt das für unmöglich; kein Mensch würde sich freiwillig an einen solchen Ort begeben, sagte ich. Ich war
dabei stark von dem Eindruck beeinflusst, den ich beim ersten Anblick gewonnen hatte. Ich überredete sie, mir auf der sonnigen
Route weiter südlich, der Smith-Route, zu folgen.

Ich hatte mich durchgesetzt, aber die Diskussion hatte in mir
doch genügend Zweifel gesät, dass ich jetzt um jeden Preis beweisen wollte, wie leicht meine Route zu klettern sei. Ich bemühte
mich sehr, die einfachste Linie zu finden und möglichst locker zu
wirken. Die Kletterei war einfach, aber durchaus nicht anspruchs-
los und an der Stelle, die das Bergführer-Handbuch als »schwierig
und überhängend« beschrieb, wurde sie sogar äußerst anspruchs-
voll.

Wir hatten es hier mit dem Schwierigkeitsgrad 5 zu tun. Und
während wir noch darüber nachdachten, hörten wir Stimmen,
und zwar ganz unverkennbar vom oberen Ende der Rinne. Die
nächste halbe Stunde verbrachten wir damit, uns zum Schneefeld
abzuseilen.

Wir beschlossen, dass nur zwei von uns hinaufsteigen sollten,
einerseits wegen der Gefährlichkeit der Rinne, andererseits aber
auch, weil die Stimmen offenbar sangen. Sterling und Doug sollten
herunten bleiben und von hier aus die weitere Organisation übernehmen. Ich konnte mir nicht vorstellen, welche unüberwindliche
Barriere die Menschen da oben von uns trennte, aber irgendetwas
musste es geben, was einen Abstieg unmöglich machte. Ich kletterte also mit Jim los, der der Größte und Stärkste von uns war.

Ich ärgerte mich über meinen eigenen Fehler, passte deshalb nicht
richtig auf und brachte es schon bald fertig, meinen Hammer ka-
puttzuschlagen. Ich fand die Route nicht gerade einfach. Besonders
die letzten zwei Seillängen, in denen man um den Überhang herum-

kommen und das Eis queren musste, konnten einer wenig erfahrenen Gruppe schon Angst einjagen.

Hatte man erst den Überhang geschafft, führte die Route rechts am Eis entlang. Die Gruppe befand sich jenseits des Eises auf den Felsplatten am »Schwanz« des Otterbody, etwa neun Meter über uns und eine halbe Seillänge entfernt. Auf dem Eis lagen beinahe 20 Zentimeter Neuschnee, der gerade nass genug war, um am Eis zu haften, wenn man darauf trat. Aber wir konnten die Strecke bis zu der Gruppe nicht so gut sichern, dass man bei einem Fall noch vor dem Überhang zum Halten gekommen wäre. Wir hatten weder Eishaken noch Steigeisen. Ein Seil von oben wäre die Lösung gewesen. Jetzt erst wandten wir unsere volle Aufmerksamkeit der Gruppe zu, die wir retten wollten. Sie wirkten ruhig. Ob sie ein Kletterseil hätten? Ja. Ob sie uns das Ende zuwerfen wollten? Ja. Der junge Fenniman kam steif an den Rand der Felsplatte, ein Seil in der Hand. Wir baten ihn, die Schlingen kräftig zu schwingen und uns das Seil zuzuwerfen. Er schwang die Schlingen hin und her, ließ sie aber nicht aus. Und noch mal und noch mal. Er wirkte unentschlossen, so als wäre er sich nicht recht sicher, ob er uns überhaupt bei sich oben haben wollte, wo wir die Ruhe stören würden. Er schwang das Seil immer noch. Als wir ihm noch mal sagten, er müsse es loslassen, ließ er es mitten im Schwung los, nicht am Ende des Schwungs, und das Seil fiel ihm vor die Füße. Ob Fenniman nicht vielleicht ein Stück zu uns herunterklettern wollte?

»Nein. Nein. Nein.« Er sprach nicht zu uns, sondern zur Luft und zu dem Fels zu seinen Füßen.

»Bleiben Sie, wo Sie sind!«, riefen wir unisono und versuchten, unsere Stimmen ruhig klingen zu lassen. Wir saßen tief in der Tinte, das war vollkommen klar. Das alles war höchst eigenartig.

Jim riskierte den Aufstieg und wir gesellten uns auf dem Sims zu ihnen. Sie waren zweifellos arg verschreckt und bemühten sich, wieder zu Verstand zu kommen. Sie nahmen unsere Anwesenheit gar nicht richtig zur Kenntnis. Sie lächelten höflich und blickten an uns vorbei, wie es die Fahrgäste in der New Yorker Subway machen. Mary Blade wirkte geradezu heiter. Sie hätten gesungen, erzählte sie uns. Sie erzählte auch, dass es Lester nicht so gut ging. Lester wollte wissen, ob wir Erdbeermarmelade dabeihätten. Hatten wir nicht. Sollten wir aber! Genau das, sagte Lester, erwartete man von uns. Erdbeermarmelade und Tee! Wir verstünden offenbar nichts von unserem Geschäft, meinte er verärgert.

Du meine Güte! Wenn ich gewusst hätte, was wir vorfinden würden, hätte ich eine ganze Kompanie mitgebracht. Aber mit seiner Einschätzung, dass wir nichts vom Geschäft verstünden, lag er nicht so arg daneben. Was sollten wir tun?

Ich gab Jim ein Zeichen und wir stiegen zum nächsten Band auf, um die Sache unter uns zu besprechen.

»Teufel noch mal, was machen wir jetzt?«, fragte Jim.

Jim erzählte mir später, ich hätte mir ganz ruhig eine Zigarette angezündet und geantwortet: »Wir sterben hier alle, das ist es, was wir machen.«

Ich bin froh, dass ich das gesagt habe. Das Leben bietet nicht viele Gelegenheiten, einen solchen Satz zu sagen. Und der Gedanke war auch nicht allzu weit hergeholt. Das Funkgerät funktionierte nicht und wir hatten es fertig gebracht, ohne Ersatzbatterie loszugehen. Ich hielt mich nur mit Mühe davon ab, das Funkgerät den Berg hinunterzuwerfen, aber wenigstens schrie ich es an, schüttelte und verfluchte es.

Schließlich fanden wir eine Stelle, von der aus wir in die Rinne hineinschreien konnten, in der Hoffnung, dass Doug und Ster etwas hörten. Aber das Einzige, was wir ihnen verständlich machen konnten, war, dass sie nicht durch die Rinne raufkommen sollten. Wir konnten ihnen nicht mitteilen, was wir alles gebraucht hätten: eine gewaltig große Rettungsmannschaft, welche die Rinne mit Fixseilen, Sicherungen, Abseilstellen und Leitern präparierte und vielleicht noch ein paar Bahren mitbrachte. Also mussten Jim und ich damit beginnen, die Gesellschaft irgendwie so weit hinunterzubringen, dass wir mit unseren Kameraden Kontakt aufnehmen konnten.

Also los. Unterhalb von uns gab es ein Band, das groß genug war für alle, aber es war so weit entfernt, dass Jim und ich mit der Ausrüstung, die uns zur Verfügung stand, nicht die volle Länge sichern konnten. Ob Fenniman, der Einzige aus der Gruppe, der sich noch halbwegs normal bewegen konnte, wohl in der Lage war, uns zu helfen? Er musste einfach. Die Tatsache, dass wir auf einen Menschen in Fennimans Zustand angewiesen waren, machte das Absurde der Situation deutlich. Wir spielten Existenzialisten.

»Meinst du, dass dieser Felsen halten wird?«

»Wenn nicht, gehen wir runter und rollen ihn wieder rauf.«

Jim sollte einen nach dem anderen zu mir herunterbugsieren, ich sollte die Leute an Fenniman weiterreichen und der sollte ihnen auf das Sims hinunterhelfen. Ich verankerte Fenniman an einem Felsen und gab ihm präzise Anweisungen, die ich mehrmals wiederholte. Dabei versuchte ich mit ihm von gleich zu gleich zu sprechen und durchblicken zu lassen, dass routinierte Bergsteiger wie er und ich einer solchen Lage gewachsen seien.

Es klappte. Er machte genau, was ich ihm gesagt hatte, jedes Mal wieder. Bei aller Verwirrtheit war etwas Heroisches an diesem jungen Mann und ich ertappte mich bei dem Gedanken, dass ich ihn gern unter normalen Umständen näher kennen lernen würde.

Wir hatten gedacht, die Leute könnten einigermaßen zügig absteigen, wenn sie an einem Fixseil eingeklinkt waren, aber da hatten wir uns getäuscht. Sie stolperten über ihre eigenen Füße, fielen in ein Rinnsal, das nur einen halben Meter breit und keine zehn Zentimeter tief war, und überlegten minutenlang, wie sie über einen 20 Zentimeter hohen Stein steigen sollten. Sie machten den Eindruck, als wären die einfachsten Gesetze von Bewegung und Balance für sie schwierige mathematische Probleme. Alle unsere Anweisungen und Erklärungen waren in den Wind gesprochen und allmählich wurden wir gereizt. Aber Gereiztheit würde alles nur verschlimmern.

Erst taktvoll, dann zunehmend energischer versuchten wir sie aus ihrem Trancezustand aufzurütteln. Die Sonne sank, die Zeit lief uns davon und wir mussten sie um jeden Preis in Bewegung halten.

Nachdem der Erste das schneebedeckte Eis hinter sich gebracht hatte, war es nicht mehr schneebedeckt. Von Absteigen konnte jetzt keine Rede mehr sein. Sie rutschten über das nasse Eis und durch kleine Wasserläufe und wurden patschnass. Je nässer sie wurden, desto langsamer bewegten sie sich, aber desto wichtiger wurde es auch, dass wir schnell vorankamen.

Schnelligkeit war unter diesen Umständen arg relativ. Wir banden und lösten Knoten, führten das Seil mit der einen Hand und gestikulierten mit der anderen, die Leute wurden ziemlich grob am Seil entlanggescheucht, gesichert und dann eine halbe Stunde stehen gelassen, bis sie wieder an der Reihe waren.

Als alle auf dem großen Sims unten waren, sah es schon etwas besser aus. Sie wachten allmählich auf und wurden ansprechbar. Sie berichteten so ungefähr, was geschehen war. Wir erfuhren auch ihre Namen und begannen sie als Personen wahrzunehmen. Ich stellte fest, dass die Junes zusammenhielten. Das ist bei Ehepaaren nicht immer der Fall, wenn sie in Bergnot kommen. Janet war am nässesten und fror am meisten, aber ihre Tapferkeit beeindruckte mich. Ich fragte mich, ob Mary Blade sich um Ellis Sorgen machte, und wenn, ob mehr um seine Sicherheit oder wegen der Vorwürfe, die ihm unweigerlich bevorstanden.

Aber es war nicht viel Zeit für solche Gedanken. Im Vordergrund stand die Tatsache, dass wir einen Fehler machen und damit einen Todesfall verursachen konnten, dass aber auch einer sterben konnte, ohne dass wir einen Fehler machten. Lester Germer war offensichtlich der Gefährdetste, aber auch um die anderen stand es nicht gut.

Die Langsamkeit, mit der wir vorankamen, machte mich rasend. Mein Fehler hatte uns zwei Stunden gekostet und das machte in dieser Rinne den entscheidenden Unterschied zwischen Tag und Nacht aus, zwischen warmem Sonnenschein und kaltem Fels, zwischen nassen Seillängen und vereisten Seillängen, zwischen

Schnee, den man zusammentreten konnte, und Schnee, der hart war wie Eis. Mein Fehler konnte für den einen oder anderen den Unterschied zwischen Leben und Tod ausmachen. Sobald du dich zum Retter aufwirfst und die Verantwortung übernimmst, geht alles, was passiert, auf deine Kappe.

Ich versuchte nicht an die Angst und die Leiden der Opfer zu denken. Sympathie half uns nicht weiter. Ob ihre Leiden nun unerträglich waren oder nicht, ob sie sich tapfer hielten oder nicht, wichtig war nur eins: dass wir hinunterkamen.

Wir nahmen wieder Kontakt mit Doug und Ster auf und schrieen ihnen zu, dass wir alles brauchen konnten, was sie hatten, dass sie aber aus der Rinne draußen bleiben mussten. Es muss für sie und die Bergführer, die auch dort warteten, furchtbar frustrierend gewesen sein; der Schatten des Grand Teton legte sich schon über das Tal und wir kamen kaum vom Fleck. Aber der ständige Steinschlag, den wir verursachten, war recht überzeugend. Was wir wollten, war, dass sie das untere Schneefeld für den Abstieg präparierten, damit jeder sofort, wenn er bei ihnen ankam, von Anker zu Anker weiterbefördert werden konnte.

Kurz vor Dunkelwerden rief Jim zu mir herunter, dass zwei von den drei noch Vermissten von oben herabkamen. Die Bedeutung der Tatsache, dass es nur zwei waren, sickerte langsam bei mir ein. Ich konnte mir nicht vorstellen, wie wir den Dritten retten sollten. Wir konnten unmöglich die Rettungsaktion in der Rinne so lang unterbrechen, bis acht Leute mit einer Bahre durchgestiegen waren. Bis dahin wäre bestimmt eins der Opfer an Entkräftung gestorben, außerdem würde es jede Menge Steinschlag unter und über uns geben und es wäre niemand mehr da, um unseren sieben Leuten hinunterzuhelfen.

Als Blade zu mir herunterkam, fragte ich ihn ziemlich zornig, was mit dem Dritten wäre. Der Dritte war Smith gewesen und er war tot. Ich glaubte ihm nicht recht und fragte, ob er auch lang genug gewartet hätte, um sicherzugehen. Blade sagte, Smith sei bereits steif geworden. Aber letztlich war es egal. Inzwischen war er auf alle Fälle tot. Ich beobachtete Joyce und stellte überrascht fest, dass er von allen in der besten Verfassung war. Es war eine angenehme Abwechslung, wieder einmal einen normalen Menschen zu treffen. Er bestätigte Smiths Tod.

Ich hatte Blade und Joyce beiseite genommen, als ich sie befragte, weil ich unter allen Umständen verhindern wollte, dass die Gruppe von Smiths Tod erfuhr. Die Tatsache, dass dieser kräftige junge Mann an Erschöpfung gestorben war, konnte den Überlebenswillen der Übrigen entscheidend schwächen und bewirken, dass wir in der Rinne stecken blieben, während einer nach dem anderen in einer langsamen Kettenreaktion starb. Ich wies Blade an, nicht darüber zu sprechen.

Er ging zu den anderen und hielt eine kleine Rede. Sie sollten durchhalten und mit den Rettern zusammenarbeiten. Das fand ich doch eigenartig. Was sollten sie wohl sonst tun? Und außerdem wunderte es mich, dass sie ihn offenbar immer noch als ihren Führer anerkannten.

Janet wurde noch einmal nass. Sie rutschte aus, fiel in eine kleine Wasserrinne und war zu steif vor Kälte, um sich herauszuwälzen. Ich bekam Angst um sie und beschloss, ihr mit besonderer Zuwendung Mut zu machen. Ich brachte sie hinter einen Felsvorsprung, wo sie ein bisschen Schutz vor dem kalten Wind fand, der von den oberen Schneefeldern kam, und ließ sie ihre nassen Levi's ausziehen. Ich klärte sie auf, dass Jeans in den Bergen das Allerungeeignetste sind, und wrang die Hose aus, so gut es ging. Sie war neu und noch ganz steif. Wahrscheinlich hatte sie sie extra für diesen Urlaub gekauft. Ich gab ihr ein bisschen was zu essen, Sachen, die ich mir aufgehoben hatte für irgendjemand, der sie besonders dringend brauchte. Für mich zum Beispiel. Dann zog ich meinen Lieblingspullover aus dem Rucksack, gab ihn ihr und scherzte, er habe 25 Dollar gekostet und sie solle ihn ja nicht dreckig machen. Aber Janet hatte keinen Sinn mehr für Scherze; sie nahm das ernst.

Rufe von unten. Sie kämen herauf und wir sollten vorsichtig sein und nicht allzu viele Steine lostreten. Ich war heilfroh. In der Klemme zu sein und zu hören, dass die Kumpels unterwegs sind, um dir zu helfen – das ist ein ganz unvergleichliches Gefühl.

Pete Lev und Al Read kamen als Erste. Read ist ein witziger Mann; er hat viel Sinn für lächerliche oder absurde Situationen. Lev ist ein mitfühlender Mensch und war erschüttert von dem Bild, das sich ihm bot (zu diesem Bild gehörten auch Jim und ich). Plötzlich hielt ich es für möglich, dass die meisten von uns lebend hier herauskommen würden. Plötzlich schien der Berg zu wimmeln von Leuten, die wussten, was zu tun war.

Da unten wartete Swedlund, unser Scherzkeks, und ich freute mich riesig auf seine Kalauer. Und auch Horn wartete dort, leistete vermutlich Übermenschliches und rief dabei: »Die Welt ist nur erschaffen, um uns in den Wahnsinn zu treiben.«

Die nächste Seillänge endete auf einem großen Felsblock, der sich am Fuß der Rinne aus dem Boden erhob. Jeder Stein, der die Rinne herunterpolterte, schlug unweigerlich auf diesem Fels auf. Hier wartete Jake. Ich hatte Angst um ihn, weil ich mich an einen Felsblock erinnerte, der uns beide einmal in der großen Eisrinne des McKinley verfolgt hatte. Er aber war bester Laune. So, fand er, musste das Leben sein! »Wie oft hat man es denn so gut, dass man an einem interessanten Berg mit praktisch allen Kumpels beisammen ist?«, sagte er. Seine Fröhlichkeit tat auch den zu Rettenden gut. Als er Vorbereitungen traf, um sie die kleine senkrechte Wand hinabzulassen, sagte er zu ihnen: »Wir arrangieren solche Rettungsaktionen immer in der Nacht, damit die Leute nicht wissen, was unter ihnen liegt.« Er nahm sie in Empfang und sorgte dafür, dass sie in Bewegung blieben. Gut möglich, dass Jake ein paar von den Leuten vor dem Tod bewahrt hat.

Am meisten aber freute ich mich auf Sterling. Wenn ich ihn einmal erreicht und passiert hatte, würde er mich ablösen.

Ich fragte Al und Pete, ob sie das Schneefeld präpariert hätten. Das hatten sie nicht. Es stellte sich heraus, dass die ganze Rettungsmannschaft, Jake Breitenbach, Al Read, Pete Lev, Fred

Wright, Dave Dornan, Herb Swedlund, Mike Ermath, Rick Horn und Dr. Walker ungefähr zu der Zeit am Fuß der Rinne angekommen war, als wir ihr oberes Ende erreichten. Selbst wenn das Funkgerät funktioniert hätte, wäre die Nachricht, dass wir Unmengen an Ausrüstung brauchten, zu spät bei ihnen angekommen. Wieder ging es um die zwei Stunden, die ich verloren hatte. Damit hatten sich meine Hoffnungen, es könne von jetzt an schneller gehen, zerschlagen. Jim und ich hatten fünf Stunden gebraucht, um die Gruppe fünf Seillängen weit herunterzuschaffen. Und es sollte noch sieben Stunden, bis ein Uhr nachts, dauern, bis das letzte Opfer endlich oberhalb des Schneefelds stand. Lächerliche zwei Seile mehr hätten diese sieben Stunden halbiert.

Al und Pete schlugen vor, Jim und ich sollten über das Schneefeld absteigen; sie könnten sich hier oben um alles kümmern. Wir verkniffen uns jeden heldenhaften Protest.

Am Kopf des Schneefelds wurde eine große Plattform zurechtgehauen, breit genug, um alle Opfer und mehrere Retter aufzunehmen. Ich schilderte Sterling die Lage so gut wie möglich und fügte hinzu, es sei nicht sicher, dass alle durchkommen würden. Lester hatte schon darum gebeten, ihn allein zu lassen, weil er sterben wollte. Aber genau dieser Wunsch war es, der die anderen anspornte, ihn am Leben zu halten, und ihnen selbst damit einen Grund zum Durchhalten lieferte.

Jim und ich stiegen ab. Wir hatten weder Eispickel noch Steigeisen. Die Oberfläche des Schneefelds war so hart, dass man die Schuhe nicht weiter als ein bis zwei Zentimeter hineinschlagen konnte. Wir hielten Haken in den Händen, um einen eventuellen Fall zu bremsen, aber das war eine höchst unsichere Sache. Ich sah nicht, wo ich hintrat, und hatte Schwierigkeiten, das Gleichgewicht zu halten, weil meine Beine ziemlich steif waren. Wenn ich schwankte und auf Wassereis trat, dann war es um mich geschehen. Ich würde mit 80 Stundenkilometern den Hang hinabsausen und der Fall würde nur gelegentlich ein bisschen abgebremst werden durch die Eisklötze, auf die ich prallte.

Weiter oben war der Kampf um Leben oder Tod für Fenniman zu einem Kampf zwischen Gut und Böse geworden. Oben am Berg hatte Fenniman eine Zwischenstellung innegehabt und er hatte den Eindruck gewonnen, dass es hier Täter und Opfer gab. Er hatte sich später wieder auf die Seite der Opfer geschlagen. Die Täter, so kam es ihm in seiner Verwirrung vor, zwangen die Opfer zu übermenschlichen Anstrengungen und er war sich nicht sicher, ob sie die Opfer nicht sogar töten würden. Zwölf Stunden zog sich diese Quälerei nun schon hin und ein Ende war noch lang nicht in Sicht. Außerdem war der Berg dicht belebt von Schattenwesen mit Stirnlampen, die aussahen wie einäugige Dämonen. Und Fenniman rastete aus. Auf dem Standplatz nach der ersten Seillänge am Hang band er sich vom Seil ab, ergriff Petes Pickel und verkündete, er werde »sie« umbringen. Pete war doppelt so stark wie Fenniman, aber Fenniman hatte die übermenschlichen Kräfte des Wahnsinns und kümmerte sich außerdem nicht mehr darum, ob er abstürzte oder nicht. Sterling und Rick kamen Pete zu Hilfe und schließlich schlug Rick den Rasenden mit einem gewaltigen Schlag bewusstlos. Rick fürchtete, ihn totgeschlagen zu haben, und gab ihm Ohrfeigen, um ihn wieder aufzuwecken. Er hatte Erfolg, aber Fennimans Meinung von den einäugigen Teufeln wurde durch die Ohrfeigen nicht besser. Von da an war Rick ausschließlich für Fenniman verantwortlich. Als Fenniman merkte, dass er die Dämonen nicht töten konnte, leistete er passiven Widerstand. Er grub die Fersen ein und sträubte sich gegen das Hinunterbugsieren. Sterling und Rick brauchten ihre ganze Kraft, um Fenniman mit Gewalt über den Gletscher hinunterzuschaffen. Und das ganze Rettungsteam war nötig, um ihn aus seinen nassen Kleidern zu schälen, in einen Schlafsack zu stecken und auf eine Trage zu binden. Als er warm wurde, wachte er auf und erzählte ihnen von dem seltsamen Traum, den er gehabt hätte. Fenniman Löwenherz. Seine Tapferkeit war so beeindruckend wie seine Raserei.

Jim und ich legten uns beim Gerätelager schlafen, bis wir den

Hubschrauber hörten, der Fenniman und Germer abholte. Der Rest der Gruppe blieb im Appalachian-Camp. Sie erholten sich alle vollständig, außer Germer, der Erfrierungen davongetragen hatte. Jetzt musste das ganze Material wieder vom Berg heruntergeholt werden, aber ich wurde von dieser Aufgabe dispensiert, weil sich ja jemand um Smith kümmern musste.

Jim und ich wanderten gemächlich aus den Bergen heraus, um eine Nacht in unseren Betten zu verbringen, bevor wir zu Smith hinaufstiegen. Wir sollten den Leichnam nicht herunterbringen. Chief Ranger Ross Dickenson und der Polizeichef riefen Smiths Eltern an und baten um die Erlaubnis, ihn am Berg zu beerdigen. Mir kam das schrecklich vor; es erinnerte mich an Achilles, der Hektor das Begräbnis verweigerte. Ich weiß nicht, wie sie es fertigbrachten, die Eltern darum zu bitten, aber Smiths Eltern waren einverstanden.

Am Montag brachte ein Hubschrauber Rick, Jim und mich auf den Sattel. Das Wetter sah miserabel aus. Bald begann es zu schneien. Wir hielten uns in der Bergführerhütte auf, räkelten uns auf einer Lage von mehreren Schlafmatten und tranken Tee. Rick erzählte von seinen Erlebnissen mit Fenniman. Er hatte sich noch nicht ganz davon erholt und war nicht entzückt von der Aufgabe, die uns bevorstand. Wir wollten auf der Owen-Spalding-Route aufsteigen, knapp unterhalb des Gipfels vorbeigehen und das Schneefeld zur Schulter des Otterbody, wo Smiths Leichnam lag, hinuntersteigen. Wir wollten Smith an Ort und Stelle beerdigen und auf der Rettungsroute absteigen. Der Schneesturm war kein glückliches Vorzeichen. (Diese Klettersaison sollte eine der schlimmsten werden, die wir je hatten.) Owen-Spalding ist zwar normalerweise leicht, aber weil die Route flacher ist, bleibt auch mehr Schnee liegen und auf den Felsen bleibt mehr Eis haften. Das beunruhigte mich. Rick dagegen wurde von etwas ganz anderem beunruhigt: Er hatte noch nie eine Leiche gesehen und fürchtete sich vor dem Anblick.

Es schneite die ganze Nacht und fast den ganzen Dienstag durch;

dann klarte es auf. Wir wollten am Mittwoch noch vor Morgengrauen losgehen.

Die Owen-Spalding-Route läuft über die Schattenseite des Berges. Es war bitterkalt an diesem Sommermorgen und weiter oben
war der Berg völlig vereist. Es hätte geradeso gut November sein
können. Jim und ich kletterten langsam und vorsichtig und sicherten uns an jeder steilen Stelle. Rick hielt das nicht aus; er wollte
möglichst schnell auf den Gipfelgrat und in die Sonne kommen.
Wir konnten ihn nicht zur Vorsicht überreden, also ließen wir ihn
ziehen. Er schoss die 30 Meter bis zum Gipfelgrat in einem Tempo
hinauf, als gäbe es kein Eis. Er war richtiggehend inspiriert. Das
kommt manchmal vor beim Klettern: Man hat das sichere Gefühl,
alles unter Kontrolle zu haben, und kein Zweifel, keine Angst stört
die Konzentration. Aber wir bestanden darauf, dass er sich gut
verankerte, wenn er uns beim Nachsteigen sicherte.

Oben auf dem Grat herrschte wunderbares Sommerwetter. Es
war zwar nicht gerade heiß, weil wir Neuschnee hatten und uns
immerhin auf 4000 Meter Höhe befanden, aber wir konnten doch
unsere steifen Muskeln etwas lockern. Wir wollten für kurze Zeit
Rast machen und uns stärken; nur Rick wollte unbedingt gleich
weiter.

Die Aussicht auf schneebedeckte Gipfel und sommergrüne Täler
war atemberaubend schön. Der frische Schnee blendete die Augen.

Rick wollte nichts essen und wartete ungeduldig. Plötzlich sagte
er: »Ich kann ihn riechen.« Wir lachten ihn aus: »Rick, er liegt 300
Meter unter uns und ist steif gefroren.« Aber wir merkten, dass er
keine Ruhe hatte und es hinter sich bringen wollte. Also brachen
wir wieder auf.

Wir stiegen vorsichtig ab bis zu dem Felsband, welches das Ostwand-Schneefeld vom Otterbody-Schneefeld trennt. Die Leiche
lag auf einem Sims im Felsband. Daneben fanden wir ein leeres
Zündholzbriefchen. Die Zündhölzer lagen herum; alle waren an-
gerieben worden, aber keines hatte gezündet. Wir versuchten uns

vorzustellen, was hier vorgegangen war, aber wir erfuhren es erst drei Jahre später, als John Lipscomb Joyces Bericht über die Vorgänge veröffentlichte. Er lautete folgendermaßen:

Joyce erinnert sich, in Smiths benommene Augen geschaut und erkannt zu haben, dass er schon ziemlich weit weg war. Er sagte: »Smith kann nicht mehr steigen.«

»Natürlich kann er«, sagte Blade. »Wir müssen ihn nur antreiben.« Joyce grub eine Dose Ananas aus seinem Rucksack, seinen Notvorrat. Die drei teilten sich den Inhalt. Smith konnte die Stücke nicht selbst halten. Joyce legte ihm eins nach dem andern in den Mund. Dann tranken sie den Saft.

Blade stieg wieder los. Smiths Augen waren ausdruckslos, aus seiner Haut war alle Farbe gewichen. Joyce erkannte das als Schocksymptome und rief hinter Blade her: »Smith kann nicht weiter.«

»Ich will nichts mehr hören«, sagte Blade. Er stieg sehr langsam. Joyce wollte seinen Arm um Smith legen, um ihm beim Aufstehen zu helfen, aber der wehrte ihn ab. Joyce versuchte es noch einmal. Smith warf wieder in Abwehr die Arme in die Höhe und schlug Joyce ins Gesicht. Dabei fiel ihm ein Handschuh herunter und glitt drei Meter den Hang hinab. Joyce holte ihn und wollte ihn Smith wieder über die Hand ziehen, aber Smiths Hand hatte sich zu einer Klaue versteift und der Handschuh ging nicht drüber. Joyce rief zu Blade hinauf: »Ich glaube, er stirbt.«

»Sagen Sie so etwas nicht«, sagte Blade. »Ich will so was nicht wieder hören.«

Joyce wartete. Blade kletterte immer noch langsam weiter. Schließlich rief er hinunter: »Also los, kommen Sie.«

Joyce antwortete: »Smith ist tot.«

Blade kam herunter. »Das ist ja schrecklich«, sagte er. Er zwängte Smith den Mund auf und blies Luft in seine Lungen.

»Der wird nicht wieder lebendig«, sagte Joyce.

Die beiden sicherten Smiths Leichnam in seinem leuchtend ro-

ten Parka auf dem Sims. Dann stiegen sie wieder aufwärts. »Das war das erste Mal«, erinnert sich Joyce, »dass wir wirklich schnell stiegen.« Nach 30 Metern standen sie am Ostwand-Schneefeld, immer noch gute 300 Meter unter dem Gipfel. Auf dem alten Harsch lagen 30 Zentimeter Neuschnee.

»Dieser Schnee wird nicht halten«, sagte Blade.

»Warum queren wir nicht links hinüber zu den Felsen?«, fragte Joyce.

»Die Route verläuft rechts«, sagte Blade.

»Wir können nicht ewig hier rumstehen«, sagte Joyce. »Was wollen Sie tun?« Blade zögerte. Konnte der Führer Ellis Blade sich jetzt zur Umkehr entschließen, nachdem er tagelang versichert hatte, dass die einzige Chance für die Gruppe darin lag, dass sie aufstiegen? Blade drehte sich um und schaute an Joyce vorbei ins Tal.

Da packte Joyce Blade am Arm und sagte mit Entschiedenheit: »Wir gehen runter, und zwar sofort!« Und die beiden Männer machten sich auf den Rückweg.

Drei Tage lang hatte Blade immer geführt und damit die gefährdetste Stellung innegehabt. Beim Abstieg ist der Erste am Seil von oben her gesichert und normalerweise wird der Erfahrenere als Zweiter gehen. Aber Blade hatte jetzt seinen Führungsanspruch aufgegeben und ging als Erster hinunter, während Joyce ihn sicherte.[1]

Wir nahmen alle persönlichen Dinge an uns, welche seine Familie vielleicht würde behalten wollen, und manövrierten den Leichnam über den Schrund zwischen dem Fuß des Felsbands und dem Otterbody-Schneefeld. Rick musste sich dabei nur um die Seile kümmern. Als Bestattungsplatz wählten wir eine Stelle, wo der Schnee besonders dick lag und vermutlich auch in einem nieder-

---

[1] *Sports Illustrated*, 21. Juni 1965, S. 67f.

schlagsarmen Jahr nicht völlig verschwinden würde. Rick sicherte den Leichnam und ich stand ein Stück weiter unten und dirigierte das Seil dorthin, wo der Leichnam direkt in einen kleinen Kamin am Fuß des Felsbands fallen würde. Jim hielt sein Messer schon in der Hand.

Ich hatte vergessen, eine Bibel mitzunehmen. Jim sagte: »Mach's gut, Kumpel«, machte ein Kreuzzeichen über Smiths Leichnam und kappte das Seil. Wir bedeckten die Leiche zuerst mit kleinen Steinen für den Fall, dass es hier oben fleischfressende Nager gab, und dann noch mit größeren Felsbrocken, um ihn vor den Bewegungen des Berges selbst zu schützen. Denn der Schnee häuft sich auf und schwindet wieder dahin und der Granit des Berges ächzt und knackst und bricht auf seiner langsamen Wanderung in Richtung Tal.

Galen Rowell
aus **Hoch und wild –**
die Welt der Bergsteiger

*Galen Rowell (geb. 1940) ist vor allem als vorzüglicher Berg-
fotograf bekannt, er ist aber auch ein renommierter Bergsteiger und Schriftsteller. Dieser Abschnitt aus seinem 1979 erschienenen Buch* High and Wild: A Mountaineer's World *macht
uns klar, dass es zu den größten Freuden des Bergsteigens gehört, Neues zu entdecken und auf die eigene Kraft vertrauen zu
lernen.*

An einem Freitagabend des Jahres 1971 war ich 200 Meilen öst-
lich von Berkeley in Kalifornien auf einer Straße unterwegs, die
mir so vertraut war wie die Straße, in der ich wohne. Sie führte ins
Yosemite-Tal, in dem ich seit zehn Jahren an den Wochenenden
kletterte. Wenn die kurvenreiche Straße den Nationalpark erreicht
hat, folgt sie dem Merced River durch eine tiefe Schlucht, die sich
später zu einem flachen Tal erweitert. Dieses Tal ist umstanden
von hoch aufragenden Bergen.

Auch wenn man schon hundertmal im Yosemite war, ist man
beim ersten Anblick immer wieder hingerissen. Als ich ein Kind
war, kam mir das Tal bei Nacht vor wie eine Filmlandschaft. Das
Mondlicht reflektierte von den Granitmassiven und ließ sie so klar
und schlicht erscheinen, dass man ihre Größe gar nicht bemerkte.
Das ganze Tal wirkte wie ein kleines Modell seiner selbst. Ich hatte
das Gefühl, ich könnte die Gipfel 1000 Meter über mir mit der
Hand berühren.

Mein Ziel war die Yosemite Lodge. Dort traf ich mich mit einer
Gruppe von Bergsteigern, wie jede Woche. Ein paar Freunde luden

mich ein, sie auf einer Bergtour zu begleiten, die ich schon oft gemacht hatte. Aber obwohl ich eigentlich vorgehabt hatte, im Yosemite zu klettern, hatte ich ganz plötzlich Lust auf Abwechslung
und schlug ihnen etwas anderes vor – die Südwand des Bear Creek
Spire in der John Muir Wilderness, die sich an den Yosemite-Park
anschließt. Dafür konnte sich aber keiner erwärmen. Genauso gut
hätte ich ihnen Patagonien vorschlagen können.

Ich dachte darüber nach, warum ich auf einmal die Lust verloren hatte, im Yosemite zu klettern, und merkte, dass ich den
Drang spürte, der Sicherheit zu entkommen, welche der Yosemite-Park für mich bedeutete. Ich war hier zu Hause; Berge, Gesichter, Geräusche, Gerüche – alles war mir vertraut. Ich gehörte einer
Generation an, die noch mit Ehrfurcht auf Berge geblickt hatte,
welche noch nie bestiegen worden waren. Als ich 1957 im Yosemite anfing, war noch keine der großen Wände bezwungen. Seitdem war jeder größere Berg mindestens auf einer Route bestiegen
worden. Allein auf den Capitan gab es elf Führen, durch die
große Wand des Half Dome vier. Es gab nichts Neues mehr zu
entdecken. Und plötzlich fiel es mir auf die Nerven, dass keiner
der Yosemite-Kletterer den Drang fühlte, sich mit anderen, unbekannten Bergen anzulegen. Ich beschloss, aus dieser Routine aus-
zubrechen und auf den Bear Creek Spire zu steigen, und zwar allein. Der Entschluss zum Alleingang entsprang nicht heroischen
Motiven, sondern einzig der Tatsache, dass keiner mitmachen
wollte.

Ich übernachtete auf einem überfüllten Campingplatz und fuhr
im Morgengrauen zum Tioga-Pass an der Ostgrenze des National-
parks. Von dort ging es noch 160 Kilometer weiter, erst tief hinab
ins Mono-Becken, dann am Fuß der Berge entlang und eine seitliche Stichstraße hinauf auf über 3000 Meter.

Am Ende der Straße sperrte ich mein Zehngangrad an einen
Baum. Ich hatte vor, mit dem Auto zu einem anderen Ausgangs-
punkt zu fahren, zwölf Kilometer weit und 1500 Meter hoch zum
Fuß des Bear Creek Spire zu marschieren, hinauf- und auf der an-

deren Seite wieder herunterzusteigen, das Rad zu holen und damit die 60 Kilometer bis zum Auto zurückzufahren.

Von dem Platz, wo ich mein Rad versteckte, sah ich den Bear Creek Spire in etwa 15 Kilometer Entfernung und ich schaute ihn mir genau an. Ich hatte mich früher gewundert, warum dieser unscheinbare, 4100 Meter hohe Berg, der schon 1923 ohne große Mühe von Westen her bestiegen worden war, »Spire«, also etwa Spitzturm, genannt wurde. Aber als ich zum ersten Mal von einem anderen Berg aus die Südwand erblickte, wurde mir alles klar. Die Wand sah aus wie eine spitze Klinge aus Granit und meines Wissens hatte sich noch niemand an ihr versucht.

Ich fuhr hinab ins tiefste Tal Amerikas, das Owens-Tal, das zwischen den Viertausendern der High Sierra und den White Mountains liegt. Dieses Tal ist im Jahr 1872 durch ein Erdbeben um sechs Meter abgesenkt worden. Ich schlug wieder eine Stichstraße ein, die zur größten Wolfram-Mine Nordamerikas hinaufführt. Dort ließ ich das Auto stehen und ging zu Fuß weiter. Bald hatte ich das Kreischen und Quietschen der Mahlwerke hinter mir gelassen und kam in eine Gegend, die wie ein natürlicher Marmorbruch aussah: Gletscherschliff und Frosteinwirkung hatten weißen Aplit zu glatten Pfeilern poliert, die sich leuchtend vom Granit der Umgebung abhoben. Um Mittag hatte ich die letzten Bäume hinter mir gelassen und lief über das Granitgeröll einer Moräne. Mitten im Gletscherschutt lag ein intensiv grüner kleiner See.

Auf der Höhenlinienkarte war die Südwand als ungefähr 240 Meter hoch und nicht übertrieben steil eingezeichnet. Aber aus der Nähe sah sie wieder genauso eindrucksvoll aus wie damals, als ich sie zum ersten Mal erblickt hatte. Sie war bestimmt 360 Meter hoch und besaß kein einziges nennenswertes Band. Ich überprüfte in Gedanken die Lage. Es war jetzt zwei Uhr nachmittags und ich hatte nur eine Mindestausrüstung bei mir: ein Seil, einen Liter Wasser, ein bisschen was zu essen, einen dünnen Biwakschlafsack und eine Handvoll Haken und Karabiner. Der Nachmittag in der

Wand würde heiß und anstrengend werden, aber das schreckte mich nicht.

Die Kletterei begann mit trügerischer Leichtigkeit. Die ersten hundert Meter seilte ich mich nicht einmal an, weil es immer gut erreichbare Risse und Griffe gab. Ein enger Kamin brachte mich dann schon zum Schnaufen und auf der steilen Wand darüber benutzte ich sicherheitshalber Seil und Haken. Ich kam schön vorwärts, bis ich einen kleinen Sockel erreichte, über dem die Wand völlig glatt war. Ich versuchte es mit Freeclimbing, mit dem Seil als Sicherung, aber ich schaffte es nicht. Über dem einzigen Riss, den ich entdecken konnte, wölbte sich ein zweieinhalb Meter hoher, glatter Überhang.

Ich rutschte zurück auf meinen Sockel, trank den Rest meines Wassers und dachte an den Yosemite. Meine prima Idee, etwas ganz Neues und Abgelegenes zu machen, hatte viel von ihrem Glanz verloren. Ich stellte mir vor, wie meine Kameraden im Tal, rechtzeitig vor der Hitze des Nachmittags von ihren Klettereien zurückgekehrt, mit einem kühlen Bier im Restaurant saßen oder sich in Camp IV, dem Lager der Yosemite-Kletterer, amüsierten. Ich dagegen musste mich mit dem Gedanken an eine kalte Nacht in fast 4000 Meter Höhe und an einen schwierigen Abstieg vertraut machen.

Nach einer kurzen Rast hängte ich eine Schlinge in meinen höchsten Haken und stellte mich hinein. Der Überhang drückte mich hinaus und nach einem vergeblichen Versuch, ihn zu überwinden, stieg ich wieder hinunter. Die Sonne verschwand schon von der Wand und meine beste Chance bestand darin, noch einmal alles zu versuchen, solang der Fels warm war. Diesmal hängte ich eine ganz kurze Schlinge in den Haken, in der ich ein bisschen höher stehen würde als beim vorigen Mal. Hier im oberen Wandteil befand ich mich in einer seichten, senkrechten Verschneidung. Den Ellbogen nach oben gerichtet, musste ich tief in die Trickkiste greifen, um einen halbwegs sicheren Armklemmer zu platzieren. Beim Versuch, mein freies Bein zu bewegen, fühlte ich mich vollkommen hilflos, aber ich unternahm noch eine letzte Anstrengung. Nur am verklemmten Arm im Überhang hängend, zog ich den Fuß aus der Sicherheit der Schlinge und setzte ihn auf den Haken selbst. Jetzt war ich aus dem Gleichgewicht, aber sehr nahe an einem weiten Riss und in einem verzweifelten Move schwang ich mich so hoch hinauf, dass ich eine Faust ins Ende des Risses klemmen konnte.

Ich war so erleichtert, als wäre ein Gewehr auf mich gerichtet gewesen und dann doch nicht losgegangen. Aber die Gefahr war noch nicht völlig vorüber und ich wusste, dass der Schwung, den mir das Adrenalin verliehen hatte, nicht von langer Dauer sein würde. Ich mühte mich diesen Riss entlang weiter hinauf bis zu einem schmalen Band. Ich brauchte lange, bis ich wieder ruhig atmete. Das Band erlaubte es mir, 30 Meter durch die Wand zu queren, und brachte mich zu einem Kaminsystem. Das war mein Glück. Wenn ich in der kurzen Zeit bis zum Einbruch der Dunkelheit zügig vorankam, würde ich nicht auf dem Berg biwakieren müssen.

Das grelle Tageslicht wich der Dämmerung und im Abendlicht breitete sich ein endloses Meer von Bergen vor mir aus. Die Sierra wirkte zerklüfteter denn je. Zu meinen Füßen blühten Bergblumen. Auf diesen Kontrast zwischen nacktem Fels und zartem Leben hatte John Muir angespielt, als er das Gebirge »freundliche Wildnis« nannte.

Ich kletterte den Kamin hinauf, indem ich den Rucksack hinter mir herzog, und stand schon nach wenigen Minuten in den letzten Sonnenstrahlen auf dem Gipfel. Ich wäre gern ein bisschen geblieben, aber es war schon spät. Ich stieg auf der schattigen Nordseite ab und strebte auf bröckligem Fels einer kleinen Wiese zu, die von einem Bach durchflossen wurde. Eine Stunde später beugte ich mich in der Dunkelheit zum Wasser und trank zum ersten Mal seit vielen Stunden.

Ich hatte mich eigentlich an dem Bach nicht länger aufhalten, sondern im Dunkeln weiter absteigen wollen, aber ich merkte, dass meine Beine mich nicht mehr tragen würden. Ohne noch einmal aufzustehen, kroch ich in meinen Biwakschlafsack. Obwohl ich völlig erschöpft war, lag ich noch lange schlaflos, weil die äußerste Anspannung, die der Tag mir abverlangt hatte, nicht so schnell nachließ. Ich war glücklich, dass ich die Kletterei geschafft hatte und lebendig wieder heruntergekommen war. Jetzt beneidete ich meine Kumpels nicht mehr, weil sie sich im Yosemite-Tal amüsierten. Ich war sehr zufrieden, wie ich da ganz allein unter den Sternen einer klaren Nacht dalag.

Vor Morgengrauen war ich schon wieder auf und wanderte durchs Little Lakes Valley zur Stichstraße. Bei Sonnenaufgang war ich bei meinem versteckten Fahrrad und genoss die Abfahrt über 1800 Höhenmeter. Vom Talgrund des Owens Valley musste ich dann wieder 900 Meter aufwärts fahren, und zwar bei schon beträchtlicher Wüstenhitze. Ein halbes Dutzend Mal hielt ich an, um mir den Oberkörper in Bergbächen zu kühlen. Um neun Uhr morgens, weniger als 24 Stunden nach meinem Aufbruch zum Bear Creek Spire, erreichte ich mein Auto. Ich hatte kaum mehr genug Kraft, um mein leichtes Zehngangfahrrad ins Auto zu heben.

Eine solche Solokletterei, wie ich sie hinter mir hatte, ist keine logische Fortführung der Yosemite-Technik, die Wert darauf legt, die Fähigkeiten und Grenzen des Einzelnen zu erweitern, ihn dabei aber durch technische Hilfsmittel schützt. Auch ist das Alleinklettern nicht einfach Mittel zum Zweck, denn es gibt weit leichtere Arten, einen Gipfel zu erreichen. Es ist eine Herausforderung, die man an sich selbst richtet, und der Gewinn ist eine Erweiterung und Schärfung des Bewusstseins und eine ungeheure Befriedigung.

Daniel Duane
aus **Mo, die Berge und ich**

Mancher Bergsteiger verwendet viel Energie auf die Be-kämpfung des Drangs, eine Bergtour oder Expedition abzu-brechen oder gleich ganz mit dem Bergsteigen aufzuhören. Warum nicht Schluss machen und absteigen? Daniel Duane (geb. 1967) versucht in dieser Episode aus seinem 1998 erschie-nenen Roman eine Antwort zu geben. Hier befinden sich zwei Freunde hoch in der 900 Meter hohen El-Capitan-Wand im Yose-mite.

Am späten Vormittag befand ich mich genau unter dem monströ-sen Überhang, der zum letzten Wandstück unter dem Gipfel führ-te, und kletterte über einen lockeren Felsen von der Größe eines Lastwagenmotors. Ich rechnete sicher damit, dass er losbrechen und mich wie Dr. Strangelove ins Tal befördern würde. Ich schaute hinunter auf den kleinen Fleck, der mein Wagen war, auf die winzi-gen Menschen in der Wiese und auf das Ballett der Kraniche, die sich gerade vom Fluss erhoben. Sie stiegen über abgemähte Wiesen und über die hohen Bäume, ließen sich vom Aufwind an den Ca-thedral Spires entlangtragen und steuerten dem Talende zu. Es wirkte fast ein bisschen wie eine Flucht. Und dann sah ich auch den Grund dafür: Der Rauch, der vom Tal aufstieg, hatte uns die Sicht auf ein nahendes Unwetter genommen. Ein grauer Regenvor-hang wischte über die Rauchschwaden im Tal und wahre Sturzbä-che antworteten auf die Gebete der Feuerlöschmannschaft. Ich war nur noch neun Meter unter dem Dach des Überhangs und kletterte schnell darauf zu. Gerade als der Regenvorhang so nahe kam, dass ich das Wasser schon auf den Lippen schmeckte, war ich

unter dem Dach angelangt. Hier gab es nichts, worauf man hätte
stehen können, also schob ich ein paar Klemmkeile in Risse unter
dem Dach, hängte Schlingen ein und befestigte meinen Klettergurt
daran. So baumelte ich in der Luft. Bald strömte der Regen an mir
vorbei. Weil es hier oben kein Pflaster und keine Pfützen gab, auf
denen sie hätten aufplatschen können, fielen die Tropfen lautlos
an mir vorbei und verschwanden im Tal. Ich kam mir vor wie bei
schwerem Schneefall, wenn jedes Geräusch erstickt wird.

Mo kam mir nach, total durchnässt. Wir hingen eng aneinander gedrängt da und hatten Zeit zum Nachdenken. Und Angst begann in uns aufzusteigen. Es war seltsam, ein Unwetter so nahe an
der Quelle zu studieren. Die Wolken waren uns näher als das Tal.
Wir zogen die makabren Leichensäcke aus dem Vietnamkrieg
heraus. Sie hatten einen scheußlichen Plastikgeruch. Ich hängte
mir meinen um, die Riemen des Klettergurts schnitten mir in die
Beine und wir sehnten uns nach Sicherheit und menschlicher
Wärme. Unser Gespräch drehte sich um den wahren Wert oft ver-
kannter Dinge, wie zum Beispiel von weichen Eiern, Sushi und
heißem Sake. Wir hingen den ganzen Rest des Tages da und mur-
melten vor uns hin: »Regen, Regen, gehe fort, geh an einen andern Ort.« Als es Abend wurde, verschwand das Licht ganz un-
auffällig hinter der Regenwand. Kein Sonnenuntergang, kein
Alpenglühen; die Welt wurde einfach unsichtbar. Die Schlingen
und Klettergurte wurden unerträglich unbequem und wir plagten
uns lange Zeit damit, aus Plastiktüten hängemattenähnliche Sitze
zu basteln. Als es dunkel war, öffneten wir eine Dose Minestrone
und aßen sie langsam. Dann tranken wir eine Flasche Burgunder.
Und dann wurde es zu kalt, um irgendetwas zu tun, weil man bei
jeder Bewegung ein bisschen Haut entblößt und noch mehr gefroren hätte.

Das Wasser, das die Wand über uns herabströmte, stürzte von
unserem Dach wie ein Wasserfall. An den Cathedral Rocks konnten wir schäumende Sturzbäche ausmachen. An diesem Tag, unserem dritten in der Wand, hatten wir den Frieden einer Höhle hinter

einem Wasserfall genossen. Aber gegen Mitternacht wanderten die Wasserwirbel immer weiter unter unser Dach herein und unsere Zufluchtsstätte wurde immer kleiner. Meine Finger und Zehen wurden immer kälter und ich zitterte unaufhörlich.

Am anderen Morgen waren unsere Hände dick angeschwollen und mit schmutzverkrusteten Wunden bedeckt. Und am Abend hatten wir unsere letzten Kekse aufgegessen und nichts mehr zu essen übrig. Wir konnten nichts tun als warten und leiden, gefangen in einem Gordischen Knoten von Seilen und Plastik. Ich versuchte wieder einzuschlafen und dachte derweil darüber nach, ob ich hier wohl sterben würde. Aus irgendeinem Grund kam mir das gar nicht mehr so schrecklich vor – vielleicht deshalb, weil ich wusste, warum ich hier war und dass das zu meinem Leben gehörte. Ich kam mir sogar ein bisschen privilegiert vor, weil ich einmal in meinem Leben einen Hochsitz gefunden hatte, der dem Himmel so nah war. In den kalten Nachmittagsstunden kam Südwind auf. Erst war es nur eine Brise, dann wurden die Windstöße heftiger und zerrten an uns. In unseren Leichensäcken bildete sich Kondenswasser, meine Kleider wurden nass. Das Regenwasser fand seinen Weg über die Seile, an denen wir hingen, und drang in die Säcke ein. Am Abend schleuderten uns Windstöße herum wie Schiffe im Sturm. Jetzt hatten wir den Kampf gegen das Wasser verloren. Der Regen peitschte uns ins Gesicht. Ich döste ein und erwachte wieder, schlotternd vor Kälte.

»Mo«, sagte ich, weil ich nicht damit rechnete, er könnte schlafen. »Mo.« Er antwortete nicht, darum zog ich mich hinüber und packte ihn an der Schulter.

Er schreckte mit einem Ruck auf. »Was?«, sagte er verstört. »Was ist los, zum Teufel?«

»Bist du wach?«, fragte ich.

»Du kannst meinen Hut haben, oder was du sonst brauchst. Ich komm schon zurecht.«

Langes Schweigen, während der Wind gegen uns anrannte.

»Ich hab ein bisschen Angst.«

Mo rieb sich im Dunkeln das Gesicht. »Ich auch. Gib mir das Wasser rüber.« Er klang eigentlich nicht besorgt.

Im Tal gingen ein paar Lichter an und bildeten ein Ersatzfirmament für den verhüllten Himmel über uns. Ich konnte mein Zittern nicht kontrollieren und hatte Angst, die Seile könnten einfrieren. Meine Finger waren dick und steif vor Kälte und ich konnte keine Faust mehr machen. Ich schaltete meine Stirnlampe an, um den Anker zu betrachten, der uns an der Wand festhielt. Ein paar Stahlteile spielten die Hauptrolle im Todesdrama von Ray und Mo. Ich fühlte, wie schwer mein Gewicht an diesem Anker hing, und ich hatte einen völlig ungehinderten Blick auf die Tiefe unter mir. Ich stellte mir den Flug durch die Nacht vor – vorbei an dunklem Fels, an Bändern, Rissen und Kavernen, hinab zum Fuß der Wand. Ich stellte mir aber auch vor, ich tränke mit Fiona auf ihrer Veranda Tee und schaute der Brandung zu. Wir hätten eine Liebesnacht hinter uns und nichts zu tun, als zu atmen und dem Leben dankbar zu sein.

Gegen Morgen hörte ich etwas durch das Pfeifen des Windes und das Platschen der Tropfen auf dem Leichensack. Eine Stimme.

»Hast du das gehört?«, fragte Mo und hob den Kopf.

Ich hatte es gehört. Eine Megafonstimme von unten, weit entfernt.

»KLETTERER IN DER WAND«, sagte Yabbers unverkennbare Stimme. Damit meinte er uns. »HEBT EINEN ARM, WENN IHR HILFE BRAUCHT. HEBT BEIDE ARME, WENN NICHT.«

Wir schauten uns lange an und Mo sagte: »Wenn du willst, gehen wir runter.« Ich erinnerte mich an das letzte Mal, als wir aufgegeben hatten (da hatte es nicht einmal einen Sturm gegeben), und an die Entschiedenheit, mit der Mo die ganzen Wasserflaschen ausgeleert hatte. Diesmal war ich halb erfroren und schwach und nicht mehr ganz zurechnungsfähig. Wir hatten nichts mehr zu essen. Bald würde ich unterkühlt sein. Ich sah Yabber vor mir, wie er durchs

Fernglas blickte. Trauer senkte sich über mich beim Gedanken an eine Rettung, teils wegen der Schande des Versagens, teils aber auch, weil ich das Gefühl, die Welt liege weit unter uns, irgendwie angenehm fand. Mir war, als hätten wir endlich den erhabenen Platz gefunden, den wir immer gesucht hatten, das Sprungbrett ins All. Es wurde heller und ich konnte die Schar der Bergretter in der Wiese erkennen – ein paar bunte Flecken. Im Westen ging gerade wieder aus nachtschwarzem Himmel ein Wolkenbruch über die Vorberge nieder. Wahrscheinlich würden sie ein paar Retter an langen Seilen vom Gipfel herunterlassen und uns so hinaufbringen. Ich schaute Mo an, wie er graugesichtig und verschnürt neben mir hing, und dachte: *Das ist nicht mein Leben. Das ist das Leben eines anderen. Eines viel Stärkeren, viel Kaltblütigeren.* Mo schaute mich an und der Regen lief über sein Gesicht wie Tränenströme.

Wenn sich die Nebel teilten, konnten wir die Gestalten im Tal sehen, die uns retten wollten. Mo und ich hatten uns beim Klettern in der Führung abgewechselt und das Risiko geteilt; so war das Ganze eine Sache von uns beiden gewesen. Jetzt aber hatte sich ein drittes Element, nämlich das Unwetter, eingemischt. Nebelfetzen hingen an den Cathedral Spires wie zerrissene Segel an gebrochenen Masten. Eine kurze Zeit lang senkte sich eine Wolke direkt über unsere Wand herab, die alles auslöschte: Himmel, Erde, Sonne, Schatten, sogar die Geräusche.

Mo und ich schauten uns wortlos an und jeder wartete darauf, dass der andere aufgab.

»KLETTERER IN DER WAND, HEBT EINEN ARM, WENN IHR HILFE BRAUCHT. HEBT BEIDE ARME, WENN NICHT.«

Was blieb mir übrig? Es widerstrebte mir, einen Arm zu heben, und ich fühlte heftigen Zorn, der sich gegen nichts Bestimmtes richtete. Dann bewegte ich mich.

Mo hob die Augenbrauen. Er schaute die eine hochgereckte Hand an, die für die Männer im Tal deutlich sichtbar war.

Dann rief Yabber noch einmal. »EINEN ARM FÜR RETTUNG. ZWEI, WENN NICHT.«

Ich bewegte die Zehen in meinen geflickten Schuhen und mit der freien Hand ertastete ich etwas in meiner Tasche: ein paar Schokoriegel. Ein paar tausend Kalorien. Zucker und Süße und Wohlgeschmack und neue Zuversicht. Mo schaute mich noch immer an.

Ich hob den zweiten Arm.

Mo grinste breit und streckte auch beide Arme in die Höhe. Wir hingen da, als hätten wir die Flügel zu einem freudigen Flug gebreitet, oder wie steinerne Engel, die eine große natürliche Kathedrale zierten.

Das Gewitter schmeckte nach Ozean, nach Gischt und Brandung, und es wusch uns rein. Wir aßen die Schokoriegel und wurden von ein wenig Wärme durchflutet. Aber sie hielt nicht lange vor. Lose Seilenden schlugen hin und her, die Klettergurte schnitten immer tiefer ein. Ich ertappte mich beim Beten. Unsere Eisenwaren leuchteten elektrisch und Donnerschläge ließen den ganzen Berg erzittern. Eine Zeit lang dachte ich darüber nach, was alles ich verpassen würde – Evans Hochzeit, die Schönheit großer Städte und vor allem eine Liebe, die möglich gewesen wäre und die jetzt wie die ganz große Liebe wirkte. Ein Windstoß trieb Mo von der Wand weg. »Schau bloß!«, schrie Mo, von Blitzen umzuckt. »Ich fliege!« Aber ich konnte nicht darüber lachen, weil ich selbst im Wind pendelte und weil sich das zu sehr nach Fallen anfühlte. Tonlos sagte ich immer wieder vor mich hin: *Ich will nicht sterben, ich will nicht sterben, ich will nicht sterben.*

Ich bemühte mich diese ganze unendliche Nacht lang, Kopf und Schultern mit dem Leichensack abzudecken. In meinen nassen Füßen war kein Gefühl mehr. Einmal bot mir Mo seine Regenjacke an und bei dieser verrückten Geste fiel mir ein, dass Mo, seit ich ihn kannte, immer solche Angebote gemacht hatte. Er trennte sich leicht von allem, was er hatte, war immer der Gebende und verließ sich darauf, dass das Leben ihn schon an den Platz führen würde, der für ihn vorgesehen war. *Regen, Regen, gehe fort – ja, und wenn der Wind nur gleich mitgehen könnte! Wenn das alles irgendwann ein Ende nähme!* Ich hätte gern gewusst, ob dieses Unwetter gezielt gegen Mo Lehrmann und Raymond Connelly gerichtet war oder ob wir nur zufällig reingeraten waren, so wie man stolpert und vor die U-Bahn fällt. Ich hatte lange unkontrolliert gezittert und gehechelt, aber auf einmal wurde mein Atem ruhig und meine Haut warm. Die Vergänglichkeit der Zeit und des Lebens erschien mir nicht mehr wie eine Tragödie, sondern wie eine beruhigende, erwärmende Tatsache. Mo befand sich auch schon in diesem Zustand – er bewegte sich kaum mehr, seine Lippen waren bläulich und seine Augen geschlossen. Er kämpfte nicht mehr. Das Yosemite-Tal kam mir vor wie ein Himmel, in den man fallen konnte, und ich ließ mich sinken.

Mo rüttelte mich am nächsten Morgen wach. Ich konnte nicht glauben, dass ich nur geschlafen hatte. Der Regen hatte aufgehört und die Luft war kühl und feucht. Eine Atempause. Die Wolken schienen weniger schwarz und vor allem hatte sich der Wind gelegt.

»Glaubst du, dass wir das überleben?«, fragte ich.

»O ja.«

»Ja?«

»Ja.«

»Hart wie unsere Vorväter, was?«

Nebelschwaden bewegten sich wie Rauchringe, tauchten uns einen Augenblick ein und verschwanden dann in einem dankbar begrüßten Flecken Himmelsblau.

Mo hustete leicht. »Wir müssen uns bewegen.«

»Du wirst dich wundern«, sagte ich, »aber ich habe auch schon über unsere Möglichkeiten nachgedacht. Runter kommt nicht in Frage. Aber ich habe eine Idee.«

»Nämlich?«

»Wie wär's mit *rauf*?«

»Guter Gedanke.«

Das schlechte Wetter war noch nicht ganz vorbei, aber wir mussten uns in Bewegung setzen. Mit wunden Händen zog ich mir meinen dampfenden Leichensack ab. Ein Schauder lief mir über den Rücken, als wir uns von unserem Anker ausklinkten und uns zum Klettern rüsteten. Mo ordnete die durchnässten, schweren Seile und bestand darauf, über unser breit ausladendes Dach die Führung zu übernehmen. Und dann kletterte er unter dem Dach entlang, einem Riss folgend, und hängte seine Schlingen in alte Haken. Die Seile waren so nass, dass man sie kaum durch die Ösen der Haken ziehen konnte. Mo plagte sich lange damit, schon halbwegs außen unter dem Dach, Hunderte von Metern über dem Boden. Er bewegte sich langsam und daran merkte ich, wie erschöpft er war.

Ich merkte auch, dass er das Seil nicht durch jeden Haken führen wollte, womit er einen tiefen Sturz ins Leere riskierte. Sein Gesicht rötete sich vor Anstrengung, als er das Seil so weit nachzog, dass er weiterklettern konnte. Langsam fand er seinen Rhythmus und arbeitete konzentriert. Bald hatte er den Rand des Daches erreicht und dann verschwand er mir aus den Augen.

Eine Weile lang hörte ich nur ein gelegentliches *Hm* oder *Wow*, und erst nach einer halben Stunde kam der Ruf: »Stand!« Und eine Viertelstunde später: »Das Seil ist fixiert!« Und wieder zehn Minuten später: »Fertig zum Aufziehen!«

Als er das Seil straff angezogen hatte, löste ich den Sack von der Verankerung. Als ich ihn losließ, schwang er weit hinaus, wieder herein und wieder hinaus. Schließlich bewegte er sich ruckweise aufwärts.

Weil Mo das Seil nicht durch die Haken geführt hatte, schwang auch ich weit hinaus aus der Wand. Ich drehte mich über dem Abgrund, bis ich Galle im Mund schmeckte. Die Berge wischten vor meinen Augen vorbei, als ich mich bemühte, die Jumars ins Seil einzusetzen und mich aufs Wesentliche zu konzentrieren.

Als ich über die Dachkante kam, traf der erste Sonnenstrahl seit 36 Stunden die leicht überhängende, glatte Granitwand über uns. Ein einziger Riss lief die ganze Wand hinauf und machte eine Besteigung möglich. Einer der Haken, die Mo eingeschlagen hatte, wollte nicht wieder raus, und als ich ihn endlich mit aller Kraft losbekam, fiel er gleich ganz heraus – und hinunter. Er fiel und fiel, bis er so klein war, dass ich ihn nicht mehr sah. Ich schlief ein paarmal ein, während ich an einem Stand wartete, und fand mich in einem fernen wunderschönen Garten wieder und Fiona saß neben mir auf einer Bank. Ich hätte viel für ein bisschen Schokolade gegeben.

Oder irgendwas anderes zu essen. Vielleicht Austern – roh oder gegrillt, mit Butter und Knoblauch und ein bisschen Thymian. Und dazu Bier und Clam Chowder, und das alles zusammen mit Fiona in einer Bar in Tomales Bay, während der Novembersturm gegen die Fenster andrängt.

»He, Kumpel«, sagte Mo, der sechs Meter über mir an dem Riss baumelte. »Wie wär's, wenn wir diese Seillänge noch hinter uns brächten?«

Ich war in Gedanken immer noch beim Essen – Fasan, Gemüse, Schokoladendessert – und wollte nicht gern daran denken, wie tief ein einziger Fehler mich würde fallen lassen. *20 Sekunden* würde es dauern, bis ich im Kar zerschellte.

»He, Mo. Denk bloß, wie lang wir fallen würden, wenn wir jetzt fielen.« 21, 22, 23, 24, *He, das ist das Band, auf dem wir letzte Nacht geschlafen haben!*, 25, *Und das ist die Stelle, wo wir angeschissen wurden!*, 26, 27 ...

Mo lachte kurz und legte den Kopf in den Nacken, um zu den Wolken aufzuschauen. »Ziemlich verrückt, das Ganze, was?«

»Total bescheuert.«

»Ja.«

»Glaubst du, dass wir das wirklich erleben?«

»Du meinst, es könnte so eine Art Happening sein?«

Das Unwetter hatte sich noch nicht ganz verzogen; es schien zu

überlegen, ob wir schon genug hatten oder vielleicht doch nicht.
Der sauber gewaschene, glänzende Granit wirkte wie neu erschaffen, wie eine Märchenregion, in die wir durch Zauber gekommen
waren. Die normale Welt lag weit unter uns und war doch irgendwie mit uns verbunden. Der Talboden wurde wieder sichtbar und
mit ihm mein Pickup, der jetzt kleiner aussah als ein Matchbox-
auto. Ich kletterte Mo nach und bemerkte ein gewisses benebeltes
Staunen in seinen Augen, als wäre er der Wirklichkeit ein bisschen
entrückt. Auch er war sehr müde. Er übergab mir alles, was ich
brauchte, um die nächste Seillänge zu führen, dann senkte er den
Kopf zu einem Nickerchen, während ich mich fertig machte. Seine
Hände waren blutig und fast schwarz vor Schmutz. Er hatte seine
Wollmütze bis auf die Augen heruntergezogen.

»Hast du letztens mal in den Spiegel geschaut?«, fragte ich.

»Warum?«

»Du siehst verheerend aus.«

Ich führte die nächste Seillänge über dem gähnenden Abgrund
und hatte eine Menge zu tun. Nachschauen, wie der Riss über meinem Kopf aussieht, Breite und Beschaffenheit einschätzen, aus den
vielen Eisenwaren an meiner Seite etwas Geeignetes auswählen.
Dann hinaufreichen, das Teil in den Spalt drücken und fest hinein-
stoßen. Eine Schlinge einhängen, einen Fuß in die Schlinge setzen,
mich mit beiden Händen am Haken festhalten und meinen Körper
in die Höhe schwingen, bis ich mit der Taille auf Höhe des Hakens
bin. Mich mit dem Gurt am Haken einhängen und sitzen.

Als ich endlich das lange Band erreichte, wo wir ein letztes Mal
biwakieren wollten, ging ich seitwärts, bis ich zu den alten Siche-
rungshaken kam. Dort fand ich eine Plastiktüte mit einem Zettel
drin.

»Sorry«, war auf diesen Zettel gekritzelt. »Wir wussten nicht,
dass ihr da unten wart.«

Und es waren auch Geschenke darin, deren Wert die Spender bei
weitem nicht ermessen konnten: eine Dose Thunfisch, eine
Schachtel Bonbons, ein Joint und vier von den Zündhölzern, die

immer und überall zünden. Damit hatten die Bombenwerfer ihr abscheuliches Verbrechen wieder gutgemacht. Als ich den Sack aufgezogen und Mo sich auf dem Band zu mir gesellt hatte, zeigte ich ihm diese Gaben.

Mo zog die Augenbrauen in die Höhe und dachte konzentriert nach. Dann nickte er, als hätte er eine Erkenntnis gewonnen: »Gut, dass die beiden auf uns geschissen haben.«

»Rettet uns vermutlich das Leben.«

»Das war wirklich ganz prima Scheiße.«

Wir waren halb im Delirium, deshalb lachten wir uns darüber krumm und schief. Mo öffnete die Thunfischdose und enthüllte unser letztes Abendmahl. Wir aßen langsam und mit Bedacht und schlürften das restliche Öl aus. Dann teilten wir die Bonbons auf. Als sich die Schatten auf unseren Lagerplatz legten, holten wir unsere nassen Schlafsäcke heraus und banden uns mit vielen Knoten fest. Wir versprachen uns in die Hand, diese Knoten unter gar keinen Umständen noch mal anzurühren, wenn die Wirkung des Joints einsetzte. Dieser letzte Sonnenuntergang war wie eine Datumsgrenze: Morgen würde unser Leben neu beginnen und unser Waffenstillstand würde zu Ende sein. Aber jetzt war die Wand nur ein riesiger Schiffsbug, der durch die Zeit pflügte. Die Sterne waren wunderbar in dieser Nacht und ich träumte zum ersten Mal seit einer Woche. Es ging um Liebesstunden auf weißen Sofas in sonnendurchfluteten Räumen am Strand, mit windgeblähten Vorhängen und frischer Guacamole.

Am letzten Morgen wachten wir verschmutzt, verschwollen und lahm auf und erlebten den ersten Herbstmorgen des Jahres. Es war windstill und kalt, ein Hauch von Schnee bedeckte die Wiesen im Tal und die Wolken waren verschwunden. Der Gipfel war jetzt für uns trotz Schwäche und Muskelkater leicht erreichbar, deswegen ließen wir erst noch unsere Sachen in der Sonne trocknen. Meine Hände waren in einem furchtbaren Zustand: alle Fingerspitzen blutig, alle Nägel eingerissen, die Gelenke steif und schmerzhafte Schrunden überall. Mein Körper fühlte sich an wie ein einziger

verkrampfter Muskel. Das Unwetter hatte das Feuer im Tal ge-
löscht, nur hie und da kringelte sich noch eine kleine Rauchsäule
empor.

Mo brauchte lang, um die Nachwirkungen des Joints zu überwinden, und so saßen wir stundenlang auf dem Band. Ich fühlte
mich in diesen Stunden Mo mit all seiner Kraft und Heiterkeit sehr
nahe. Friedlich und ruhig, versöhnlich gestimmt und in Einklang
mit der Welt saß ich da, ließ die Füße über dem Abgrund baumeln
und rauchte den Rest unseres Joints.

Der Himmel war so klar, dass mir die Welt auf einmal regierbar
vorkam. Mir fiel ein, dass die ersten Astronauten geweint hatten,
als sie unseren kleinen blauen Planeten sahen. In ähnlicher Stimmung betrachtete ich nun ein Miniaturkalifornien. Der heiße Granit wärmte Körper und Seele und um uns herum dampften die zum
Trocknen ausgebreiteten Kleider. Ich aß mein letztes Bonbon. Ich
sah einen Schmetterling und ein bisschen Gras in den Ritzen, das
die Nähe des Gipfels anzeigte. Das bisschen Grün war uns so will-
kommen wie der erste Vogel einem Schiff, das lang auf See war.
Endlich fühlte ich mich durch und durch trocken.

Als ich nach einem Nickerchen aufwachte, packte Mo gerade
den Sack. Es war schon Mittag.

»Irgendwie geh ich hier nicht gern weg«, sagte Mo. »Aber irgendwie kann ich es auch nicht erwarten, von hier wegzukom-
men.«

Ich hatte diesen Tag so lang herbeigesehnt, hatte so viele Nächte
davon geträumt und jetzt war ich eher traurig. Ich bemerkte, dass
Mo unsere traditionelle Flasche Gipfelwein aus dem Sack geholt
und auf das Band gestellt hatte. Ich fragte ihn, was er vorhätte.

»Ich habe das Gefühl, wir sollten sie hier lassen.«

»Warum?«

»Ich weiß nicht. Ich finde eben, wir sollten etwas dalassen.«

Da konnte man nichts machen.

Wir kletterten langsam und genossen die Wärme und Festigkeit
des hellen Granits. Wir brauchten uns kaum mehr etwas zuzuru-

fen: *Stand. Zieh ein. Nachkommen. Ich komme.* Ein doppelter Regenbogen spannte sich über das Hochland der Sierra, über die scharfe Silhouette der Bergkette, auf der der erste Schnee schimmerte. Diese Augenblicke hätte ich gern in die Ewigkeit ausgedehnt: die Freude, durch ein Seil mit Mo verbunden zu sein, eine klare Aufgabe vor mir, aber keine Vergangenheit hinter mir zu haben. Die Wirklichkeit würde uns nur zu bald wieder vereinnahmen, wir würden wieder andere Menschen werden und es würde wieder manches zwischen uns liegen. Ich führte durch eine nur körperbreite Spalte und fühlte mich matt und gleichgültig. Meine Aufmerksamkeit ließ nach.

»Wir wollen es doch nicht jetzt noch vermasseln, oder?«, sagte Mo.

»Garantiert nicht. Sichere dich gut.«

»Okay.«

Mo hatte mir die letzte Seillänge zum Gipfel überlassen, weil ich mit Gipfeln Probleme hatte und er nicht. Ungefähr um zwei Uhr zog ich mich langsam in der letzten Spalte hinauf, die Mo und ich je zusammen klettern würden. Dann klatschte ich mit einer Hand auf flachen Fels, schob mich über die Kante und war oben.

Das Komische war, dass es hier ein paar kleine Föhren und Sträucher gab und dass sich eine Wiese sanft zu einem Wald senkte. Ein roter Schmetterling saß auf einem schwarzen Felsblock.

Als Mo nachkam, murmelte er irgendetwas vor sich hin.

»Hm?«

»Kein Gipfel«, sagte er. Das schmutzige, nasse Seil lag zwischen uns schlaff auf dem Boden.

»Kein Gipfel?«, fragte ich. Ich schaute mich noch mal um. Und genau das war es, was mich so verblüfft hatte. El Capitan ist eher eine Klippe als ein Turm. Er endet nicht in einer Höhenwelt aus Stein und Licht. Wir saßen plötzlich unter einer Föhre am Boden und ein Eichhörnchen interessierte sich für unsere leeren Dosen. Der Wanderweg ins Tal hinunter verschwand zwischen Büschen.

»Erstaunlich«, sagte Mo, begeistert von dieser Besonderheit.

»Ich kann es gar nicht fassen.« Er grinste in kindlicher Freude über das ganze Gesicht. »Wir sind einfach wieder auf dem Boden.« Und so war es.

H.G. Wells
Mutter und der Mörderberg

H.G. Wells (1866-1946) gelangte mit seinen Romanen und Er-
zählungen zu Weltruhm. Er gilt als Begründer der modernen
Science-Fiction, als genialer Utopist und als humorvoller Ge-
sellschaftskritiker. Sein Gesamtwerk umfasst etwa hundert Bän-
de – darunter auch diese Erzählung über einen Bergsteiger und
seine Mutter.

Soweit ich mich erinnern kann, erwähnte ich bei Gelegenheit
auch, dass ich in Arosa so etwas wie einen Rekord aufgestellt
habe: Ich bin an drei aufeinander folgenden Tagen in drei verschiedene Gletscherspalten gefallen. Das war noch, bevor mich meine
liebe Mutter dort aufgestöbert hat. Als sie damals eintraf, sah ich
auf den ersten Blick, wie müde, erschöpft und besorgt sie war, und
statt es zuzulassen, dass sie sich im Hotel herumärgerte und in ein
ermüdendes Gewirr von Klatschgeschichten verwickelt wurde,
schnappte ich sie und zwei Rucksäcke und brach zu einer langen,
erfrischenden und gemächlichen Wanderung nach dem Norden
auf, bis eine Blase auf ihrem Fuß uns zwang, im Hotel Magenruhe
auf dem Schneejoch Halt zu machen. Sie war fürs Weitergehen, ob
mit oder ohne Blase – so viel Mut ist mir mein ganzes Leben noch
nicht untergekommen –, aber ich sagte: »Nein. Das ist ein Berg-
steigerhotel und passt mir ausgezeichnet, oder ganz und gar –
wenn dir das lieber ist. Du wirst auf der Terrasse beim Fernrohr
sitzen und ich streune ein bisschen zwischen den Gipfeln herum.«

»Dass dir auch nichts zustößt«, sagte sie.

»Das kann ich dir nicht versprechen, meine liebe Mutter«, sagte

ich, »aber ich werde immer daran denken, dass ich dein einziger
Sohn bin.«

So streunte ich also herum.

Ich muss wohl nicht eigens betonen, dass ich innerhalb von ein
paar Tagen mit allen Bergsteigern des Hotels zerstritten war. Sie
konnten mich nicht aussieben. Sie mochten meinen Hals mit dem
kräftigen, schönen Adamsapfel nicht – waren ihre Köpfe doch
meistenteils dicht auf die Schultern gequetscht – und sie mochten
die Art nicht, wie ich mich benahm und meine Fliegernase hoch
bis zu den Berggipfeln trug. Sie mochten es nicht, dass ich Vegeta-
rier war und mich dabei offensichtlich auch noch wohl fühlte,
und schließlich mochten sie die Farbschattierungen meines großen Sergeanzuges – orange und grün – nicht. Alle waren sie von
der verstaubten Sorte – die Art von Männern, die ich, vornehm
ausgedrückt, Dummköpfe nenne –, verängstigte, penible Kreatu-
ren, zumeist aus Oxford, die sich beim Klettern ebenso feierlich
anstellten wie eine Katze beim Eierbraten. Neunmalklug waren
sie, eifrige Jasager und »So-etwas-würden-wir-niemals-wagen«-
Philosophen. Sie befolgten alle Anweisungen in Büchern und
Führern und stuften sich nach ihren Saisonen ein: Einer war in
seiner neunten Saison, ein anderer in seiner zehnten und so fort.
Ich war ein Neuling und musste schon dankbar sein, wenn sie
mich überhaupt in ihrem Kreis duldeten. Genau meine Art! Ausgerechnet das!

Gewöhnlich saß ich im Raucherzimmer, schmauchte eine Pfeife
reinen Kräutertabaks – sie behaupteten, er röche wie brennender
Gartenmist – und wartete darauf, in die Unterhaltung eingreifen
und in ihren dumpfen Köpfen einen kleinen Geistesblitz entzün-
den zu können. Sie wiederum legten ihre angeborene Zurückhal-
tung völlig ab und taten ihr Bestes, um mir zu zeigen, wie wenig sie
mich mochten.

»Ihr Burschen nehmt diese verdammten Berge zu ernst«, sagte
ich. »Sie sind nichts als ein Spaß und einen Spaß solltet ihr euch
auch daraus machen.«

Sie sahen mich nur an.

»Ich mache mir nichts aus diesem Getue. Früher sind die Bergsteiger mit Alpenstock, Leitern und fröhlichen Herzen aufgestiegen. So stelle ich mir das Bergsteigen vor.«

»Wir nicht!«, sagte ein sonnenverbrannter Gipfelstürmer, das Gesicht voller Blasen und Hautschuppen, und zwar in einem Ton, der mich niederschmettern sollte.

»Das ist aber die einzig richtige Einstellung«, sagte ich gelassen und paffte an meiner Pfeife.

»Wenn Sie erst ein bisschen Erfahrung haben, werden Sie anders denken«, sagte ein zweiter, ein nicht mehr ganz so junger Mann mit einem kleinen grauen Bart.

»*Mich* hat Erfahrung noch nie etwas gelehrt«, sagte ich.

»Offensichtlich nicht«, sagte irgendwer, nun stand's eins zu null und ich war wieder dran. Ich blieb ganz ruhig.

»Ich möchte noch den Mörderberg machen, bevor ich absteige«, sagte ich schlicht und erregte damit einiges Aufsehen.

»Wann steigen Sie ab?«

»In einer Woche oder so«, erwiderte ich ungerührt.

»Das ist aber keine Klettertour, die ein Mann im ersten Jahr schon in Angriff nehmen sollte«, sagte der Mann, dessen Haut sich schälte.

»*Sie* vor allem sollten es nicht versuchen«, sagte ein anderer.

»Sie werden keine Führer finden.«

»Eine Tollkühnheit!«

»Bloße Angeberei!«

»Den möchte ich sehen!«

Ich ließ sie ein bisschen quengeln, und als sie sich beruhigt hatten, warf ich gedankenversunken ein: »Höchstwahrscheinlich nehme ich meine liebe Mutter mit. Sie ist zierlich, Gott sei Dank, und sehr zäh.« Aber an meinem schlecht verhüllten Lächeln erkannten sie, dass sie gereizt wurden, begnügten sich dieses Mal mit Knurren und ähnlichen unverständlichen Lauten und begannen dann mit gedämpfter Stimme ungezwungene Gespräche, von

denen ich ganz offenkundig ausgeschlossen wurde. Damit aber
erreichten sie nur, dass sich mein Entschluss festigte. Ich kann
sehr hartnäckig sein, wenn man mich zum Äußersten treibt, und
folglich beschloss ich auch, dass meine liebe Mutter den Mörderberg, auf dem nicht die Hälfte dieser ehrwürdigen Könner gewesen war, besteigen *wird*, auch wenn ich bei diesem Unternehmen
den Tod finden oder verwaisen sollte. Also besprach ich am
nächsten Tag mit ihr die ganze Angelegenheit. Sie lag in einem
Liegestuhl auf der Terrasse, ganz in Decken gehüllt, und betrachtete die Gipfel.

»Gemütlich?«, fragte ich.

»Sehr!«, erwiderte sie.

»Erholst du dich?«

»Es ist sehr wohltuend.«

Ich schlenderte zum Geländer der Terrasse. »Siehst du den Gipfel dort?«

Sie nickte selig mit halb geschlossenen Augen.

»Das ist der Mörderberg. Übermorgen müssen wir beide dort
oben sein.«

Ihre Augenlider hoben sich ein wenig. »Wird das nicht ein recht
schwieriger Aufstieg. Liebling?«, fragte sie.

»Das werde ich schon schaffen«, sagte ich und sie schloss mit einem zustimmenden Lächeln die Augen.

»Wie du meinst«, sagte sie dann.

Am Nachmittag ging ich ins Tal nach Daxdam, um Ausrüstung,
Führer und Träger zu organisieren, und verbrachte den folgenden
Tag beim Gletscher- und Felstraining oberhalb des Hotels. Das
trug auch nicht zu meiner Beliebtheit bei. Zwei kleine Fehler unter-
liefen mir. Beim ersten rutschte ich in eine Gletscherspalte – darin
habe ich es schon zu meisterhafter Geschicklichkeit gebracht –
und drei Männer, die gerade zum Kinderspitz aufbrechen wollten,
brauchten dreieinhalb Stunden, um mich wieder herauszuholen.
Beim zweiten musste ich meinen Eispickel auf eine kleine Gruppe,
die auf den Humpi-Gletscher wollte, fallen lassen. Er traf nieman-

den, aber gemessen an dem Gebrüll, das sie erhoben, hätte man meinen können, jedem einzelnen von ihnen wäre der Schädel eingeschlagen worden. Sie stießen fürchterliche Flüche aus, auch die drei Damen in ihrer Mitte.

Tags darauf kam es dann fast zu einem organisierten Boykott unseres Unternehmens. Sie kamen mit dem Wirt, beschwatzten meine Mutter und taten alles, um meine zwei Führer in schlechtes Licht zu rücken. Der Bruder des Wirtes hatte einen handfesten Streit mit ihnen.

»Vor zwei Jahren«, sagte er, »haben sie ihren ›Herrn‹ verloren.«

»Kein Grund«, warf ich ein, »weshalb Sie Ihre Haare nicht behalten sollten.«

Daraufhin war er still, denn einem mehrsprachigen Wortschatz war er nicht gewachsen und er schluckte lang an dem Brocken.

Dann kam der Mann mit dem Sonnenbrand vorbei und machte Anstalten, unsere Ausrüstung zu überprüfen. »Haben Sie dies?«, ging es und »Haben Sie das?«

»Zwei Dinge«, sagte ich und starrte streng auf seine Nase, »haben wir nicht vergessen. Das eine sind Windjacken, das andere ist Vaseline.«

Unser Aufbruch ist mir noch heute lebhaft in Erinnerung. Der Pass lag ungefähr 100 Fuß unter dem Hotel. Das Hotel selbst – es bestand fast nur aus dem Namen und den Fenstern – hob sich auf einem großen, öden Felsplateau gegen riesige Blöcke grün geäderten Gesteins ab, die hie und da mit Schneeflocken und dunklen Alpenrosensträuchern gesprenkelt waren und vielleicht 300 Meter gegen den westlichen Ausläufer des Massivs aufragten. Vor uns lag der Steig, wand sich zwischen den Felsen hinunter zu Trittsteinen, die über einen Bach führten, stieg dann am anderen Ufer wieder gegen den Magenruhe-Gletscher an, wo wir die Felswände zur Linken überwinden mussten, um dann über den Eissturz die Felsvorsprünge auf dem abschüssigen Steilhang der Westseite zu erreichen. Es dämmerte, die Sonne war noch nicht aufgegangen, alles über uns sah eiskalt und blau und unermesslich aus. Jeder war aus dem Hotel gekommen, um in dem Durcheinander des Aufbruches zu helfen – einige in geradezu peinlichen Morgenröcken –, und alle standen nun still in einer Gruppe zusammen und schauten uns nach. Das Letzte, was ich aufschnappte, war: »Sie werden umkehren müssen.«

»Wir werden heil zurückkommen«, antwortete ich. »Keine Angst!«

Und so machten wir uns auf den Weg, ruhig und vorsichtig, überquerten den Fluss, gingen hinauf und weiter hinauf, den steilen Schneefeldern und dem eisbedeckten Rücken des Mörderberges entgegen. Ich weiß noch, dass wir eine Zeit lang in völliger Stille dahinmarschierten und wie dann plötzlich die Umgebung in der aufgehenden Sonne erglänzte und wir im selben Augenblick zu plappern begannen, als wären unsere Zungen sozusagen erst aufgetaut.

In meinem Gepäck befanden sich ein, zwei Dinge, die ich vor den Leuten im Hotel geheim gehalten hatte. Auch war ich nicht daran interessiert gewesen, ihnen zu erklären, weshalb ich für eine Last, die zweieinhalb Männer spielend geschafft hätten, fünf Träger benötigte. Aber als wir zum Eissturz kamen, deckte ich meine Karten ein wenig auf und schnallte eine feste, aus Schnüren geflochtene Hängematte für Mutter los. Wir legten sie darauf, wickelten eine Decke herum, die wir mit ein paar Stichen zunähten, dann seilten wir uns der Reihe nach an, je ein Führer am Anfang und am Ende, ich als Vorletzter, und Mutter, von zwei Trägern getragen, in der Mitte. Ich steckte meinen Alpenstock durch zwei Löcher, die ich unterhalb des Rucksackes in die Achselstücke meiner Jacke geschnitten hatte, so dass er links und rechts über die Schultern hinausragte. Sollte ich nämlich – wie es ja immer wieder vorkam – in eine Gletscherspalte stürzen, würde er sich in den Seitenwänden verkanten, so dass der Sturz aufgehalten und ich leicht am Seil wieder hochgezogen werden konnte.

Und so kamen wir, von ein oder zwei Abrutschern, über die Mutter kicherte, abgesehen, ohne Zwischenfälle voran.

Dann folgte die Felskletterei auf der anderen Seite, die uns sehr viel Umsicht abverlangte. Wir mussten von Kante zu Kante, wie es sich gerade ergab, und dabei erwies sich meine liebe Mutter als wahrer Segen. Nachdem wir sie über die große Spalte – ich habe vergessen, wie sie heißt – gezogen hatten, packten wir sie aus und jedes Mal, wenn wir eine neue Kante erreichten, nahmen sie die beiden Träger und hoben sie hinauf – sie war ja so leicht –, worauf sie dann jeweils dem Hintermann ihr Bein hinstreckte, an dem er sich festhalten und hochstemmen konnte. Sie sagte, dass wir ihr noch den Fuß ausreißen würden, was uns beide so zum Lachen brachte, dass die ganze Mannschaft auf uns warten musste.

Diese Etappe war alles in allem ziemlich anstrengend – wir benötigten zwei Stunden dafür, bevor wir das Felsgeröll auf dem Grat erreichten. »Der Abstieg wird ärger«, sagte der erste Führer.

Ich schaute zum ersten Mal zurück und gebe zu, dass mir dabei fast ein bisschen schwindlig wurde. Der Gletscher lag niedlich unter uns, durch einen schwarzen, klaffenden Abgrund von den Felsen getrennt. Eine Zeit lang war es recht schön, die felsige Kante des Grates hinaufzuklettern, und nichts Besonderes ereignete sich, außer dass einer der Träger zu murren begann, weil ihn ein Stein, den ich losgetreten hatte, am Schienbein traf. »Künstlerpech«, sagte ich, was er nicht ganz einzusehen schien, und als ich ihn mit einem zweiten nur knapp verfehlte, brach er in ein langes Jammergeschrei aus, in einer Sprache, die er wohl für Deutsch hielt. Ich jedenfalls verstand kein Wort und konnte mir absolut keinen Reim darauf machen.

»Er sagt, dass du ihn beinahe ermordet hättest«, sagte meine liebe Mutter.

»Sie sagen«, gab ich zurück. »Was sagen sie? Sollen sie doch ...«

Ich war für eine Rastpause, um ihn zu sättigen, aber der erste Führer ließ es nicht zu. Er meinte, wir hätten ohnehin schon Zeit verloren und das Queren des Hanges auf der anderen Seite werde gefährlicher, je höher die Sonne steige, weil dann häufiger Lawinen abgingen. Also machten wir weiter. Als wir über die Kante auf die andere Seite gelangten, blickte ich auf das Hotel hinunter – nun ein unscheinbares, winziges Rechteck – und machte eine spöttische Geste für den Fall, dass uns irgendwer durch das Fernrohr beobachtete.

Als wir in eine Steinlawine gerieten, nahm der hinterste Führer seine Zuflucht zu lautem Beten, aber außer einem bisschen Schnee bekamen wir nichts ab. Nun hatten wir nur noch einige Meter bis zum Ende des Eissturzes. Im Augenblick befanden wir uns auf einem überhängenden Felsstück, sonst aber mussten wir die ganze Zeit über die Trittstufen klettern, die vom vordersten Führer in das Eis geschlagen und von den Trägern noch zusätzlich ausgetreten wurden. Die Lawine war viel eindrucksvoller, bevor wir sie sahen. Zuerst polterte und donnerte sie über unseren Köpfen und dann verursachte sie einen ungeheuerlichen Tumult in der blauen Tiefe unter uns, aber in dem Augenblick, da sie an uns vorbeistürzte, war alles eine recht lahme Darbietung – die meisten Steine kleiner als ich.

»Alles in Ordnung?«, fragte der Führer.

»Besser denn je«, antwortete ich.

»Sind wir wirklich nicht in Gefahr, Liebling?«, fragte meine liebe Mutter.

»Wir sind ebenso sicher wie auf dem Trafalgar Square«, beruhigte ich sie. »Komm nur, Mütterchen.«

Mit überraschender Behändigkeit kam sie meiner Aufforderung nach.

Die Traverse führte uns zuletzt auf verharschten Schnee, wo wir uns ausruhen und etwas zu uns nehmen konnten. – Wir waren sowohl über die Rastpause als auch über das Essen herzlich froh. Aber nun häuften sich die Schwierigkeiten mit den Trägern und Führern. Sie waren ohnehin schon ein bisschen verärgert über meinen sorglosen Umgang mit losen Steinen, aber jetzt schlugen sie einen gewaltigen Krach, weil wir statt des üblichen Branntweins bloß alkoholfreien Ingwerlikör mitgenommen hatten. Aber dass sie wenigstens davon gekostet hätten! Nicht einen Schluck! Daraufhin entspann sich dort oben in der dünnen Luft ein merkwürdiges kleines Streitgespräch über Qualität und Nährwert von Lebensmitteln und über die Vorteile von Brötchen mit Erdnussbutter. Diese seltsamen Leute hatten sich mit Leib und Seele einer verdorbenen und verderbenbringenden Lebensweise verschrieben. Sie wollten Fleisch, sie wollten Alkohol und sie wollten Narkotika rauchen. Man möchte meinen, dass Leute wie sie, die in fast unmittelbarer Berührung mit der Natur leben, auch natürliche Nahrungsmittel, wie Plasmon, Protose, Plobose, Digesrin usw. schätzten. Aber die nicht! Sie waren geradezu versessen auf alles Verdorbene. Als ich davon sprach, reines Wasser zu trinken, spuckte einer der Träger in unzweideutiger Weise über den Steilhang. Von diesem Zeitpunkt an herrschte Missstimmung vor.

Nachdem der erste Führer vergeblich versucht hatte, uns zur Umkehr zu bewegen, brachen wir um halb zwölf wieder auf. Wir hatten nun den Abschnitt erreicht, der als schwierigstes Stück der Mörderberg-Besteigung gilt, die Kante nämlich, die zum Schneefeld unterhalb des Bergkammes führte. Aber an dieser Stelle gerieten wir plötzlich in eine warme Luftströmung aus südwest und alles – so behauptete der Führer – war anders als sonst. Gewöhnlich lag auf dieser Kante über dem Felsuntergrund eine Eiskruste. An diesem Tag aber war der Boden nass und weich, so dass man Stapfen hineintreten und mit den Schuhspitzen ganz leicht bis auf den Fels stoßen konnte.

»Hier ist Herrn Tomlinsons Gruppe abgestürzt«, bemerkte einer der Träger ungefähr zehn Minuten später, nachdem wir die Kante in Angriff genommen hatten.

»Es soll Leute geben, die sogar aus einem Himmelbett fallen«, gab ich zurück.

»Bevor wir zurückkehren, wird alles wieder zugefroren sein«, sagte der zweite Führer, »und wir haben nichts im Leib als diesen verdammten Ginger.«

»Sie halten lieber das Seil straff«, sagte ich.

Genau in dem Augenblick, da Mutter zu ermüden begann, kam

ihr eine gnädige Felskante zu Hilfe und wir nähten sie bis auf die
Füße in ihre Hängematte ein und seilten sie an; sie stieß leicht gegen den Fels und manchmal hing sie, langsam rotierend, direkt
über dem Bodenlosen, während wir anderen mit tödlicher Verbis-
senheit das Seil festhielten.

»Liebling«, sagte sie beim ersten Mal, »ist es wirklich *richtig*,
dass ich so etwas tue?«

»Vollkommen richtig«, erwiderte ich, »aber es wäre entschieden
besser, wenn du bald mit den Füßen Halt finden könntest.«

»Besteht wirklich keine Gefahr, Liebling?«

»Nicht die Spur.«

»Und mache ich dir wirklich nicht zu viele Umstände?«

»Aber im Gegenteil, du spornst mich an!«

»Die Aussicht«, sagte sie, »wird zweifellos sehr schön werden.«
Aber im Augenblick war von Aussicht keine Rede, Wolken und
dünne Schleier von nassen Schneeflocken hüllten uns ein.

Ungefähr um halb zwei erreichten wir das obere Schneefeld. Die
Schneedecke war außerordentlich weich. Der erste Führer sank bis
zu den Achseln ein. »Macht es wie die Frösche!«, sagte ich und
streckte mich in einer Art Schwimmhaltung flach auf dem Boden
aus. So bahnten wir uns einen Weg bis zum Kamm und kletterten
dann diesen entlang. Wir bewältigten immer nur kurze Etappen
und hielten dann, um Atem zu schöpfen. Mutter schleiften wir in
ihrer Hängematte hinter uns her. Manchmal trug uns der Schnee,
so dass wir hübsch an der Oberfläche blieben, manchmal war er so
weich, dass wir regelrecht hineintauchten und der Schnee um uns
aufspritzte. Einmal geriet ich zu nahe an die Schneewechte und sie
brach unter mir ein, aber das Seil rettete mich. Wir erreichten den
Gipfel um ungefähr drei Uhr ohne weiteres Missgeschick. Der
Gipfel war nichts als nackter Fels mit den üblichen Geröllhalden
und einem Holzmasten. Nicht überwältigend. Das Schneetreiben
und die Wolkenfetzen waren verschwunden, die Sonne brannte
heiß herab und wir glaubten, die ganze Schweiz zu überblicken.
Zu unseren Füßen lag das Hotel Magenruhe, sozusagen senkrecht

unter unseren Nasenspitzen. Wir kauerten auf den Steinen und die Träger und Führer wurden zu Ginger und Schinkenbrötchen nach Vegetarierart verdonnert. Ich schnitt und ritzte eine Inschrift ein, die besagte, dass ich mit natürlicher Verpflegung aufgestiegen war und damit einen Rekord aufgestellt hätte.

Vom Gipfel aus sahen die Schneefelder auf der Nordostseite des Berges ausgesprochen schön aus und ich erkundigte mich beim ersten Führer, weshalb diese Route normalerweise nicht genommen wurde. Seinem merkwürdigen Deutsch konnte ich entnehmen, dass Steilhänge etwas damit zu tun hatten.

Unser Aufstieg war bisher ganz vorschriftsmäßig verlaufen, nur hatten wir relativ lange gebraucht. Erst beim Abstieg machte sich dann mein Hang zu spontaner Originalität bemerkbar. Ich verzichtete auf dem oberen Schneefeld auf das Seil, weil Mutters Hände und Füße schon ganz durchgefroren waren und sie ein bisschen Bewegung machen sollte. Und bevor ich es noch verhindern konnte, glitt sie aus, versuchte, wieder hochzukommen, wobei sie sich den Abhang *hinunter-* statt hinauffallen ließ, wie es richtig gewesen wäre, und kollerte voran weiter und immer weiter hinunter, genau diesen verdammten Steilhängen des Führers entgegen, die zum unteren Schneefeld hin abfielen.

Ich verlor natürlich keine Sekunde, stürzte ihr nach und schlitterte, den Pickel hoch in der Luft, hinunter. Ich bin mir nicht ganz im Klaren, was ich überhaupt vorhatte. Vermutlich wollte ich sie einholen und stoppen. Jedenfalls hatte ich keinen Erfolg damit. Binnen 20 Sekunden saß ich schon auf dem Boden und rutschte unaufhaltsam hinunter.

Nun sind ja große Entdeckungen meist das Ergebnis von zufälligen Missgeschicken und ich behaupte, dass Mutter und ich in jenem Moment zwei verschiedene, absolut neuartige Methoden entdeckten, einen Berg hinunterzugelangen.

Zuerst benötigt man dazu einen Schneehang mit einer Lage weichen, nassen Schnees über der Eiskruste, dann einen Abhang mit einer schneebedeckten Böschung, die anfangs steil, dann flach abfällt, schließlich – je nach Belieben – weitere Schneehänge und Steilstücke und am Ende ein Schneefeld oder einen nicht zu sehr zerklüfteten Gletscher oder einen vernünftigen, nicht zu felsigen Hang. Dann ist alles kinderleicht.

Mutter verfiel auf die seitliche Methode. Sie kollerte. Da der Schnee leicht haftete, verwandelte sie sich binnen 30 Sekunden in den lustigsten kleinen Schneeball und verursachte die schönste und ausgiebigste Lawine, die man sich nur wünschen kann. Ein Haufen Schnee ging vor ihr ab und genau das ist die Quintessenz unserer beiden Methoden. Sie müssen auf Ihren Schnee fallen, nicht Ihr Schnee auf Sie, denn er wird Sie erdrücken. Und Sie dürfen nicht zwischen herumliegende Steine geraten.

Ich wiederum stürzte mit den Füßen voran hinunter, einem Schneepflug nicht unähnlich; langsamer als Mutter, aber wenn auch mit weniger Anmut, so doch mit mehr Würde. Auch hatte ich die bessere Sicht. Dennoch handelte es sich zweifelsohne immer noch um einen rasanten Abgang. Als Mammie über die Kante hinaus ins Leere glitt und verschwand, unterdrückte ich einen Aufschrei.

So lange, bis ich von der Böschung des Steilhanges abhob, war alles wie eine mörderische Schlittenfahrt – dann aber glich alles einem Traum.

Immer habe ich gedacht, ein solcher Sturzflug müsse furchtbar sein. Aber das war er nicht im Mindesten. Wochenlang hätte ich so in der Luft hängen können, mit dem stiebenden Schnee um mich herum, so erfüllt war ich von einer tiefen, heiteren Ruhe. Ich war in diesem Augenblick davon überzeugt, dass ich so gut wie tot war, aber es machte mir nichts aus. Ich empfand keine Furcht – noch mehr –, ich spürte nicht das leiseste Unbehagen. Dann aber – bums! Wir waren irgendwo aufgeprallt und ich glaubte in Stücke zu zerspringen. Aber wir waren nur auf dem Schneehang unten gelandet, der so steil abfiel, dass der Sturz kaum gebremst wurde. Und schon ging's wieder abwärts. Allerdings sah ich von da an nur mehr wenig, da mein Kopf völlig in Schnee steckte, aber ich konnte die Füße in einer Art Sitzhaltung vorne halten, wurde langsamer, wurde schneller, hopste zuerst leicht, dann heftiger, hopste noch einmal und noch einmal und kam dann zum Stillstand. Diesmal war ich ganz im Schnee vergraben, schwere Schneemassen lasteten auf meiner rechten Schulter, als ich mich zur Seite wälzte.

Eine Weile saß ich ruhig da und genoss die Stille – dann machte ich mir darüber Gedanken, was aus Mutter geworden war, und bemühte mich, mich aus den Schneemassen zu befreien. Es war gar nicht so leicht, wie man annehmen würde; der Schnee bestand ganz aus Klumpen und Hohlräumen, wie ein riesiger Schwamm. Ich verlor die Nerven, kämpfte und fluchte ganz anständig, dann aber schaffte ich es doch. Ich kroch heraus und befand mich am Rande riesiger Schneehaufen, ganz nahe beim oberen Teil des Magenruhe-Gletschers. Und weit entfernt, ganz oben am Gletscher, auf der anderen Seite, entdeckte ich ein winziges Etwas wie eine Küchenschabe, die in der Mitte eines ungeheuren geborstenen Schneeballs um sich schlug.

Ich legte meine Hände an den Mund und stieß meine Version eines Jodlers aus und sogleich winkte sie mit der Hand.

Ich brauchte fast 20 Minuten, um zu ihr zu gelangen. Da ich meine Schwäche kannte, achtete ich sorgfältig auf jede Spalte, der ich mich näherte. Als ich Mutter erreichte, lag Angst in ihrem Blick.

»Was hast du mit den Führern gemacht?«, fragte sie.

»Sie hatten zu schwer zu schleppen«, erwiderte ich. »Sie nehmen einen anderen Weg herunter. Hat es dir Spaß gemacht?«

»Nicht besonders, Liebling«, sagte sie, »aber ich werde mich vermutlich noch an solche Sachen gewöhnen. Welchen Weg schlagen wir jetzt ein?«

Ich entschied mich für eine Schneebrücke über den »Bergschrund« – das ist das Wort, das mir vorhin nicht eingefallen ist – und von dort gelangten wir dann ohne besondere Aufregungen geradewegs zum Hotel.

Bei unserer Rückkehr schlug uns eine solche Woge an Neid und Feindseligkeit entgegen, wie ich Ähnliches noch nie erlebt habe. Als Erstes versuchten sie zu beweisen, dass wir überhaupt nicht auf dem Gipfel gewesen waren, aber Mutters leise, stolze Stimme widerlegte diese schmähliche Unterstellung. Außerdem waren Führer und Träger, die nach uns abstiegen, ein augenfälliger Beweis dafür, dass wir die Wahrheit sagten. Als sie sich nach den Führern erkundigten, sagte ich: »Die befolgen ihre Anweisungen und ich nehme an, dass sie morgen früh irgendwann hier auftauchen werden.«

Das gefiel ihnen gar nicht.

Ich erhob Anspruch auf einen Rekord. Sie behaupteten, meine Methoden seien regelwidrig.

»Wenn ich es für zweckmäßig halte«, sagte ich, »auf einer Lawine herunterzukommen, was geht das Sie an? Sie haben behauptet, ich und Mutter könnten den verdammten Berg nicht einmal besteigen, und nun, da wir es geschafft haben, erfinden Sie eine Menge Gesetze, um uns zu disqualifizieren. Als Nächstes werden Sie sagen, dass man nicht rutschen dürfe. Ich habe einen Rekord aufgestellt und Sie wissen, dass es ein Rekord ist, und sind nun stinksauer. Die Wahrheit ist, dass ihr Kerle nichts von eurem blöden Handwerk versteht. Ich habe eine gute, schnelle Methode des Absteigens gefunden und ihr solltet darüber Bescheid wissen ...«

»Die Chance, dass Sie beide überleben würden, war eins zu tausend.«

»Unsinn! Es ist für jeden, der nicht hoffnungslos starrköpfig ist, die einzig richtige Methode abzusteigen. Ihr Kerle solltet trainieren, aus großen Höhen in den Schnee zu fallen. Es ist ganz leicht und absolut sicher, wenn man nur weiß, wie man es anstellen muss.«

»Passen Sie auf, junger Mann«, sagte der nicht mehr ganz junge Mann mit dem kleinen grauen Bart, »Sie scheinen nicht zu begreifen, dass Sie und jene Dame durch eine Art Wunder gerettet worden sind ...«

»Alles Theorie!«, unterbrach ich ihn. »Es erstaunt mich, dass Leute wie Sie überhaupt in die Schweiz kommen. Wäre ich Ihresgleichen, würde ich theoretische Berge erfinden und um Punkte spielen. Aber du bist müde, liebe Mammi. Es ist Zeit, dass du eine gute, warme Suppe bekommst und dich ins Bett legst! Ich werde dich 36 Stunden nicht aufstehen lassen.«

Aber es ist merkwürdig, wie sehr die Leute jedes bisschen Originalität verabscheuen.

Maureen O'Neill
Herrin der Berge

Wie viele andere Bergsteiger auch, hat Maureen O'Neill (geb. 1954) schon Freundinnen und Freunde bei Bergunfällen verloren. Daran erinnert sie sich hier und sie überlegt, was wir in den Bergen finden. Unter anderem tun wir auch Einblicke in »die Wildnis, die ein anderer Mensch ist«, wie sie es nennt.

Meine Mutter ruft an und ich merke ihrer Stimme an, dass sie überlegt, ob sie die Erste ist, die mich erreicht: »Hast du es schon gehört? Eine von deinen Kletterfreundinnen, Eve, ist dieses Wochenende am Mount Index tödlich verunglückt. Wahrscheinlich in einer Lawine. Auch ihr Partner ist tot. Sie waren angeseilt und sind zusammen gestürzt. Deine Schwester hat es gerade in den Nachrichten gehört.« Ich sage ihr, dass ich es schon weiß, und sie ist erleichtert. Dann fragt sie leise: »Denkst du, dass sie viel gelitten hat?« Meine Mutter lebt im Osten der USA und diese Berge im Nordwesten sind ihr fremd. Wahrscheinlich kann sie sich die Landschaft nicht einmal vorstellen, in der Eve zerschmettert lag.

Ich dagegen kann sie mir nur zu gut vorstellen. Wie oft bin ich in eine vereiste Rinne – eine solche wie die, in der Eve zu Tode kam – eingestiegen, um herauszubringen, ob sie vielleicht auf wunderbare Weise direkt zum Gipfel führte. Ich weiß, dass der Schnee so steil ist, dass man nach außen gedrückt wird, dass sich die Wadenmuskeln verkrampfen von der großen Anstrengung, wenn das ganze Körpergewicht auf den Frontzacken der Steigeisen ruht, und ich kenne das Gefühl, wenn man zu sich selbst sagt:

Schnell, schnell – in dieser Rinne ist es nicht sicher und die Temperatur ist verdächtig hoch. Warum diese Stille in der Luft? Diese Schwere?

Hatte sie die Lawine vorausgeahnt? Hatte sie die kinetische Energie gespürt, die sie bedrohte? Immer wieder stelle ich mir den Augenblick des Sturzes vor, als sie in die weite blaue Luft geschleudert wurde. Bestimmt hat sie vor Zorn geschrien – sie schrie immer, wenn auch nur das Geringste schief ging. An diesem Tag aber ging es nicht nur darum, dass sie einen Griff nicht erreichte oder einen Meter weit abrutschte, an diesem Tag wurde ihr das Leben aus der Hand gewunden, genauso schnell, wie sie vom Eis gerissen wurde. Zwei Tage später war ihre Leiche gefunden worden, zerschmettert und teilweise von Lawinenschutt bedeckt.

Manche Bergsteiger haben von Eve gesagt, sie überschreite die Grenze ihres Könnens. Aber kaum ein passionierter Kletterer kann von sich behaupten, er sei nicht schon einmal zur falschen Zeit am falschen Ort gewesen. Jeder will seine eigenen Grenzen immer weiter hinausschieben, will an Schwierigkeiten wachsen und immer besser werden. Da wandert man oft auf schmalem Grat, bildlich wie buchstäblich. Ich antworte: »Ich glaube nicht, dass sie lang gelitten hat. Wahrscheinlich war sie bewusstlos oder schon tot, als sie auf dem Boden aufschlug.« Arme Mutter. Das ist ein schwacher Trost, wenn man bedenkt, dass ihre beiden Töchter klettern und dass das Klettern ein Sport ist, zu dem die Gefahr ganz unvermeidlich dazugehört.

Wenn die Berge wieder einmal ein Opfer gefordert haben, tritt das Bewusstsein der Todesgefahr für einen Augenblick in den Vordergrund. Aber dieses Bewusstsein verblasst schnell wieder vor der Fülle eines Lebens in den Bergen.

Die Olympics, Mount Rainier, die Cascades – auch wenn man sie nicht besteigt, ignorieren kann man die Berge im Nordwesten der USA nicht. Seit ich mich erinnern kann, wurden sie ständig gepriesen. Wenn wir in unserem alten Rambler unterwegs waren, sagte mein Vater an einer bestimmten Stelle immer: »Schaut, die Cascades!«

Wenn das Wetter auch nur halbwegs schön ist, wird man ständig gefragt: »Hast du die Berge gesehen?« Wenn nur von einem Berg die Rede ist, dann handelt es sich um den Mount Rainier. Er beherrscht die ganze Gegend. An sonnigen Tagen verbringen Tausende von Stadtbewohnern ihre Mittagspause im Freien, drehen die Köpfe nach Südosten und bewundern den strahlend weißen Eisgipfel, der sich über die Wolken erhebt.

Wo die Natur so geschätzt wird, wollen viele ihr möglichst nahe sein. Ich habe mit dem Bergsteigen in meinem letzten Collegejahr angefangen, und zwar aus dem trivialsten Grund der Welt – nämlich weil meine beste Freundin kletterte. Sie nahm an einem Bergsteigerkurs am College teil, und was sie erzählte, klang gut. Sie war eine passionierte Bergsteigerin, und wenn ich nicht mitgemacht hätte, hätte ich sie kaum je zu Gesicht bekommen.

Die Sache schien uns ziemlich einfach. Man lieh sich die nötige Ausrüstung, suchte sich mit den Augen einen Berg aus – möglichst hoch oder möglichst weit entfernt – und los ging's.

Bei unserer ersten selbständigen Bergtour nach Beendigung des Kurses machten wir einen typischen Anfängerfehler: Weil wir unbedingt den Gipfel erreichen wollten, versäumten wir es, rechtzeitig umzukehren. Wir kamen in die Nacht und mussten ohne Stirnlampen den ganzen, langen, spaltendurchsetzten Gletscher im Dunkeln absteigen. Um elf Uhr nachts endlich langten wir auf der Moräne am Fuß des Gletschers an.

Diese frühen Touren waren Härtetests und wir waren ihnen immer gewachsen. Was für ein Gefühl! Wir rannten bergauf, nur um zu sehen, wie schnell wir gehen konnten, und fragten uns, wann die Beine unter uns nachgeben würden, wann wir je an unsere Grenzen stoßen würden. Aber das kam nicht vor. Einmal, beim Abstieg von den Brothers, verloren wir den Weg und mussten zuerst ein paar steile Felsstufen überwinden. Das schafften wir mit Hilfe von jungen Erlen, an denen wir hinunterrutschten. Dann pflügten wir durch ein Meer von schulterhohem Strauchwerk. Meine Kameradin orientierte sich an den Sternen und hoffte, auf den fußbreiten Pfad zu stoßen. Das gelang zu meinem größten Erstaunen. Auf dem Heimweg lernte ich, im Gehen zu schlafen, weil wir für diese Tour 23 Stunden gebraucht hatten statt der üblichen acht.

Ans technische Klettern wagte ich mich gemeinsam mit einer Gruppe Frauen, die genauso wenig Bescheid wussten wie ich. Was uns verband, war der Mangel an Geld für Kurse, die Entschlossenheit zu klettern, und der Wunsch, es gemeinsam mit anderen Frauen zu lernen. An einem Frühlingswochenende fuhren wir über die Cascades zu einer Gruppe von Sandsteinfelsen, die wie prähistorische Monolithen hinter einem Apfelgarten standen. Das Ganze sah aus wie ein Klettergarten mit einer großen Auswahl an verschiedenen Routen. Wir schauten in unserem Kletterführer nach und wählten Routen mit freundlichen Namen, die über mäßig steile Wände führten.

Schließlich trauten wir uns an einen imposanten Brocken namens Orchard Rock heran, der ziemlich steil war. Ich war die Zweite am Seil, hatte es auf den ersten zehn Metern sehr leicht und erreichte einen sicheren Stand auf einem Band, das für zwei Füße gleichzeitig Platz bot. Dann kam aber gleich das schwierigste Stück, in dem man um eine Kante auf eine exponierte Wand hinausklettern musste. Ich machte einen tapferen Versuch, glitt aber ab und zog mich auf das Band zurück. Das war offenbar nicht zu schaffen. Wo war ich da nur hineingeraten? Weil ich von oben mit dem Seil gesichert war, wäre ein Sturz nicht der Rede wert gewesen. Aber das kam mir ganz bedeutungslos vor. Die Zunge klebte mir am Gaumen und ich begann zu schwitzen, obwohl ich mich nicht bewegte. Kurzum, ich war in Panik. Meine Finger fummelten hektisch über den Fels auf der Suche nach einem ordentlichen (d. h. großen) Griff, aber der restliche Körper spielte nicht mit. Ich wurde schnell zu einer lebenden Statue.

Laura, Dritte am Seil und natürlich unter mir, wartete geduldig.

Sie blickte mit aufreizender Gelassenheit auf Obstgärten und Felder. Über mir zwitscherten Vögel auf einem besonnten Felszacken und die Luft fühlte sich wie eine Umarmung an. »Das hier ist etwas für Vögel, nicht für Menschen«, sagte ich kläglich. »Lass dir ruhig Zeit«, antwortete Laura. Ich brauchte eine Dreiviertelstunde. Wie konnte sie so ruhig sein, während ich Todesqualen litt, weil der Fels sich nicht rührte? *Ich* musste mich rühren. In diesen 45 Minuten lernte ich so ziemlich alles über Angst, was ich weiß. Seit damals sind nur noch ein paar Glanzlichter dazugekommen.

Angst hat für den Bergsteiger verschiedene Funktionen. Sie kann ihn hellhörig machen für Gefahren, mit Energie erfüllen und davon abhalten, ein übermäßiges Risiko einzugehen. Man muss die Angst nur im Zaum halten, damit sie nicht die ganze Aufmerksamkeit beansprucht, denn das könnte die Entschlusskraft lähmen und zu unnötigen Energieverlusten führen.

Diese ersten Jahre brachten mir die Grundregeln bei: Iss, bevor du Hunger hast, und trink, bevor du Durst hast, denn bei Stress und Kälte verliert sich oft das Bedürfnis nach Nahrung und Flüssigkeit. Und gerade dann braucht man beides am nötigsten. Wenn man die Handschuhe erst anzieht, wenn die Hände kalt sind, braucht man eine Menge Energie, um sie wieder warm zu kriegen. Auch das ein unnötiger Energieverlust. Wenn du nur die geringste Kleinigkeit vergisst – Reservehandschuhe, eine Ersatzbirne für die Stirnlampe, können die Folgen katastrophal sein. Die Kletterbewegungen muss man immer so einrichten, dass möglichst wenig Energie eingesetzt werden muss.

Diese Jahre lehrten mich auch die ganzen Abläufe, die zu einer Klettertour gehören, vom mühsamen Schleppen der Lasten an den Fuß der Wand bis zu den harmonischen Kletterbewegungen, welche die Krönung des Unternehmens darstellen, aber nur einen Bruchteil der Zeit ausfüllen. Aber am besten gefiel mir, dass man dabei zwei Tage lang ungestört mit einem anderen Menschen zusammen war. Beim Klettern zeigt sich der Mensch ohne Maske.

Diese Intimität, dieser Einblick in die »Wildnis, die ein anderer Mensch ist«, ist ein Geschenk. Und obendrein ein guter Test für Freundschaft. Was fällt da nicht alles darunter! Der Geruch beim Biwak nach schmutziger Unterwäsche und nassen Socken, der Rempler, den dir deine Partnerin gibt und der dich an die nasse Zeltwand drängt, die Grobheit, mit der sie auf dich drauftritt, wenn sie nachts rausmuss, die Stunden, in denen sie dir bei Kerzenlicht vorliest, die Schokoladenstückchen, mit denen sie dich bei jeder Wegbiegung füttert, damit du durchhältst.

Seit sieben Jahren klettere ich nun mit der Frau, die sich nicht einkriegte vor Lachen, als ich einmal mitten im Winter in einen Bach fiel. Ihr einziger Kommentar war: »Ich hab dir gleich gesagt, dass das mit Schneeschuhen nicht geht.«

Manche Kletterrouten sind zwingend. Das bedeutet, dass es auf dieser Tour keine leichte Fluchtmöglichkeit gibt. Hat man sich erst darauf eingelassen, ist ein Rückzug genauso schwierig wie der Aufstieg. Bei solchen Routen muss man fest entschlossen sein, die Sache durchzuziehen. In diese Kategorie gehört auch Ptarmigan Ridge am Mount Rainier. Meine Partnerin Kathy, ihr Freund Karl und ich hatten uns diese Tour für das letzte Maiwochenende vorgenommen. Ich war der Lehrling bei dieser Kletterei; Kathy und Karl würden abwechselnd führen. Ich war froh darüber, weil ich wusste, dass diese Route mich technisch bis an die Grenzen fordern würde. Ich las die Routenbeschreibung mit wachsender Unruhe: »... steiler Schnee/Eishang ... Eis/Schneestufe ... Felspfeiler ... Eisrutsche ... Séracs und Gletscherspalten ... ständiger Steinschlag ... oben sanfter Hang ...« Glücklicherweise sorgten die Vorbereitungen für Ablenkung.

Schließlich war der Tag herangekommen. Wir gingen um sieben Uhr morgens vom Parkplatz los und erreichten nach längerem Anmarsch unser Hochlager, eine kleine Felsnische, die gerade genug Platz bot für unsere drei Biwaksäcke. Am nächsten Morgen riss uns der Wecker um drei Uhr aus dem Schlaf. Der Tag versprach sonnig und windstill zu werden – ideale Bedingungen. Karl, immer noch in der Wärme des Schlafsacks und auf einen Arm aufgestützt, kochte Kaffee. Nach dem Frühstück packten wir schnell und erreichten den Ausgangspunkt der Klettertour noch im Morgengrauen. Wir seilten uns an und Kathy fragte: »Fertig?« Ich nickte, die Hand auf meinen Eispickel gestützt, und wartete darauf, dass das Seil sich zwischen uns straffte. Alles in mir drängte vorwärts, sehnte sich nach Bewegung, damit diese extreme Anspannung vor dem Start ein Ende nähme.

Die Schneeverhältnisse waren ideal; man konnte mit den Steigeisen mühelos steigen. Ich musste nur folgen und immer auf den Füßen bleiben. Anscheinend hatten meine Partner großes Vertrauen zu mir, denn wenn einer fiel (und da war ich die wahrscheinlichste Kandidatin), dann würden alle fallen. Ich richtete also meine volle Aufmerksamkeit auf jeden Schritt und es waren viele Schritte, denn der Schneehang war 300 Meter hoch.

Nach einer Stunde etwa setzte sich Kathy auf einen Felsen, um zu rasten. Als ich näher kam, bemerkte ich, dass sich die Oberfläche verändert hatte. Ich kratzte mit den Steigeisen daran herum. EIS. »Das hier ist nicht schwierig«, sagte Kathy, die mit gesundem Appetit aß. »Das ist nur ein Vorgeschmack von dem, was uns weiter oben erwartet.« Und wie ich befürchtete, behielt sie Recht.

Wir stiegen weiter, so schnell es ging (und das war ungefähr Schneckentempo), weil die Sonne, wenn sie im Zenith stand, unsere Route erwärmen und gefährlich machen würde.

Unter dem Felspfeiler machten wir Mittagspause. Ich zog die Handschuhe aus und maß an der Kehle meinen Puls. »120 in der Minute!«, sagte ich. Aber Kathy und Karl ließen sich davon nicht beeindrucken. Sie waren im Geist schon mit den nächsten 15 Metern beschäftigt – einer Eisplatte rings um einen Felsbuckel, mit freier Aussicht in die Tiefe. Wir hatten alle nicht die richtige Ruhe zum Essen und brachen bald wieder auf.

Karl übernahm die Führung und bewegte sich problemlos über

das Eis. Kathy folgte. Und dann warteten beide ruhig auf mich. Viel zu ruhig. Mir schien, sie hielten den Atem an, als hätten sie Angst, dass eine einzige falsche Bewegung das Ende bedeuten könnte. Ich nahm zwei Werkzeuge zu Hilfe und kroch los. Mittendrin erfasste mich Panik, aber Stehenbleiben war noch viel schlimmer als Gehen. Also weiter. Ich rammte meine Steigeisen so fest wie möglich ins Eis. Der Hüftgurt meines Rucksacks löste sich und mein Hut, der daran befestigt gewesen war, sauste zu Tal.

Schwer atmend kam ich drüben an, hatte aber keine Zeit zum Nachdenken, weil Karl schon beinahe eine Seillänge voraus war. Er stieg in einer schmalen, vereisten Rinne auf, die eigentlich nicht schwer zu klettern war, durch die aber ständig lockerer Schnee herunterwehte. Karl rief von oben, ich solle mich beeilen, weil er fürchtete, es könnten größere Schneemassen nachfolgen und mich umreißen. Ich kletterte stetig und hatte dabei das eigenartige Gefühl, gegen eine Strömung anzugehen. Ich versuchte immer, möglichst viel Kontakt mit dem Eis zu haben und das Gleichgewicht zu wahren, was nicht ganz einfach war, weil mein Rucksack hin und her schwankte.

Die Rinne führte zu dem angekündigten Gebiet mit Séracs und Gletscherspalten, einer Gegend, wo die Abhänge sich übereinander lagerten wie bei einer riesigen weißen Hochzeitstorte und die von Eisspalten kreuz und quer durchzogen war. Kathy führte und untersuchte den Boden sorgfältig, brach aber trotzdem gleich bis zu den Hüften ein. Sie stieg heraus und fiel sofort in die nächste Spalte. Irgendwie wanden wir uns durch und kamen schließlich zur letzten Tortenschicht, über welcher der erwähnte sanfte Hang zu dem Grat hinaufführte, nach dem die Route benannt war. Als Kathy sich gerade über eine brusthohe Eisstufe plagte, bewegte sich die Eisplatte, auf der Karl und ich standen, brach und rutschte ab. Mit wild klopfenden Herzen sprangen wir beinahe über die Eisstufe, um endlich auf soliden Grund zu kommen.

Am Ptarmigan-Grat genossen wir die erregende Kombination aus festem Fels unter den Füßen und freier Luft auf allen Seiten.

Das Schlimmste war überstanden und ich entspannte mich ein wenig, obwohl wir noch zwei Stunden vom Gipfel entfernt waren und auch den Abstieg noch vor uns hatten. Als wir weiterstiegen, fielen Wolken ein und wir mussten die Richtung mit dem Kompass bestimmen. Das Gehen war anstrengend, teils wegen der Höhe, teils wegen des Nebels, und wir brauchten bald eine Rast. Wir ließen uns im Schutz einer überhängenden Eiswand nieder und teilten uns eine Isomatte und ein Päckchen Ingwerwaffeln.

»Schaut euch um«, sagte ich. »Das ist der Himmel.«

»Wenn ich mir da bloß so sicher wäre«, scherzte Kathy.

Plötzlich verschwand der Nebel und die Sonne kam heraus. Kathy und Karl sprangen auf und strebten in verschiedene Richtungen, um nach irgendeinem erkennbaren Punkt im Gelände Ausschau zu halten. Eine Weile schaute ich ihnen zu, dann begann ich in Kathys Rucksack nach Keksen zu kramen, weil ich selbst keine mehr hatte. Ich fühlte mich wohl; die Wolken zogen vorüber und eröffneten gelegentlich einen Blick ins Blaue. Kathys Ruf weckte mich aus meiner Träumerei. Sie hatte das Sunset-Amphitheater erkannt, einen unverwechselbaren Hang an der Westseite des Rainier.

Mit neuem Mut kämpften wir uns weiter, bis die Wolken sich wieder herabsenkten. Dieses Mal aber kannten wir unsere Richtung und folgten den Trittspuren von Kathy, die 25 Meter voraus war. Am frühen Abend kamen wir auf den falschen Gipfel mit Namen Liberty Cap und konnten die anderen Bergsteiger, die auf verschiedenen Routen aus dem Nebel auftauchten, darüber aufklären, wo sie sich befanden. Wir hatten nicht genug Zeit und Energie, um eine richtige Schneehöhle zu bauen, deshalb gruben wir einen Hohlraum in den Schnee, in dem wir mit der unteren Körperhälfte geschützt waren. Kathy und ich benützten gemeinsam einen Biwaksack, um es wärmer zu haben. Sie kroch sofort hinein und ließ ihr ganzes Zeug verstreut herumliegen. Das sah ihr gar nicht ähnlich. Ich packte ihre Sachen zusammen und lag den größten Teil der Nacht wach und wunderte mich, wie warm es mir auf 4 200 Meter Höhe war. Kathy schlief fest und zuckte nur manchmal zusammen, wie es nach großen Anstrengungen oft geschieht. Wir konnten den Biwaksack oben nicht zumachen und so verfingen sich daunenleichte Schneeflocken in ihrem roten Haar und schmolzen langsam. Sie wirkte so verwundbar. Ich zog ihr vorsichtig den Hut über den Kopf und staunte wieder über das Gefühl der Wärme und über die Helligkeit der Nacht, die nie so richtig zur Nacht wurde.

Das Bergsteigen nimmt, wie alle anstrengenden Sportarten, den Menschen im Lauf der Zeit immer stärker in Beschlag. Wenn eine Frau klettert, opfert sie eine Menge Energie und bekommt dafür Einsichten in die Welt. Vor einem schwierigen Griff wendet sie vielleicht den Kopf ab von dem, was unmittelbar bevorsteht, und die Schönheit ringsumher – oder auch die Angst – öffnet ihr die Augen. Ihre Augen werden Gottes Augen und das Land fließt hindurch wie ein Strom. Und in ihrem Geist entsteht die Vision einer nackten, unmaskierten Welt. Es sind Gewalten am Werk, die ihren eigenen Gefühlen entsprechen, und diese Gewalten werden sichtbar im plötzlichen Wüten einer Lawine und in der Moräne, die sich vor der Spitze eines Gletschers aufhäuft, wenn diese eisige Zunge jahrhundertelang den Boden furcht. Die Welt von oben zu sehen macht hellsichtig, und ich erkenne, dass dieselben Gesetze, welche die Welt regieren, auch meinen Körper und meine Seele beherrschen, und begreife, dass Gewalt und Schönheit Teile eines Ganzen sind.

Ein Bergsteiger, der sich weit in die Wildnis vorwagt, bewohnt zwei Welten. Ein Vergleich dieser beiden Welten macht die Unterschiede deutlich. Was bedeutet es, in den Bergen zu überleben, und was, in der Stadt zu überleben? Was bedeutet Mut in den Bergen, was in der Stadt? Was bedeutet Hingabe an eine Sache in den Bergen, was in der Stadt? Diese Fragen sind nicht leicht zu beantworten. Ich bin kein Verstandesmensch; bei mir geht Lernen und Verstehen über den Körper. Und was ich im Gebirge lerne, wirkt sich auf mein Stadtleben aus. Wenn ich etwas gewagt und die Angst besiegt habe, wenn ich zum Beispiel in 3 500 Metern einen Eishang unangeseilt gequert habe, dann erscheinen andere Risiken, vor allem emotionale, geringer.

Überleben in der Stadt bedeutet in meinem Fall nicht physisches Überleben. Ich muss nicht hungern und bin nicht obdachlos. Aber es gibt viel Stress. Und die körperliche Anstrengung kann von nervlicher Belastung befreien. Erfolg, das sind für mich sichtbare Dinge: einen Berg besteigen, mit Stürmen und Wetterstürzen zurechtkommen.

Um zu überleben, müssen wir uns auf andere Menschen verlassen können, das wissen wir alle instinktiv. Aber richtig deutlich wird diese Notwendigkeit erst in den Bergen. Wir sind von unseren Partnern abhängig und vertrauen ihnen am Seil unser Leben an.

In den Bergen tragen die Menschen keine Maske. Wenn man einer Frau beim Klettern zusieht, lernt man viel über sie. Und man weiß besser als ihre eigene Mutter, wie sie Probleme angeht und ob sie durchhält. Du bist Zeugin, wenn deine Freundin kämpft und schließlich den Gipfel erreicht oder wenn sie scheitert und mit dem Misserfolg fertig werden muss. Man lernt, wie man einen Menschen ermutigt: wann man reden muss und wann lieber nicht, was man sagen muss, wenn die Partnerin Angst hat, und wie man sie lobt, wenn sie einen Erfolg errungen hat.

Ich bin schon oft gefragt worden, wie ich es rechtfertigen kann, dass ich mein Leben aufs Spiel setze. Meist antworte ich, dass die Fahrt zur Arbeit mich mehr ängstigt als eine Eiskletterei. Manchmal erinnere ich mich bei dieser Frage daran, wie sich an einem sonnigen Augustmorgen mit ungeheurem Krach eine Spalte auftat, gerade als drei Frauen in den Felsklippen darunter aufstiegen. Aneinander gereiht wie Perlen an der Schnur, blickten sie sich um, woher das Getöse wohl käme. Ich weiß noch, dass ich wie angenagelt dastand und beobachtete, wie eine Rinne über meiner Schwester und meiner Freundin zu lautem Leben erwachte und sie erst mit einem Schauer von Eis- und Felsbrocken bedachte und dann, nach kurzer Atempause, Eisblöcke von der Größe eines Autos hinterherschickte. Nancy saß in der Falle, ihre Panik war beinahe greifbar, und sie bewegte sich, als brenne das Eis unter ihren Füßen. Und meine Schwester blickte mit einem unbeschreiblichen Ausdruck nach oben. Später erzählte sie mir: »Ich glaubte, ich müsse sterben.«

Warum sind wir drei noch am Leben? Es ist pures Glück. Die Eisbrocken hätten uns leicht zerschmettern oder in die Gletscherspalte unter uns reißen können. Warum also machen wir so etwas? Mir jedenfalls fällt es leicht, diese Frage zu beantworten. Ich mache es aus Liebe zur Wildnis, zu meinen Partnerinnen und zu meinem Körper mit seiner erstaunlichen Kraft. Ich klettere nicht *wegen* der Gefahr, aber die Gefahr gehört untrennbar dazu.

Eve Dearborn hat etwas riskiert und sie hat verloren. Sie hat im Leben nie eine Grenze anerkannt. Viele Frauen unter den Bergsteigern eiferten ihr nach. Eve war eine starke Frau. Ihr Geist war ein Geschenk für uns und ihr Geist lebt.

Der Gedanke an künftige Klettertouren und Expeditionen prägt mein Leben. Ich sauge die Sonne Arizonas in mich auf und versuche sie zu speichern wie ein Bär sein Fett, weil ich sie bei kommenden Minusgraden brauchen werde. Jeden Tag, wenn ich laufe, vergleiche ich die Steigungen der Straße mit den Hängen an unbekannten Bergen. Ich möchte alles Unreine und Belastende ausschwitzen. Ich will so müde werden, dass ich nur noch wünsche, mich auf den Boden legen zu dürfen. Ein Reinigungsritual? Ja. Und um nichts in der Welt würde ich die Erinnerung an den Abdruck eines Vogelflügels im Schnee missen wollen oder an den Morgen, als ich rings um mein Zelt die Spuren von Bergziegen fand. Ich sehne mich immer wieder nach diesem Land zwischen Himmel und Erde, nach diesem Königreich der Mitte und nach dem roten Haar meiner Partnerin, das in der Sonne flammt.

Neun Jahre sind vergangen, seit ich den ersten Teil dieses Artikels schrieb. Letztes Jahr, am 28. Januar 1999, sind Kathy Phibbs und Hope Barnes bei einem Kletterunfall in den Cascades ums Leben gekommen. Ein halbes Jahr später starb auch Nancy auf ähnliche Weise. Hope und Kathy waren Freundinnen und Kletterpartnerinnen, Nancy und Kathy obendrein noch ein Paar gewesen. Die Bergsteigerinnen im Nordwesten der Staaten trauerten tief. Dieser Schmerz wird so schnell nicht weichen.

So wie Eves Tod für mich der Anlass war, die erste Hälfte dieses Artikels zu schreiben, lieferte Kathys Tod den Anstoß für den zweiten Teil. Ich erinnere mich, dass ich bei der Nachricht von Eves Tod zuerst daran dachte, wie meine Mutter wohl reagieren würde, wenn mir das Gleiche zustieße. Kürzlich habe ich einen Brief von Kathy gefunden, den sie mir kurz nach Eves Tod geschrieben hat. Sie sagte, ein Gespräch mit Eves Mutter habe ihr Anlass gegeben, auf die Kraft ihrer eigenen Mutter in einer solchen Situation zu vertrauen.

Ich weiß noch, dass ich mich nach Eves Tod bemühte, die Gedanken meiner Mutter von diesem Unglück abzulenken. Bergsteigen hatte für mich mit Leben zu tun, nicht mit Tod, und das wollte ich ihr begreiflich machen. Für manche ist die Gefahr das Wesentliche am Klettern; für mich ist es Freundschaft. Frauen, Abenteuer, eine glanzvoll schöne Welt: darüber wollte ich sprechen. Die Fragen der Außenwelt lauten immer: »Wozu das alles?« oder »Kannst du es verantworten, dein Leben aufs Spiel zu setzen?« Die Frage in meinem Inneren dagegen lautet: Was bedeutet es für mich, mit Frauen zu klettern? Und im Allerinnersten: Welcher Art ist meine Freundschaft mit dieser Frau? Mit Kathy? Diese letzte Frage bewegt mich immer noch am meisten.

Im Januar vergangenen Jahres sind Hope und Kathy am Dragontail abgestürzt. Drei Tage später, als ein Suchtrupp in die Berge ausrückte, hörte ich von dem Unglück. Jetzt, kurz nach der ersten Wiederkehr ihres Todestags, habe ich diesen Artikel wieder aufgenommen. Er soll ein Abschiedsgeschenk für Kathy sein.

Ich merke dabei, dass sich für mich in den vergangenen neun Jahren viel verändert hat. Angesichts ihres Todes erheben sich die alten Fragen und ich stelle fest, dass ich über das Bergsteigen, sosehr ich es nach wie vor liebe, nicht mehr sprechen mag. Ich will es weder verteidigen noch erklären noch verherrlichen. Das Thema interessiert mich nicht, weil Kathys Tod mich so beschäftigt, dass es keine Rolle spielt, wie sie gestorben ist. Ich fand keinen Trost in dem Spruch, der in solchen Fällen gern geäußert wird: »Wenigstens ist sie in ihren geliebten Bergen gestorben.« Aber ich bin froh, dass Kathy so viel Lebenszeit in den Bergen verbracht hat – genau wie Eve, wie Hope und Nancy es getan haben und wie es viele von uns immer noch tun.

Jetzt habe ich nur noch Erinnerungen an unsere Freundschaft. Zum letzten Mal habe ich Kathy an einem feuchtkalten Januartag gesehen, als ich mit ein paar von ihren Freundinnen und Freunden nach Leavenworth im Staat Washington fuhr, wo sie aufgebahrt war.

Ich fuhr mit Saskia, mit der Kathy vor kurzem eine Beziehung eingegangen war. Sowohl Saskia als auch Hopes Freundin hatten sich dem Bergungstrupp angeschlossen, der die Leichen aus dem Gebirge holte. Ich selbst war in Arizona gewesen und auf die Unglücksnachricht hin sofort heimgeflogen. Auf der langen Autofahrt schilderte mir Saskia, wie sich das Unglück ereignet hatte und wie Kathy aussah, als man sie steif gefroren im Schnee fand. Die Landschaft war grau und nass und trostlos.

Als wir bei dem Bestattungsunternehmen ankamen, wollte der Eigentümer uns Kathy nicht sehen lassen, weil sie nicht hergerichtet war. Nancy erklärte ihm höflich, aber entschieden, dass wir uns nicht abweisen lassen würden. Widerstrebend gab er nach.

Wir betraten den Raum, Nancy und Saskia zuerst. Der Atem stockte ihnen, sie hielten sich aneinander fest und wichen an die Wand zurück. Kathy lag auf einer Krankenhausbahre in einem braunen Sack mit Reißverschluss, der bis zum Hals zugezogen war. Ihr Kopf hing ein bisschen nach hinten und ihre Gesichtszüge wirkten qualvoll angespannt. Ihr Gesicht war mit Wunden und blauen Flecken bedeckt und ihr Mund stand offen, als atme sie angestrengt und unter Schmerzen.

Ich schaute auf meine Freundin hinunter und konnte die Geschichte ihres Todes an ihrem Gesicht ablesen. Ich sah den Zorn, die Einsamkeit, die Angst ihrer letzten Minuten. Sie hatte ihr Leben nicht kampflos hergegeben.

Ich war so lange daran gewöhnt gewesen, sie zu berühren, dass meine Hände sich zögerlich zu ihr hinbewegten, zu der Kälte, die sich ihres Körpers bemächtigt, ihre Haut hart gemacht und das Licht aus ihrem Haar genommen hatte. Ich würde sie über den Tod hinaus lieben.

Kathy war gegangen. Und nur hier, an ihrer toten Hülle, konnten wir uns von ihr verabschieden. Wir legten unsere Hände sanft auf ihren schönen, starken Körper und gaben ihr mit Worten und Tränen Abschiedsgrüße mit. Damit lösten wir auch uns ein wenig von ihr und die Verkrampfung des ersten Schmerzes lockerte sich.

Wir standen im Kreis um sie herum und dann blieb jede noch ein paar Minuten mit ihr allein. Während wir noch alle beisammen waren, rief Kathys Vater an und bat Nancy, seiner Tochter seine Abschiedsgrüße zu überbringen und ihr zu sagen, er sei stolz auf sie.

Wir hatten vorgehabt, im Frühling zum Bergsteigen nach Alaska zu fliegen. Stattdessen bin ich jetzt in den Südwesten zurückgekehrt, diesmal ins Hochland von New Mexico. Ein Tag ist so heiß wie der andere und ich denke ständig an Kathy.

Ihr Tod hat mich sprachlos gemacht. Jeden Witz hatte ich mir für sie gemerkt, zu jedem Aufsatz wollte ich ihre Meinung hören. Jetzt schaue ich jede Nacht zum Himmel hinauf, ob er mir nicht ein Zeichen gibt – könnte sich nicht eine Galaxie zu ihrer Gestalt formen, könnten sich nicht ein paar Sterne zu ihrem geliebten Profil gruppieren? Sogar der Umriss eines Eispickels wäre mir schon recht.

Sie ist zugleich überall und nirgends. Und all die Worte, die ich ihr gern sagen möchte, bilden einen schmerzhaften Klumpen in meinem Herzen.

Und dann steigt auf einmal eine Erinnerung in mir auf, so lebhaft, als wäre Kathy zurückgekommen, um doch noch richtig von mir Abschied zu nehmen.

Ganz deutlich steht mir noch einmal der Tag vor Augen, als wir den Sahale bestiegen. Wir hatten uns eigentlich die Nordwand des Forbidden vorgenommen. Es war Sommer und wir schliefen nur mit Schlafsäcken auf der Moräne. Ein kleines Rudel Hochwild weckte uns vor Tagesanbruch. Es hatte am Boden, an unseren Schuhen und Rucksackriemen Salz gefunden. Sie versuchten auch an uns zu lecken und Kathy murmelte schläfrig, den Tieren fehle es an Benehmen.

Es war sowieso Zeit zum Aufbruch, also standen wir auf, aßen und packten. Ich merkte, dass sich meine rauer Hals zu etwas Schlimmerem entwickelt hatte, aber ich brachte es nicht fertig, etwas zu sagen. Wir gingen los und bald war Kathy weit voraus. Als mir klar wurde, dass ich zu schwach war für die geplante Tour, setzte ich mich auf einen Felsen und weinte vor Scham und Enttäuschung. Kathys Rucksack verschwand im Zwielicht, dann kehrte sie um und erschien wieder. Wir beschlossen, uns noch einmal schlafen zu legen, zu einer annehmbaren Zeit aufzustehen und den Sahale zu besteigen. Kathy gab mir ein paar Tabletten und wir schliefen, bis die Sonne unsere Schlafsäcke erwärmte.

Als wir zum zweiten Mal erwachten, war der Himmel blau und wurde immer noch blauer. Der Sahale sah freundlich aus und wir hatten eine Menge Spaß bei dieser Tour. Kathy konnte sich über jede Kleinigkeit freuen; in diesem Fall war es ein Eiertanz zwischen zwei Gletscherspalten, wo auch ein winziger Ausrutscher schon Herzklopfen verursachte. Kathy war völlig ruhig, ja direkt

übermütig, und sie machte ständig Scherze über meinen Kletter-
stil und über die Route. Aber ganz ungefährlich war es wirklich
nicht zwischen diesen beiden Spalten – den einzigen auf dem ganzen Gletscher. Auch die schweren Rucksäcke, meine eigenwillige
Steigeisentechnik und die Nachbarschaft der Furcht einflößenden
nördlichen Cascades brachten ein bisschen Dramatik in die Sache.

Dann erreichten wir den Gipfel und Kathy mit ihrem roten
Haar, die Keksschachtel in der Hand, sah aus wie eine Königin,
der ihr Reich zu Füßen liegt. Sie begann mit begeisterten Gesten
von anderen Bergen zu erzählen, denn im Gegensatz zu mir kannte
und liebte sie auch fremde, ferne Gebirge.

Aber das Schönste kam erst noch: der Abstieg über den Sahale-
Arm. Der Tag wurde immer noch großartiger, bis schließlich sanft
die Dämmerung kam. Wir gingen den sandigen, gewundenen Pfad
am Arm des Riesen hinunter, durch Heidekraut, dessen kleine weiße Blüten im Dämmerlicht leuchteten. Rings um uns standen die
nächtlichen Berge, noch imposanter und wilder als am Tag,
schwarz und gezackt, und ihre Schnee- und Eishänge schimmer-
ten.

Wir waren glücklich und genossen die abendliche Wärme. Ich
werde nie vergessen, wie sie ging. Die Disziplin langer Jahre zeigte
sich in ihren Schritten; sie wirkte immer, als hätte sie ein Ziel vor
Augen. Ich wünschte, der Weg nähme nie ein Ende. Ich wäre ihr
gern auf ewig gefolgt, hätte das Licht schwinden sehen und das
Glück gespürt, eine gelungene Bergtour hinter mir zu haben.

Einmal blieb sie stehen, und als ich sie erreichte, nahm sie wortlos meine Hand. Wir gingen weiter und ich fühlte mich eins mit
den Bergen, der Welt und dem Sternenhimmel über uns.

Schließlich erreichten wir den Cascade-Pass und von hier an ist
die Erinnerung anders als bisher. Kathy geht nicht die endlosen
Serpentinen mit mir hinunter wie an jenem Sommerabend, sondern bleibt im letzten Abenddämmer auf dem Pass stehen. Dann
winkt sie. Es ist ein Winken, das keine Antwort verlangt, und ich

begreife, dass sie mich jetzt verlässt – das ist der Augenblick, den sie selbst gewählt hat.

Sie lächelt das Lächeln, das ich so gut kenne, das Lächeln, das für Gipfel und besonders schwierige Kletterpassagen reserviert ist, und ich erwidere es. Ich verlasse dich nicht, scheint sie zu sagen, sondern ich gehe heim nach diesem letzten abendlichen Weg im Gebirge.

Sie wendet sich ab, entfernt sich von mir und wird eins mit ihren geliebten Bergen, deren Umrisse schon im Dunkel verschwimmen.

Evelyn Waugh
aus **Als das Reisen noch schön war**

Evelyn Waugh (1903-1966) wurde während seiner Reise durch den Yemen unfreiwillig zum Bergsteiger. Herr Leblanc aus dieser Geschichte erinnert an manche heutige Bergsteiger in seiner Verachtung für Menschen, die weniger Erfahrung und Begabung haben als er und seine Begeisterung für überhängende Felsen nicht teilen.

Alle waren sehr gastfreundlich und zwischen den Mahlzeiten machte ich den ernsten Versuch, einen Einblick in die verwickelte arabische Politik zu erlangen, einen Versuch, der mich dazu verleitete, einen ganzen Tisch mit Karten, Berichten und Notizbüchern zu bedecken, um dann in sanften, anhaltenden Stumpfsinn zu versinken. Ich verbrachte einen einzigen wirklich angestrengt tätigen Nachmittag. Das war, als ich einen »kleinen Spaziergang über die Felsen« mit Herrn Leblanc und seinen »jungen Leuten« machte.

Im Verlaufe meiner bisherigen Bekanntschaft mit Herrn Leblanc hatte mir nichts Veranlassung gegeben, das zu erwarten, in was ich mich nun einließ, als ich seine Einladung zu einem gemeinsamen kleinen Gang über die Felsen annahm. Er war Großkaufmann und Handelsagent, dazu ein Reeder von Bedeutung, der einzige europäische Magnat innerhalb der Niederlassung. Man sagte ihm nach, dass er durch Spekulationen reich geworden sei und in seinem Leben schon mehr als ein beträchtliches Vermögen gewonnen und wieder verloren habe. Ich traf ihn an meinem ersten Abend in Aden bei einem Essen in der Residenz. Er sprach über Abessinien, wo er wichtige geschäftliche Unternehmungen hatte, mit scharfem

Sarkasmus; er verlieh seiner Verachtung für die Gedichte Rimbauds Ausdruck; er erzählte mir eine Menge ganz neuer Klatschgeschichten über Leute in Europa; nach dem Essen spielte er einige der neuesten Grammophonplatten, die er sich mitgebracht hatte. Auf mich, der ich von den vier tödlich langweiligen Tagen in Diredawa und Dschibuti noch ganz aufgerieben war, wirkte das alles sehr besänftigend und ausheilend.

Ein oder zwei Tage später lud er mich zum Abendessen in sein Haus in Kraterstadt ein. Ein eleganter Wagen mit einem livrierten indischen Chauffeur kam, mich abzuholen. Wir speisten auf dem Dach. Ein köstliches Mahl. Mit eisgekühltem »Vin-rosé«. – »Es ist zwar kein kostspieliger Wein, aber ich mag ihn gerne. Er wächst auf einem kleinen Gut von mir in Südfrankreich.« – Später gab es feinsten Yemen-Kaffee. Mit seiner sehr kleinen goldenen Uhr in der Hand sagte Herr Leblanc das Aufgehen eines Sternes voraus – ich vergesse, welcher Stern es war. Pünktlich auf die Sekunde erschien er, grün und bösartig, am oberen Rande der Hügel. Unsere Zigarren glühten unter dem Nachthimmel; von unten klang das leise Murmeln der Eingeborenenstraßen. Alles unendlich weich und verfeinert.

Bei dieser Einladung enthüllte sich mir der Charakter meines Gastgebers von einer neuen Seite. Herrn Leblanc, den Mann der eleganten Welt, hatte ich bereits kennen gelernt. Hier zeigte sich mir Herr Leblanc, der Patriarch. Wir saßen im oberen Stockwerk seines Geschäftshauses, seine Tochter, sein Sekretär und drei seiner jungen Leute waren mit am Tisch. Die jungen Leute waren seine Angestellten, die bei ihm das Geschäft erlernen sollten. Einer war Franzose, die andern beiden Engländer, eben von Cambridge eingetroffen. Sie arbeiteten ungemein angestrengt – oft, sagte er mir, zehn Stunden am Tag; oft auch die halbe Nacht durch, wenn gerade ein Schiff eingelaufen war. Er ermutigte sie nie, in den Klub zu gehen oder sich unter die Gesellschaft von Steamer Point zu mengen. Sie lebten gemeinsam in einem Haus neben dem von Herrn Leblanc; sie lebten sehr gut und standen mit Herrn Leblancs Familie patriarchalisch vertraut auf bestem Fuße. »Wenn sie nach Steamer Point gehen, fangen sie an zu trinken, Karten zu spielen und Geld auszugeben. Hier arbeiten sie so schwer, dass sie wohl oder übel sparen müssen. Möchten sie Ferien machen, so besuchen sie meine Agenten die Küste entlang. Sie lernen dabei Land und Leute kennen; sie reisen auf meinen Schiffen. Nach zwei Jahren haben sie fast ihr ganzes Gehalt erspart und das Geschäft erlernt. Zum sportlichen Training unternehmen wir gemeinsam kleine Spaziergänge über die Felsen. Tennis und Polo würden sie Geld kosten. In den Hügeln spazieren gehen kann man umsonst. Sie kommen aus der Stadt heraus in die frische Luft, die Fernsicht ist prachtvoll. Die leichte Übung erhält sie gesund für ihre Arbeit. Ihr Geist wird ein Weilchen von den Geschäften abgelenkt. Sie müssen einmal mitkommen und uns beim Spazierengehen begleiten.«

Ich stimmte bereitwillig zu. Nach der trägen Luft von Aden musste es herrlich sein, sich leichte körperliche Bewegung in der Kühle zu verschaffen. Und so wurde eine Verabredung für den kommenden Samstagnachmittag getroffen. Als ich ging, lieh mir Herr Leblanc ein Exemplar von Gides »Voyage au Congo«.

Herr Leblanc, der Elegante, und Herr Leblanc, der Patriarch, waren mir nun bekannt. Am Samstag bekam ich Herrn Leblanc, den Mann der Tat, und Leblanc, den Hasardeur, zu sehen. Zum Mittagessen war ich vorher bei den jungen Leuten in ihrer »Messe« – wie offenbar alle Gemeinschaftsmenagen im Orient genannt werden. Ich präsentierte mich in einem Anzug ähnlich dem der Waldläufer, die ich auf Fotografien gesehen, mit kurzen Hosen, offenem Hemd, schweren Schuhen, wollenen Strümpfen und einem festen Wanderstock. Wir bekamen ein ausgezeichnetes Mahl, während dessen sie mir erzählten, wie sie eines Abends in das Totenhaus der Parsen geklettert waren und was für einen Krach es deswegen gegeben habe. Plötzlich sagte einer: »So, es ist Zeit, dass Sie sich umkleiden. Wir versprachen dem alten Herrn, um halb bei ihm zu sein.«

»Umziehen?«

»Nun, ganz wie Sie wollen, aber ich glaube, Ihre Sachen könnten Ihnen zu warm werden. Wir haben gewöhnlich nichts anderes an als Shorts und Schuhe. Alles Übrige bleibt in den Wagen, die dann am Badestrand unten auf uns warten. Und wenn Sie Schuhe mit Kreppgummisohlen haben sollten, würde ich die anziehen. Die Felsen können hie und da hübsch schlüpfrig sein.« Glücklicherweise hatte ich Kreppgummischuhe. Ich begab mich zurück zum Haus des Kaplans, wo ich wohnte, und kleidete mich um. Ich fing an, besorgt zu werden.

Herr Leblanc sah großartig aus. Er trug frisch gebügelte weiße Shorts, eine durchbrochene seidene Weste und weiße Espadrillos, die um die Gelenke festgeschnürt waren wie bei einer Balletttänzerin. Er hielt eine Tuberose in der Hand, die er zart beroch. »Sie nennen sie in Aden manchmal Lilien«, sagte er, »ich weiß nicht recht, warum.«

Mit ihm kam noch ein anderer Fremder, ein Gast von Herrn Leblanc, Reisevertreter einer Ölfirma. »Wissen Sie, mir kommt vor«, vertraute er mir an, »die Sache verspricht ganz nett strapaziös zu werden. Ich bin kaum mehr geübt genug für große körperliche Kraftleistungen.«

Wir setzten uns in die Wagen und fuhren bis zum Ende der Straße in den Klippen, nahe den alten Zisternen. Ich dachte, wir hätten uns verfahren, aber jedermann stieg aus und begann sein Hemd abzustreifen. Die Leblanc-Gesellschaft ging barhäuptig; der Fremde und ich behielten unsere Mützen.

»Ich würde diese Stöcke lieber im Wagen lassen«, sagte Herr Leblanc.

»Aber können sie uns nicht manchmal nützlich sein?« [Ich hegte noch Erinnerungen an glückliche Klettereien in den Wicklower Bergen.]

»Sie werden Ihnen furchtbar lästig sein«, sagte Herr Leblanc.

Wir taten, wie er uns geraten.

Dann begann der kleine Spaziergang. Herr Leblanc ging als Führer voran, mit leichten, federnden Schritten. Er näherte sich geradewegs der Klippenwand, heiter, aber zielbewusst, wie Moses sich dem Felsen genähert haben mag, aus dem er Wasser schlagen wollte. Es gab da eine schmale Ritze, die wie ein gegabelter Blitz durch die nackte Steinwand lief. Herr Leblanc stand unterhalb davon, er tat einen kleinen Sprung und begann sofort mit großer Schnelligkeit und ohne sichtliche Anstrengung, den Absturz zu ersteigen. Er kletterte nicht, er hob sich aufwärts. Es war, als ziehe ihn jemand von oben her und er habe nur darauf zu achten, nicht aus der Senkrechten hinauszuschwingen, und müsse deswegen durch ein paar leichte kleine Tastbewegungen seiner Füße und Hände den Kontakt mit dem Felsen behalten.

In ganz der gleichen Weise entschwand die übrige Leblanc-Gesellschaft, einer nach dem anderen, wie weggefegt unseren Blicken. Der Fremde und ich schauten uns an. »Ist alles in Ordnung mit Ihnen?«, klang es wiederholt von weit über uns. Wir begannen zu klettern. Wir kletterten wohl eine halbe Stunde die Felsenklippen hinauf. Nicht ein einziges Mal während dieser Zeit fanden wir einen Platz, wo es möglich gewesen wäre, auszuruhen oder nur in einer einigermaßen normalen Stellung stehen zu bleiben. Wir setzten unseren Weg einfach von einem Halt für die Füße zum anderen fort. Unsere Mützen erlaubten uns nicht weiter als ein oder zwei Fuß über unsere Köpfe nach oben zu sehen. Plötzlich begegneten wir der Leblanc-Gesellschaft, die auf einem Vorsprung saß.

»Sie sehen erhitzt aus«, sagte Herr Leblanc, »ich merke, Sie sind außer Übung, Sie werden die Bewegung jetzt als große Wohltat empfinden.«

Sobald wir aufgehört hatten zu klettern, fingen uns die Knie zu zittern an. Wir setzten uns nieder. Als es wieder weiterging, war es recht schwierig aufzustehen. Unsere Knie benahmen sich so, wie sie es manchmal in Träumen tun, wenn sie plötzlich den Dienst verweigern, gerade während man von langhaarigen wilden Weibern verfolgt wird.

»Wir hielten es für besser, hier auf Sie zu warten«, fuhr Herr Leblanc fort, »denn jetzt kommt ein ziemlich kniffliges Stückchen.

Es ist ganz leicht, wenn man den Weg kennt, aber den muss Ihnen jemand zeigen. Ich habe ihn selbst entdeckt. Ich gehe oft abends allein aus, um schwierige Stellen zu finden. Einmal blieb ich die ganze Nacht über draußen, hatte mich ziemlich festgefahren. Ich dachte, ich könne den Weg finden, wenn der Mond aufgeht. Da fiel mir ein, dass diese Nacht gar kein Mond war. Es war eine sehr verzwickte Lage.«

Das knifflige Stückchen war ein mächtiger, überhängender Felsen mit lockerer, bröckeliger Oberfläche.

»Es ist wirklich ganz einfach. Sehen Sie nur genau zu und folgen Sie dann. Sie setzen Ihren rechten Fuß hierher« – eine völlig glatte, hochpolierte Steinfläche –, »dann müssen Sie ganz langsam mit Ihrer linken Hand hinaufgreifen, bis Sie Halt finden. Sie müssen sich ziemlich weit strecken – so. Dann kreuzen Sie das rechte Bein hinter dem linken – dies ist der schwierige Teil – und tasten auf der anderen Seite nach einer Trittstelle – mit der rechten Hand stützen Sie sich – so.« Herr Leblanc hing über dem Abgrund, zum Teil außer Sicht. Sein ganzer Körper schien zum Greifen geeignet. Er stand da wie eine Fliege an der Decke. »Das ist die Stellung. Am besten verlässt man sich mehr auf die Füße als auf die Hände – mehr sich hinaufstoßen als -ziehen –, Sie sehen, der Stein hier ist nicht immer ganz fest.« Um das zu demonstrieren, splitterte er eine Hand voll anscheinend soliden Felsgesteins über seinem Kopfe ab und ließ es klickernd auf den Weg unten fallen. »Alles, was Sie jetzt zu tun haben, ist, dass Sie das Gewicht von Ihrem linken Fuß auf den rechten verlagern und sich herumschwingen – so.« Herr Leblanc verschwand aus unserem Gesichtskreis.

Alle Einzelheiten dieser Expedition stehen mir noch frisch vor der Seele, dank der wiederholten nächtlichen Beklemmungsträume davon. Endlich, nach einer einstündigen, furchtbaren Kletterei erreichten wir den Rand des Kraters. Dann mussten wir durch die große Grube voll loser Asche waten, danach folgte der Aufstieg zum nächsten Rand, dem höchsten Punkt auf der Halbinsel. Hier machten wir eine Pause, um die Aussicht zu bewundern, die wirk-

lich bemerkenswert war. Dann kletterten wir zur See hinab. Die
letzte Phase brachte insofern eine Abwechslung, als wir jetzt die
volle Sonnenglut abbekamen, die seit dem Mittag auf die Felsen
gebrannt hatte, bis sie so heiß wurden, dass man Blasen davontragen konnte.

»Sie werden sich die Hände verletzen, wenn Sie zu lange hängen
bleiben«, sagte Herr Leblanc, »man muss mit den Füßen von Felsen zu Felsen springen wie die kleinen Ziegen.«

Schließlich nach drei Stunden dieser Art erreichten wir den
Strand. Wagen und Diener erwarteten uns. Für den Tee war schon
gedeckt; Badeanzüge und Handtücher lagen bereit.

»Wir baden immer hier, nicht im Klub«, sagte Herr Leblanc.
»Dort haben sie eine Sperre gezogen, um die Haie abzuhalten,
während in dieser Bucht erst letzten Monat zwei Jungen ver-
schlungen worden sind.«

Wir schwammen ins warme Meer hinaus. Ein arabischer Fi-
scher, der sich ein Trinkgeld erhoffte, rannte heran und schrie uns
zu, dass es hier gefährlich sei. Herr Leblanc lachte glücklich und
mit geschickten, mächtigen Stößen schwamm er ins offene Wasser
hinaus. Wir kehrten ans Ufer zurück und kleideten uns an. Meine
Schuhe waren völlig durchgelaufen und meine Shorts zeigten einen großen Riss, da ich in der Asche ausgeglitten und einige Meter
abwärts gerutscht war. Für Herrn Leblanc lag im Wagen ein wei-
ßer Anzug, ein Hemd aus grünem Crêpe de Chine, eine Krawat-
tenschleife, seidene Socken, rehlederne Schuhe, Ebenholzhaar-
bürsten, Duftzerstäuber und Haarwasser. Wir aßen mit Bananen
belegte Brote und tranken sehr aromatischen chinesischen Tee.

Um den Schrecknissen dieses Tages noch ein weiteres hinzuzufü-
gen, steuerte auf unserem Rückweg Herr Leblanc selbst den Wagen. Ich weiß nicht ganz, ob das nicht das allerhaarsträubendste
von sämtlichen Erlebnissen dieses Nachmittags war.

Edward Whymper
aus **Berg- und Gletscherfahrten in den Alpen**

Edward Whymper (1840-1911) versuchte zwischen 1861 und 1865 siebenmal das bis dahin unbesiegte Matterhorn zu besteigen. Bei seinem letzten Versuch begleitete ihn eine in großer Eile zusammengestellte Mannschaft, denn Edward Whymper wollte anderen Bergsteigern unbedingt zuvorkommen. Die Tragödie, die während des Abstiegs passierte, rief deshalb heftige Kritik hervor. Whympers Erzählung über die Katastrophe ist sowohl eine Entschuldigung als auch ein Loblied. Manche Bergsteiger können den letzten Abschnitt sogar auswendig zitieren.

Am 13. Juli brachen wir an einem herrlichen Morgen und bei einem Himmel ohne alle Wolken um halb sechs Uhr von Zermatt auf. Wir waren acht an Zahl, Croz, der alte Peter mit seinen beiden Söhnen, Lord F. Douglas, Hadow, Hudson und ich. Um eine stetige Bewegung zu erzielen, gingen immer ein Tourist und ein Einheimischer zusammen. Mir fiel der jüngste Taugwalder zu, der tüchtig zuschritt und ganz glücklich war, dass er an dem Unternehmen teilnehmen und seine Kräfte zeigen konnte. Auch die Weinschläuche zu tragen fiel mir zu und den ganzen Tag lang füllte ich nach jedem Trunk heimlich Wasser zu, so dass sie bei dem nächsten Halt voller als zuvor waren. Dies galt für ein gutes Vorzeichen und für ein halbes Wunder.

Am ersten Tag wollten wir nicht sehr hoch steigen und ließen uns deshalb Zeit. Um ein Viertel auf neun Uhr nahmen wir die Sachen mit, die wir in der Kapelle am Schwarzsee zurückgelassen hatten, und gingen nun den Grat entlang, der das Hörnli mit dem

Matterhorn verbindet. Um halb zwölf Uhr erreichten wir den Fuß des eigentlichen Gipfels, verließen nun den Grat und kletterten auf einigen Leisten zur Ostseite hinüber. Wir befanden uns jetzt ganz auf dem Berg und bemerkten mit Staunen, dass Stellen, die sich von der Riffel und selbst vom Furggen-Gletscher als unzugänglich darstellten, so harmlos waren, dass wir auf ihnen herumlaufen konnten.

Vor zwölf Uhr hatten wir in einer Höhe von 11 000 Fuß einen guten Platz für das Zelt gefunden. Croz und der junge Peter stiegen höher, um zu sehen, was oben sei, und uns am nächsten Morgen Zeit zu ersparen. Sie gingen quer über die Spitzen der Schneefelder, die gegen den Furggen-Gletscher hinabliefen, und verschwanden um eine Ecke, aber kurz darauf erblickten wir sie hoch oben in rascher Bewegung.

Wir bauten inzwischen an einer geschützten Stelle eine gute Unterlage, auf der wir unser Zelt aufschlagen konnten, und warteten ungeduldig auf die Rückkehr unserer Leute. Die Steine, welche sie aus dem Gleichgewicht brachten, sagten uns, dass sie weit oben seien, und wir mussten annehmen, dass sie einen leichten Weg hatten. Um drei Uhr nachmittags sahen wir sie endlich, offenbar in großer Aufregung, kommen. »Peter, was meinen Sie, dass sie sagen werden?« »Meine Herren, sie werden gewiss sagen, dass es nicht gut aussieht.« Als sie herangekommen waren, hörten wir etwas ganz anderes. »Alles ist gut, keine Schwierigkeit vorhanden, nicht eine einzige. Wir hätten bequem den Gipfel ersteigen und noch heute zurück sein können.«

Solange es hell blieb, sonnten wir uns oder zeichneten oder sammelten Steine, und als die Sonne uns für morgen einen guten Tag versprechend unterging, gingen wir ins Zelt und richteten uns für die Nacht ein. Hudson kochte Tee, ich Kaffee und dann zogen wir unsere Decken über uns. Die Taugwalders, Lord Francis Douglas und ich nahmen das Zelt ein, Hudson, Hadow und Croz aber zogen die freie Luft vor. Noch lange widerhallten die Klippen von unserm Gelächter und von dem Gesang der Führer, denn wir waren in unserm Nachtlager glücklich und dachten an keine Gefahr.

Am nächsten Morgen waren wir vor Tagesanbruch am Zelt versammelt und brachen auf, so wie es zum Gehen hell genug war. Der junge Peter trat jetzt als Führer ein und sein Bruder kehrte nach Zermatt zurück. Wir folgten dem Wege, der am Tag vorher ermittelt worden war, und bogen nach einigen Minuten um den Vorsprung, der uns die Ostseite von unserm Zelt aus unsichtbar machte. Wir überblickten jetzt diesen ganzen großen Abhang, der gleich einer mächtigen Treppe 3000 Fuß hoch aufstieg. Einige Stellen waren leicht, andere schwieriger zu begehen, aber nicht ein einziges Mal gebot uns ein ernstliches Hindernis Halt, denn wenn eine schlimme Stelle vor uns lag, ließ sie sich immer rechts oder links umgehen. Auf dem größten Teil des Weges hatten wir das Seil nicht nötig und bald ging Hudson voran, bald ich. 20 Minuten nach sechs Uhr hatten wir eine Höhe von 12 800 Fuß erreicht und ruhten eine halbe Stunde aus. Dann stiegen wir bis kurz vor zehn Uhr ununterbrochen weiter und machten in einer Höhe von 14 000 Fuß eine Pause von 50 Minuten. Zweimal trafen wir auf den nordöstlichen Grat und folgten ihm eine kurze Strecke weit, jedoch nicht zu unserm Vorteil, denn er war gewöhnlich verfallener und steiler und stets schwieriger als die Bergbreite. Trotzdem hielten wir uns nahe an ihm, weil wir, wenn wir uns zu weit davon entfernten, fürchten mussten, von fallenden Steinen getroffen zu werden.

Wir waren jetzt unter dem Teil angelangt, der vom Riffelberg und von Zermatt senkrecht oder wie überhängend aussieht, und konnten auf der Ostseite nicht länger bleiben. Eine kleine Strecke weit stiegen wir auf dem Schnee des Grats weiter, der nach Zermatt hinuntergeht, und wendeten uns dann in gemeinschaftlicher Übereinstimmung zu der rechten oder nördlichen Seite. Ehe wir das taten, veränderten wir unsere Reihenfolge. Croz ging voran, ich folgte, dann kam Hudson; Hadow und der alte Peter waren die Letzten. »Jetzt kommt etwas ganz anderes«, sagte Croz, als er die

Führung übernahm. Die Arbeit wurde schwieriger und erforderte Vorsicht. An einigen Stellen gab es wenig Halt und diejenigen mussten vorangehen, welche nicht so leicht ausglitten. Hier war die allgemeine Neigung des Berges weniger als 40 Grad und die Zwischenräume zwischen den Felsschichten hatten sich mit Schnee gefüllt, so dass nur gelegentlich Steine hervortraten. Diese waren zuweilen mit einer dünnen Eiskruste überzogen, die sich durch das Schmelzen des Schnees gebildet hatte. Im kleinen Maßstab hatten wir hier ein Gegenstück der höchsten 700 Fuß der Pointe des Ecrins, nur mit dem wesentlichen Unterschiede, dass jener Gipfel den Winkel von 50 Grad überschritt und das Matterhorn noch nicht an 40 Grad herankam. Es war eine Stelle, die jeder tüchtige Bergsteiger sicher begehen konnte, und Herr Hudson erstieg sie, wie auch den ganzen Berg, ohne jemals der leisesten Hilfe zu bedürfen. Ich ließ mir von Croz zuweilen die Hand reichen oder bat ihn, das Seil anzuziehen, und wollte dann Hudson denselben Beistand leisten, aber er lehnte ihn immer als unnötig ab. Herr Hadow war an diese Art von Arbeit nicht gewöhnt und bedurfte beständiger Unterstützung, doch war es bloß sein Mangel an Erfahrung, was ihn in Verlegenheiten brachte.

Dieser einzige schwierige Teil war von keiner großen Ausdehnung. Zuerst gingen wir etwa 400 Fuß weit und fast in gerader Linie quer über ihn weg, dann stiegen wir etwa 60 Fuß hoch direkt gegen den Gipfel empor und wendeten uns nun zu dem Grat zurück, der nach Zermatt hinuntergeht. Nachdem wir um eine ziemlich schlimme Ecke gebogen waren, befanden wir uns wieder auf Schnee. Der letzte Zweifel verschwand jetzt vollständig. Das Matterhorn gehörte uns! Wir hatten bloß noch 200 Fuß über bequemen Schnee zu gehen.

Wir müssen uns jetzt in Gedanken zu den sieben Italienern zurückversetzen, die am 11. Juli von Breil aufbrachen. Seit ihrer Abreise waren vier Tage verstrichen und wir wurden von der Angst gequält, dass sie den Gipfel vor uns erreichen könnten. Auf dem ganzen Wege hatten wir von ihnen gesprochen und mehrmals

Menschen auf der höchsten Spitze zu sehen geglaubt. Je höher wir stiegen, umso größer wurde unsere Aufregung. Wie leicht konnten wir noch im letzten Augenblick geschlagen werden. Die Steigung nahm ab, wir konnten uns endlich losbinden und Croz und ich stellten Kopf an Kopf ein Wettrennen an. Um drei Viertel auf zwei Uhr lag die Welt zu unseren Füßen und das Matterhorn war besiegt. Hurra! Nicht ein Fußstapfen unserer italienischen Nebenbuhler war zu sehen.

Es war noch immer nicht gewiss, dass wir nicht geschlagen worden seien. Der Gipfel des Matterhorns besteht aus einem unebenen Grat von etwa 350 Fuß Länge und die Italiener konnten auf dem entgegengesetzten Endpunkte gewesen sein. Ich eilte dorthin und blickte rechts und links über den Schnee, hurra, er war nicht betreten worden. »Wo waren die Leute!« Halb in Zweifel, halb in Erwartung beugte ich mich über die Klippe. Sofort sah ich sie, aber als bloße Punkte auf dem Grat und ungeheuer weit unten. Meine Arme und mein Hut flogen in die Höhe. »Croz, kommen Sie hierher!« »Wo sind sie?« »Dort, sehen Sie sie nicht, dort unten.« »Ah, das ist ja hübsch weit unten.« »Croz, die Leute müssen uns hören.« Wir schrien, bis wir heiser waren. Die Italiener schienen uns anzusehen, doch war die Sache nicht gewiss. »Croz, sie müssen und sollen uns hören.« Ich rollte einen Felsblock hinunter und beschwor meinen Gefährten im Namen unserer Freundschaft, dasselbe zu tun. Wir trieben unsere Stöcke in Riffe und bald polterte ein Strom von Steinen die Klippe hinunter. Diesmal waren wir unserer Sache gewiss. Die Italiener machten kehrt und flohen.

Gern hätte ich gewünscht, dass der Führer jener Gesellschaft in diesem Augenblick neben uns gestanden hätte, denn unser Siegesgeschrei sagte ihm, dass er sein höchstes Lebensziel verfehlt habe. Von allen, die das Matterhorn zu ersteigen versuchten, verdiente er am meisten, den Gipfel zuerst zu erreichen. Er war der Erste, der seine Unersteiglichkeit bezweifelte, und der Einzige, der an dem Glauben festhielt, dass die Ersteigung gelingen werde. Es war sein Lebensziel, seinem heimatlichen Tal zu Ehren den Sieg von der italienischen Seite zu gewinnen. Eine Zeit lang hatte er das Spiel in seiner Hand und glaubte es vorzüglich zu spielen, aber er machte einen Fehler und verlor es. Seitdem haben sich die Zeiten für Carrel geändert. Seine Herrschaft wird in Val Tournanche angefochten, neue Männer sind aufgetaucht und er gilt nicht mehr für den unvergleichlichen Jäger, aber solange er der Mann bleibt, der er heute ist, wird er nicht so leicht von jemand übertroffen werden.

Die anderen waren jetzt angekommen und wir gingen zum nördlichen Ende des Grats zurück. Croz ergriff nun die Zeltstange und pflanzte sie in den höchsten Schnee. »Die Fahnenstange ist da, aber wo ist die Fahne?«, sagten wir. »Hier ist sie«, sagte er, zog sein Staubhemd aus und band es an den Stab. Es war eine armselige Fahne und kein Wind blähte sie auf, aber man sah sie doch rings umher. In Zermatt, auf der Riffel, in Val Tournanche wurde sie gesehen. In Breil schrien die Leute: »Wir haben gesiegt!« Ließen für Carrel Bravos, für Italien Lebehochs erschallen und dachten an ein großes Fest. Am nächsten Morgen war es mit ihrer Freude aus, denn die Italiener kehrten traurig und niedergeschlagen zurück. »Da haben wir es«, sagten die Leute. »Die alten Sagen sind wahr, es gibt oben auf dem Matterhorn böse Geister. Wir haben sie selbst gesehen, sie warfen mit Steinen nach uns.«

Wir kehrten zu dem südlichen Endpunkt des Grates zurück, um dort eine Pyramide zu errichten, und brachten dann der Aussicht unsere Huldigung dar. Es war einer der ungewöhnlich ruhigen und heiteren Tage, denen gewöhnlich schlechtes Wetter zu folgen pflegt. Die Luft war vollkommen still und von allen Dünsten frei. Berge, die zehn, ja zwanzig deutsche Meilen entfernt waren, zeichneten sich mit scharfen Umrissen ab und sahen ganz nahe aus. Alle ihre Einzelzüge, ihre Grate und Klippen, ihre Schneefelder und Gletscher, ließen sich genau erkennen. Angenehme Erinnerungen an schöne Tage früherer Jahre stellten sich ungebeten ein, als wir die alten vertrauten Formen erkannten. Alle enthüllten sich uns, nicht einer der Hauptgipfel der Alpen versteckte sich vor uns. Ich sehe sie jetzt deutlich vor mir, diese näheren Kreise von Riesen mit

Ketten, Gebirgsblöcken und Reihen im Hintergrund. Zuerst kam der Dent Blanche, rau und groß, das Gabelhorn und das spitze Rothorn, weiterhin das unvergleichliche Weißhorn, die turmartigen Mischabelhörner, eingefasst von Allaleinhorn, Strahlhorn und Rimpfischhorn, dann der Monte Rosa mit seinen vielen Spitzen, der Lyskamm und das Breithorn. Nun folgten die Berge des Berner Oberlandes, beherrscht vom Finsteraarhorn, die Gruppen des Simplon und des St. Gotthard, der Disgrazia und der Orteler. Gegen Süden blickten wir auf Chivaffo in der piemontesischen Ebene hinunter und noch weit darüber hinaus. Der 20 Meilen entfernte Viso schien dicht neben uns zu stehen, die Seealpen, zwischen denen und uns 30 Meilen lagen, waren von jedem Dunst frei. Dann kam meine erste Liebe, der Belvour, die Ecrins und der Meije, es zeigten sich die Gruppen der Grajischen Alpen und den Schluss im Westen machte, vom hellsten Sonnenlicht bestrahlt, der Monarch dieser ganzen Gebirgswelt, der Mont Blanc. 10 000 Fuß unter uns lagen die grünen Felder von Zermatt mit ihren Sennhütten, aus denen blauer Rauch langsam aufstieg. Auf der anderen Seite zeigten sich in einer Tiefe von 8 000 Fuß die Weiden von Breil. Da gab es schwarze, düstere Wälder und heitere, sonnige Wiesen, springende Wasserfälle und ruhige Seen, fruchtbare Felder und wüste Einöden, warme Ebenen und kalte Hochflächen, die wildesten Formen und die anmutigsten Linien, kühne, senkrechte Klippen und wellenförmige Abhänge, düstere und ernste Felsgebirge und weiße schimmernde Schneegebirge mit Mauern, Türmen, Nadeln, Pyramiden, Domen, Kugeln und Spitzen. Es war eine Verbindung von allem, was die Welt zu geben vermag, und jeder Kontrast, den das Herz sich wünschen kann, war vertreten.

Wir verweilten auf dem Gipfel eine Stunde, die uns die herrlichsten Genüsse bot. Sie ging nur zu rasch vorüber und wir begannen uns nun auf den Rückweg vorzubereiten.

* * *

Hudson und ich hielten eine neue Beratung, in welcher Reihenfolge wir gehen sollten. Für das Beste hielten wir, dass Croz der Erste und Hadow der Zweite sei. Hudson, der hinsichtlich der Sicherheit seines Fußes einem Führer beinahe gleichzustellen war, wünschte der Dritte zu sein. Hinter ihn stellten wir Lord F. Douglas, auf den der alte Peter als der stärkste unter den Übrigen folgte. Ich machte Hudson den Vorschlag, bei unserer Ankunft an der schwierigen Stelle ein Seil um die Felsen zu schlingen, damit wir beim Hinabsteigen einen Schutz mehr hätten. Er billigte meine Idee, doch wurde nicht bestimmt ausgesprochen, dass es geschehen solle. Während die Gesellschaft sich in der oben angegebenen Weise ordnete, nahm ich eine Skizze des Gipfels auf. Meine Gefährten waren eben fertig und warteten darauf, dass ich mich an das Seil binden ließ, als jemand sich erinnerte, dass wir vergessen hätten, unsere Namen aufzuschreiben und in eine Flasche zu stecken. Ich besorgte das auf ihre Bitten und sie gingen inzwischen weiter.

Einige Minuten später band ich mich am jungen Peter an, lief den anderen nach und erreichte sie, als sie eben das Hinabsteigen der schwierigen Stelle begannen. Es wurde die größte Vorsicht gebraucht. Immer bewegte sich bloß einer, und erst wenn er festen Fuß gefasst hatte, folgte der Nächste. Ein Seil war nicht um die Felsen geschlungen worden und niemand sprach davon. Ich hatte den Vorschlag nicht um meinetwillen gemacht und weiß nicht, ob er mir jetzt wieder in den Sinn kam. Wir beide folgten den Übrigen in geringer Entfernung und waren von ihnen getrennt, bis Lord Douglas mich etwa um drei Uhr nachmittags bat, dass ich mich an den alten Peter anbinden möchte. Er fürchtete nämlich, wie er sagte, dass Taugwalder, wenn ein Ausgleiten vorkomme, nicht fest auf den Füßen bleiben werde.

Einige Minuten später eilte ein Bursche, der ein scharfes Auge hatte, zu Seiler ins Monte-Rosa-Hotel und erzählte, dass er vom Gipfel des Matterhorns eine Lawine gegen den Matterhorn-Gletscher hin habe fallen sehen. Dem Jungen wurde verwiesen, dass er müßige Geschichten erzähle, aber er sprach die Wahrheit und hatte Folgendes gesehen.

Michel Croz hatte sein Beil beiseite gelegt und beschäftigte sich mit Herrn Hadow, um demselben größere Sicherheit zu geben. Er hatte ihn an die Beine gefasst und brachte seine Füße einen nach dem anderen in richtige Lage. Soviel ich weiß, war keiner im eigentlichen Hinabsteigen begriffen. Mit Gewissheit kann ich nicht sprechen, weil ich die beiden Vordersten wegen einer dazwischenliegenden Felsmasse zum Teil nicht sehen konnte, aber aus den Bewegungen ihrer Schultern musste ich schließen, dass Croz, nachdem er das eben Erwähnte getan hatte, sich umdrehen wollte, um einen oder zwei Schritte weiterzugehen, als Herr Hadow ausglitt, gegen ihn fiel und ihn umwarf. Ich hörte von Croz einen Ausruf des Schreckens und sah ihn und Hadow niederwärts fliegen. Im nächsten Moment wurden Hudson und unmittelbar darauf auch Lord Douglas die Füße unter dem Leibe weggerissen. Dies alles war das Werk eines Augenblicks. Sowie wir Croz aufschreien hörten, pflanzten der alte Peter und ich uns so fest auf, als das Gestein uns gestattete. Das Seil war zwischen uns straff angezogen und der Ruck traf uns, als wenn wir bloß einer wären. Wir erhielten uns, aber zwischen Taugwalder und Lord Douglas riss das Seil. Einige Sekunden lang sahen wir unsere unglücklichen Gefährten auf den Rücken niedergleiten und mit ausgestreckten Händen nach einem Halt suchen. Noch unverletzt kamen sie uns aus dem Gesicht, verschwanden einer nach dem anderen und stürzten von Felswand zu Felswand auf den Matterhorn-Gletscher oder in eine Tiefe von beinahe 4 000 Fuß hinunter. Von dem Augenblick, wo das Seil riss, war ihnen nicht mehr zu helfen.

So starben unsere Gefährten! Wohl eine halbe Stunde lang blieben wir an Ort und Stelle, ohne einen einzigen Schritt zu tun. Die beiden Führer, vom Schreck gelähmt, weinten wie Kinder und zitterten so, dass uns das Schicksal der anderen drohte. Der alte Peter erschütterte die Luft mit seinen Ausrufungen: »Chamouny, was wird Chamouny sagen?« Er meinte damit: »Wer wird glauben,

dass Croz fallen kann?« Der junge Peter schrie und schluchzte
fortwährend: »Wir sind verloren, wir sind verloren!« Zwischen
den beiden eingeklemmt, konnte ich weder vorwärts noch rückwärts. Ich bat den jungen Peter herunterzusteigen, aber er wagte es
nicht. Ehe er das nicht tat, kamen wir nicht vorwärts. Der alte Peter wurde sich der Gefahr bewusst und stimmte in das Geschrei
ein: »Wir sind verloren, wir sind verloren!« Die Furcht des Vaters
war natürlich – er zitterte für seinen Sohn; der junge Mann benahm sich feig – er dachte bloß an sich. Endlich fasste der alte Peter Mut und ging zu einem Felsen, an dem er das Seil befestigen
konnte. Nun stieg der junge Mann herab und wir standen alle nebeneinander. Ich ließ mir jetzt das zerrissene Seil geben und fand zu
meinem Staunen, ja zu meinem Entsetzen, dass es das schwächste
der drei Seile war. Zu dem Zweck, dem es gedient hatte, war es
nicht bestimmt und hätte auch nie dazu verwendet werden sollen.
Es war ein altes und im Verhältnis zu den anderen schwaches Seil.
Ich hatte es bloß für den Fall mitgenommen, dass wir viel Seil um
die Felsen schlingen und zurücklassen müssten. Ich sagte mir
sogleich, dass hier eine ernste Frage vorliege, und ließ mir das
Ende geben. Es war mitten in der Luft zerrissen und schien vorher
keine Beschädigung erlitten zu haben.

In den nächsten zwei Stunden glaubte ich stets, dass der nächste
Augenblick mein letzter sein werde, denn die Taugwalders hatten
allen Mut verloren und konnten mir nicht bloß keine Hilfe leisten,
sondern befanden sich auch in einem solchen Zustand, dass sich
jeden Augenblick ein Ausgleiten von ihnen erwarten ließ. Nach einiger Zeit konnten wir tun, was von Anfang an hätte geschehen
sollen, und schlangen Seile um feste Felsblöcke, während wir
zugleich aneinander gebunden blieben. Diese Seile wurden von
Zeit zu Zeit abgeschnitten und zurückgelassen. Trotz dieser Vor-
sichtsmaßregel gingen meine Führer mit großer Furcht vorwärts
und mehrmals wendete sich der alte Peter mit aschfahlem Gesicht
und zitternden Gliedern zu mir um und sagte mit schrecklichem
Nachdruck: »Ich kann nicht!«

Um sechs Uhr abends standen wir auf dem Schnee des nach Zermatt hinunterführenden Grats und hatten alle Gefahren überwunden. Häufig und immer vergebens spähten wir nach Spuren unserer unglücklichen Gefährten. Wir bogen uns über den Grat und riefen, aber kein Ton kam zurück. Endlich kamen wir zu der Überzeugung, dass sie außerhalb der Gesichts- und Hörweite seien, und stellten unsere nutzlosen Bemühungen ein. Zum Sprechen zu niedergeschlagen, nahmen wir stillschweigend unsere Sachen und die kleinen Effekten der Verschwundenen auf, um unseren Rückweg fortzusetzen. Da zeigte sich ein mächtiger Regenbogen, der über dem Lyskamm hoch in die Luft aufstieg. Bleich, farblos und geräuschlos, aber mit Ausnahme der Stelle, wo die Wolken sich eindrängten, vollständig scharf und abgegrenzt, schien diese überirdische Erscheinung ein Bote aus einer anderen Welt zu sein. Wir erschraken fast, als zu beiden Seiten zwei ungeheure Kreuze hervortraten, deren allmähliche Entwicklung wir mit Staunen beobachteten. Wenn die Taugwalders sie nicht zuerst gesehen hätten, so würde ich meinen Sinnen nicht getraut haben. Sie glaubten, dass die Kreuze in einer gewissen Beziehung zu dem Unfall ständen, ich kam aber nach einiger Zeit zu der Ansicht, dass wir auf sie einwirkten. Unsere Bewegungen äußerten aber gar keinen Einfluss auf die Nebelformen, welche unverändert blieben. Es war ein furchtbarer und wunderbarer Anblick, den ich noch nie gehabt hatte und der in einem solchen Moment etwas außerordentlich Erschütterndes hatte.

Ich wollte aufbrechen und wartete auf die anderen. Beide hatten ihren Appetit und den Gebrauch ihrer Zungen wiederbekommen. Sie unterhielten sich in ihrem Patois, das ich nicht verstand. Endlich sagte der Sohn französisch: »Monsieur.« »Nun?« »Wir sind arme Leute und haben unseren Herrn verloren; wir werden keine Bezahlung bekommen und können sie schwer entbehren.« »Halt«, sagte ich, »das ist Unsinn; ich werde Sie natürlich bezahlen, als wenn ich Ihr Herr wäre.« Sie unterhielten sich einige Zeit in ihrem Patois und dann nahm der Sohn wieder das Wort: »Wir wünschen

nicht, dass Sie uns bezahlen. Schreiben Sie lieber in das Fremden-
buch zu Zermatt und in die englischen Zeitungen, dass wir nicht
bezahlt worden sind.« »Was schwatzen Sie da für dummes Zeug?
Ich verstehe Sie nicht. Was meinen Sie?« Er fuhr fort: »Nun,
nächstes Jahr werden viele Fremde nach Zermatt kommen und
dann erhalten wir mehr Reisende.«

Was ließ sich auf einen solchen Antrag sagen? Ich gab ihnen keine Antwort, aber sie sahen, wie empört ich war. Sie füllten den bit-
tern Kelch bis zum Überfließen und ich eilte die Klippen so schnell
hinunter, dass sie mich mehrmals fragten, ob ich sie töten wolle. Es
wurde Nacht und eine Stunde lang stiegen wir noch im Dunkeln
hinunter. Um halb zehn Uhr zeigte sich ein Ruheplatz und auf einer elenden Felsplatte, die kaum für uns drei Platz bot, verbrachten wir sechs traurige Stunden. Bei Tagesanbruch stiegen wir weiter hinab und eilten vom Hörnligrat zu den Sennhütten von Buhl
und nach Zermatt. Seiler begegnete mir an seiner Tür und folgte
mir schweigend auf mein Zimmer. »Was ist geschehen?« »Die
Taugwalders und ich sind zurückgekehrt.« Er wusste genug und
brach in Tränen aus, verlor aber mit unnützen Klagen keine Zeit
und bot das Dorf auf. Es dauerte nicht lange, so war eine Schar
von Männern aufgebrochen, um die Hohlicht-Höhen über Kal-
bermatt und Z'Mutt zu ersteigen, welche den Matterhorn-Gletscher beherrschen. Nach sechs Stunden kehrten sie zurück und erzählten, dass sie die Körper regungslos auf dem Schnee hätten
liegen sehen. Dies war sonnabends und am Sonntag wollten sie
abends wieder aufbrechen, so dass sie am Montag bei Tagesanbruch auf dem Gletscher sein könnten.

Da ich die geringste Aussicht auf Rettung meiner Gefährten
nicht aufgeben mochte, beschloss ich, mit dem Geistlichen M'Cor-
mick schon am Sonntagmorgen zu gehen. Die Leute aus Zermatt
konnten uns nicht begleiten, da sie von ihren Priestern mit Exkom-
munikation bedroht wurden, wenn sie in der Frühmesse fehlten.
Für einige von ihnen war das ein wahrer Schmerz und Peter Perrn
erklärte mit Tränen, dass nur dies allein ihn abhalten könne, der

Aussuchung seiner alten Gefährten beizuwohnen. Engländer kamen uns zu Hilfe. Die Herren Robertson und Phillpotts boten sich und ihren Führer Franz Andermatten an, ein anderer Landsmann trat uns ebenfalls seine beiden Führer, Joseph Marie und Alexander Lochmatter, ab. Friedrich Bayot und Johann Tairraz aus Chamouny schlossen sich freiwillig an.

Am Sonntag brachen wir um zwei Uhr morgens auf und folgten der Straße, die wir am vorigen Donnerstag eingeschlagen hatten, bis zum Hörnli. Von dort stiegen wir rechts zum Grat hinab und kletterten durch die *Séracs* des Matterhorn-Gletschers. Um halb neun Uhr hatten wir die Hochflächen über dem Gletscher erreicht und befanden uns in Sicht des Winkels, wo meine Freunde liegen mussten. Als ich sah, wie ein vom Wetter gebräunter Mann nach dem anderen das Fernrohr erhob, totenbleich wurde, sich umwendete und das Instrument dem Nächsten gab, da wusste ich, dass es mit aller Hoffnung vorüber sei. Wir traten näher, die Verunglückten lagen in der Reihenfolge, wie sie oben gestürzt waren, Croz etwas voraus, Hadow in seiner Nähe und Hudson weiter hinten; von Lord Douglas war nichts zu sehen. Wir begruben sie an Ort und Stelle im Schnee am Fuße der größten Klippe des majestätischsten Berges der Alpen.

Alle Gestürzten waren mit dem Manila- oder mit dem zweiten und gleich starken Seil zusammengebunden, so dass mithin das schwächere Seil bloß an einer Stelle, nämlich zwischen Lord Douglas und dem alten Peter, benutzt worden war. Das sah für Taugwalder sehr hässlich aus, denn es ließ sich unmöglich annehmen, dass die anderen die Verwendung eines weit schwächeren Seils gebilligt hätten, da wir von den bessern Aren noch 250 Fuß benutzen konnten. Um des alten Führers willen, der in einem guten Ruf stand, und auch aus anderen Gründen war es wünschenswert, dass dies aufgehellt werde, und ich reichte deshalb, nachdem ich vom Untersuchungsgericht verhört worden war, eine Reihe von Fragen ein, die ich so stellte, dass sie dem alten Peter Gelegenheit boten, sich von dem schweren Verdacht zu reinigen, der sogleich auf ihn gefallen war. Die Fragen wurden gestellt und beantwortet, aber ich habe vom Gericht die versprochene Auskunft nie erhalten.

Die Behörde hatte inzwischen strenge Weisungen erlassen, die Leichen herbeizuschaffen, und am 19. Juli führten 21 Männer aus Zermatt diese traurige und gefährliche Arbeit aus. Von Lord Douglas sahen auch sie nichts und wahrscheinlich ist er oben an dem Felsen hängen geblieben. Die Überreste Hadows und Hudsons wurden auf der Nordseite des Kirchhofs von Zermatt in der Gegenwart teilnehmender Freunde bestattet. Michel Croz liegt auf der anderen Seite unter einem einfachen Grabhügel, dessen Inschrift seiner Ehrlichkeit, seines Muts und seines Eifers rühmend gedenkt.

Die sagenhafte Unzugänglichkeit des Matterhorns ist nun verschwunden und durch Legenden ersetzt worden, die der Wirklichkeit besser entsprechen. Andere werden seine stolzen Klippen zu erklettern suchen, aber für keinen wird es das Gebirge sein, das es für seine ersten Erforscher war. Andere können seine Schneegipfel betreten, aber keiner wird die Gefühle derjenigen empfinden, welche von da zuerst auf das wunderbare Alpenpanorama geblickt haben, und hoffentlich wird auch keiner wieder die Erfahrung machen, dass die Freude sich in Schmerz und das Lachen in Weinen verwandelt. Das Matterhorn war ein hartnäckiger Feind, wehrte sich lange, teilte manchen schweren Schlag aus, und als es endlich mit einer Leichtigkeit, die niemand für möglich gehalten hatte, besiegt wurde, da nahm es als heimtückischer Gegner, der überwunden, aber nicht zermalmt ist, eine fürchterliche Rache. Einst kommt die Zeit, wo das Matterhorn verschwunden ist und nichts als ein Haufen formloser Trümmer die Stelle bezeichnet, auf der der große Berg gestanden hat, denn ein Atom nach dem anderen, Zoll auf Zoll und Elle auf Elle unterliegt Kräften, denen nichts zu widerstehen vermag. Diese Zeit ist fern und noch in manchem Menschenalter wird man in seine schrecklichen Abgründe blicken und seine einzige Form bewundern. Wie groß die Vorstellungen der Menschen dann sein und welche übertriebene Erwartungen sie hegen mögen, so wird doch keiner unbefriedigt scheiden.

Das Spiel ist aus, der Vorhang fällt. Ehe wir scheiden, noch ein Wort über die ernsten Lehren des Gebirgs. Siehe jene Höhe! Sie liegt weit entfernt und unwillkürlich stellt sich das Wort »Unmöglich!« ein. »Nein«, sagt der Bergsteiger. »Ich weiß, dass der Weg lang ist, dass er schwierig, vielleicht sogar gefährlich ist, aber unmöglich ist die Ersteigung nicht. Ich will den Weg suchen; lass dir von erfahrenen Gefährten raten, erkunde, wie sie ähnliche Höhen erreicht haben, und lerne die Gefahren vermeiden.« Er bricht auf, während unten noch alles schlummert; der Pfad ist schlüpfrig und mühsam, Vorsicht und Beharrlichkeit erkämpfen den Sieg, die Höhe ist erreicht und unten rufen die Leute: »Unglaublich, übermenschlich!«

Wir, die wir die Berge erklettern, haben die Überlegenheit eines festen und beharrlichen Wollens über die rohe Kraft beständig in Gedanken. Wir wissen, dass jede Höhe durch geduldige und mühsame Anstrengung gewonnen werden muss und dass wünschen nicht arbeiten heißt. Wir kennen Wohltaten gegenseitiger Hilfe und wissen, dass wir mancher Schwierigkeit begegnen und manches Hindernis besiegen oder umgehen müssen, aber wir wissen auch, dass ein entschlossener Wille sich den Weg bahnt, und wenn wir zu unseren täglichen Beschäftigungen zurückkehren, so sind wir für den Kampf des Lebens und für die Überwindung der Hemmnisse, die uns den Weg versperren wollen, besser gerüstet und schöpfen aus der Erinnerung früherer Mühen und aus dem Andenken an Siege, die wir auf anderen Feldern davongetragen haben, neue Kraft und Lebensfreudigkeit.

Ich habe mich nicht zum Anwalt oder Lobredner des Bergsteigens gemacht und denke auch die Rolle des Sittenpredigers nicht zu spielen, doch würde ich meiner Aufgabe schlecht genügen, wenn ich ohne eine Hinweisung auf die ernsteren Lehren schlösse, welche uns durch Alpenfahrten zuteil werden. Wir freuen uns der körperlichen Wiedergeburt, welche die Folge unserer Anstrengungen ist, wir jubeln über die Großartigkeit der Szenen, die uns vor die Augen treten, über die Herrlichkeit des Aufgangs und des Untergangs der Sonne und die Schönheiten von Berg und Tal, Wald und Wasserfall, aber noch mehr gilt uns die Entwicklung der Männlichkeit und die Ausbildung edler menschlicher Tugenden, des Muts, der Geduld, der Beharrlichkeit und der Seelenstärke im Kampf mit Schwierigkeiten.

Mancher schätzt diese Tugenden nicht so hoch und schreibt denen, welche sich unseres unschuldigen Sports erfreuen, niedrige und verächtliche Triebfedern zu. »Sei keusch wie Eis und rein wie Schnee, der Verleumdung entgehst du nicht.« Anderen wieder, die nicht übel von uns reden, ist das Bergsteigen als Sport vollständig unbegreiflich.

Darüber darf man sich jedoch nicht wundern, denn wir sind nun einmal nicht alle gleich geschaffen. Das Bergsteigen ist eine Beschäftigung, die für den jungen und kräftigen, nicht aber für den alten, schwachen Mann passt. Für den Letzteren ist die Anstrengung kein Vergnügen und deshalb hört man von ihm oft: »Wie kann eine solche Anstrengung ein Genuss sein?« Allerdings muss der Bergsteiger sich anstrengen, aber er erweckt dadurch alle seine Fähigkeiten, gewinnt dadurch Kraft, und zwar nicht bloß der Muskeln, und aus dem Kraftbewusstsein erwächst ihm Genuss. Ferner wird man oft in einem Ton, der über den Sinn der Frage keine Zweifel aufkommen lässt, angeredet: »Macht sich die Sache denn bezahlt?« Nun, so lässt sich unser Genuss nicht abschätzen, wie man Wein misst oder Blei wiegt, aber trotzdem ist er ein reeller. Könnte ich jede Erinnerung verwischen und alles aus meinem Gedächtnis streichen, so würde ich immer noch sagen, dass meine Alpenfahrten sich bezahlt gemacht haben, denn sie haben mir zwei der besten Dinge gegeben, die der Mensch überhaupt besitzen kann, nämlich Gesundheit und Freunde.

Die Erinnerungen an Genüsse der Vergangenheit lassen sich nicht verwischen. Während ich diese Zeilen schreibe, drängen sie sich an mich heran. Zuerst kommt eine endlose Reihe von Gemälden, prachtvoll in Form, Wirkung und Farbe. Ich sehe die großen in Wolken gehüllten Gipfel, die für die Ewigkeit gebaut zu sein scheinen, ich höre die Musik der fernen Herden, das Jodeln der Bauern, den feierlichen Klang der Kirchenglocken, ich rieche den kräftigen Duft der Fichten, und nachdem diese Bilder vorüber sind, kommt ein anderer Zug von Gedanken, Erinnerungen an ehrliche, brave und treue Männer, an freundliche Herzen und kühne Taten und an Zuvorkommenheiten Fremder, die an sich unbedeutend sind, aber von jenem Wohlwollen gegen Menschen zeugen, in dem das Wesen der Liebe liegt.

Dann drängt sich die letzte trübe Erinnerung heran und vertreibt wie ein wogender, die Sonne verfinsternder und kältender Nebel das Andenken glücklicher Zeiten. Ich habe Freuden genossen, die zu groß sind, um in Worten beschrieben werden zu können, und habe Kummer gehabt, an den ich nicht gern denke, und mit diesen Erfahrungen vor Augen sage ich: Ersteige die Hochalpen, wenn du willst, aber vergiss nie, dass Mut und Kraft ohne Klugheit nichts sind und dass eine augenblickliche Nachlässigkeit das Glück eines ganzen Lebens zerstören kann. Übereile dich nie, achte genau auf jeden Schritt und denke beim Anfang immer, wie das Ende sein kann!

John Long
Die größte Sünde

Beim Klettern lernt man manches, wenn auch oft zu spät. Der Schriftsteller John Long, ein erfahrener Kletterer, hat begriffen, was für ihn das Wichtigste ist.

Wenn man über 80 Meilen fährt, sperren einen die Polizisten ein. Also fahre ich mit weisen 79 Meilen. Tobin Sorenson fuhr immer 100 – bis sein Datsun in Stücke flog. Niemand war überrascht, als er beim Versuch eines Alleingangs in der Nordwand des Mount Alberta tödlich abstürzte. Vorsicht war nicht Tobins Sache. Er stürzte sich voll Begeisterung und völlig furchtlos auf jeden Berg, am liebsten allein.

Ich nähere mich dem Joshua Tree National Monument, wo es vor zwei Wochen einen anderen Kumpel bei einer Solotour erwischt hat. Nach seinem Sturz schaute ich mich am Fuß der Wand um und schauderte beim Anblick der grässlichen Blutflecken, der abgerissenen Fleischfetzen und Haarbüschel. Beim Soloklettern darf man keinen Fehler machen. Trotzdem grüble ich hin und her über diese beiden Todesfälle und glaube, sie wären vermeidbar gewesen. Soloklettern ist schon okay, denke ich, man muss nur seine eigenen Fähigkeiten richtig einschätzen und sich nicht durch Gruppendruck oder Eitelkeit zu unvernünftigen Entscheidungen verleiten lassen. Bei 85 Meilen in der Stunde kommt Joshua Tree rasch näher, aber die Nacht zieht sich trotzdem.

Die Morgensonne lugt über den flachen Horizont und vergoldet die zahllosen Felsen, die den Wüstenboden sprenkeln und auf denen wir klettern wollen. Die größten sind knapp 50 Meter hoch. Ich fahre bei John Bachar vor, der vielleicht der weltbeste Freeclimber ist. Er hält sich seit zwei Monaten in Joshua auf und verblüfft alle mit seinen Solokletterreien. Es ist Winter und ich kann wegen der Schule nur am Wochenende klettern; deswegen bin ich zwar hochmotiviert, aber nur mäßig in Form. Bachar schlägt einen Half-Dome-Tag vor. Der Half Dome ist 600 Meter oder 20 Seillängen hoch. Wir müssen also 20 Seillängen auf den verschiedenen Felsen klettern, um unseren Half-Dome-Tag zu schaffen. Bachar ist im Nu gerüstet und schnallt sich den Gurt um, an dem der Magnesiumbeutel hängt. »Fertig?« Erst jetzt wird mir klar, dass er die ganzen 20 Touren solo klettern will. Um das Gesicht zu wahren, stimme ich zu und denke: Wenn er etwas gar zu Verrücktes vorschlägt, mache ich einfach nicht mit.

Es beginnt mit vertrauten Verhältnissen; wir klemmen Hände und Füße in senkrechte Risse, drücken unsere hautengen Kletterschuhe an kümmerliche Erhebungen, ziehen uns an winzigen Griffen über Dächer, hängen am rauen Fels und finden alles wunderbar. Wir klettern ohne Seil. Eine leise Stimme fragt manchmal, wie sicher ein zentimetergroßer, brüchiger Griff sein kann. Wenn du am straffen Seil kletterst, dann setzt du deine Hand oder Zehenspitze ohne Bedenken auf diese winzige Erhebung und ziehst dich lässig hinauf. Aber so?

Nach drei Stunden haben wir zwölf Seillängen bewältigt und fühlen uns unbesiegbar. Wir erhöhen den Einsatz und steigern uns auf den Schwierigkeitsgrad 5.10. Unser Tempo verringert sich beträchtlich, aber um halb drei Uhr nachmittags sind wir 20 Seillängen geklettert. Als krönenden Abschluss schlägt Bachar ein 5.11-Solo vor. Das ist auch für den Besten keine Kleinigkeit. 5.11 ist so ungefähr das Äußerste, was ich im Winter schaffe, und das auch nur, wenn ich ausgeruht und gut drauf bin. Jetzt aber, nach 600 Metern Kletterstrecke, bin ich schlapp und zerschlagen und meine Aufmerksamkeit hat nachgelassen. Trotzdem trotten wir hinüber zum Intersection Rock, wo die örtlichen Kletterer gern herumlungern. Das soll der Schauplatz für Bachars letztes Solo werden.

Er geht gleich zur Sache und Dutzende von Kletterern erstarren zu Salzsäulen, als er loslegt. Er bewegt sich mit tadelloser Präzision, drückt seine Fingerspitzen in flache Vertiefungen der leicht überhängenden Wand. Ich achte auf jede seiner Bewegungen und mache mir im Geist Notizen. Nach 15 Metern legt er eine Pause ein, direkt unter dem Vorsprung, der das eigentliche Problem darstellt. Er spreizt den linken Fuß weit ab zu einer Unebenheit, klemmt seine Finger um eine winzige Leiste und zieht sich zu einem prächtigen, riesigen Griff empor. Die restlichen 30 Meter sind nur noch ein Spaziergang über die senkrechte Wand hinauf.

Schuhe, Magnesiumbeutel, Standort und Reputation stempeln mich in den Augen der sensationslüsternen Zuschauer zum nächsten Opfer. Alle Augen ruhen erwartungsvoll auf mir, in allen liegt die gleiche Aufforderung: *Na?!* Bei Bachar hat es eigentlich ganz einfach ausgesehen, denke ich und mache mich bereit.

Ich atme ein paarmal tief durch und versuche mich von meinem eigenen Mut zu überzeugen. Die ersten zwei Meter sind ganz einfach, dann beginnen diese angedeuteten Taschen, die ich vorsichtig abtaste, bevor ich mit aller Kraft zupacke. 15 Meter klettere ich schnell, beinahe unbewusst. Dann, als ich meinen linken Fuß zu jener Unebenheit abspreize, überfällt mich mit Eiseskälte die Erkenntnis, dass ich in der Eile die Abfolge der Bewegungen durcheinander gebracht habe, dass meine Hände zu tief an dieser lächerlichen Leiste sitzen, die ich mit schwindender Kraft umklammere, und dass mein Fuß zittert. Verzweifelt überlege ich, wann mein Körper sich selbständig machen und vor diesen herzlosen Salzsäulen am Boden aufprallen wird. Höllische Bilder überfluten mein Gehirn.

Ich schaue zwischen meinen Beinen hinab und der Magen dreht sich mir um bei der Vorstellung eines freien Falls auf die Felsblöcke dort unten. Die leise Stimme brüllt jetzt: »Tu was! Und zwar schnell!« Mein Atem geht hektisch und meine Arme, erschöpft

von den 600 gekletterten Metern, kommen mir ziemlich nutzlos
vor. Ich umklammere die winzige Leiste und ziehe die Füße nach,
so dass ich einen Arm ausstrecken und meine Hand in das Ende eines oberhalb gelegenen Risses klemmen kann. Aber der Riss ist zu
seicht, meine Hand passt nur zu einem Drittel hinein. Ich stecke
fest, von Panik erfüllt, und meine ganze Existenz verengt sich auf
einen einzigen kleinen Punkt. Aber den sehe ich wie durch ein Ver-
größerungsglas. Zerknirscht erkenne ich, dass ich die größte Sünde begangen habe: Ich habe mein Leben mutwillig aufs Spiel gesetzt. Das macht mich ganz krank. Ich weiß, dass verlorene
Sekunden leicht ... dann durchzuckt mich etwas, die Welt bleibt
stehen – oder treibt der Überlebenswille das Gehirn auf einmal zu
Höchstleistungen? Jedenfalls erkenne ich im Bruchteil einer Sekunde, dass ich leben möchte, nicht sterben! Aber die Reue ändert
nichts an den Tatsachen: Meine Arme sind schwach, die Beine
schlottern und der Kopf platzt mir fast vor Anstrengung. Ich habe
nicht einmal mehr Angst, fühle mich nur leer und gedemütigt.
Nachgeben, sich fallen lassen, das wäre jetzt leicht. Die leise Stimme sagt ruhig: »Wenn du sowieso stirbst, kannst du es doch
wenigstens versuchen.« Da hat sie Recht. Ich stoße meine zittern-
de Hand wieder in diesen Riss. Wenn ich diese eine kritische Bewegung schaffe, erreiche ich einen prima Griff und kann mich vor
dem letzten Abschnitt ausruhen. Ich mag meine zittrige Hand gar
nicht anschauen, die in dem flachen Riss so lächerlich aussieht. Sie
muss meine 86 Kilo halten, an einer überhängenden Wand, und
das ist ganz einfach unmöglich.

Seit einer Ewigkeit bibbert mein Körper nun an dieser Stelle,
aber es ist noch keine Sekunde vergangen. Meine Hand, die sich in
den Riss quetscht, sagt: »Keine Chance!«, aber die leise Stimme
sagt: »Probier's!« Ich ziehe mich langsam hinauf – mein linker Fuß
klebt immer noch an jener steilen Kante – und jener prima Griff ist
fast in Reichweite ... »Gleich hab ich ihn – jetzt!« Und gleichzeitig
rutscht meine rechte Hand aus dem Riss und mein linker Fuß
kommt von der Kante ab: Mein ganzes Gewicht hängt an meinem

geschwächten linken Arm. Adrenalin treibt mich raketengleich über diesen gepriesenen Griff hinauf; ich presse meine Brust an die Wand und kann meine 86 Kilo endlich wieder von meinen Beinen tragen lassen. Wie ich jetzt zu schlottern anfange, lässt sich mit Worten nicht beschreiben.

Diesmal dauert es echt eine Ewigkeit, bis ich überhaupt nur daran denke weiterzuklettern. Lieber würde ich mir mit einer Beißzange einen Zahn ziehen lassen. Schwarze Kreise tanzen mir vor den Augen, als ich auf den Gipfel krabble. »Hat ein bisschen zittrig ausgesehen«, sagt Bachar mit seinem freundlichen, entwaffnenden Grinsen.

An diesem Abend fuhr ich in die Stadt und leistete mir eine Flasche und am Sonntag, den Bachar mit einem »El-Capitan-Tag« (das bedeutet 900 zu kletternde Meter) verbrachte, wanderte ich durch schattige Wüstenschluchten, suchte Schildkröten, flocht Girlanden aus wilden Blumen und schaute den vorüberziehenden Wolken zu – lauter so Sachen, die ein Mensch macht, dem das Leben noch einmal geschenkt worden ist.

Glossar

Abseilen: Eine Methode, beim Abstieg einen Abhang oder eine Felswand zu überwinden, indem man ein Seil mit einem Bremsgerät verwendet, um die Abwärtsbewegung zu verlangsamen.

Alpinstil: Technik des Bergsteigens, bei der es darum geht, den Gipfel schnell, mit wenig Ausrüstung und möglichst geringem Expeditionsaufwand zu erreichen. In den letzten Jahren ist dieser Stil zur Routine geworden, selbst an Gipfeln und auf Routen, die ehemals nur von Expeditionen mit einer Vielzahl von Lagern unter Zuhilfenahme von Fixseilen und mit einer gewaltigen Schar Träger in Angriff genommen wurden.

Biwak: Improvisiertes oder unzureichendes Nachtlager, das nur unbedeutenden, minimalen Schutz bietet, beispielsweise ein Loch im Schnee oder ein »Biwaksack«.

Col: Ein Pass oder eine Senke auf einem Grat.

Couloir: Eine offene Rinne.

Felshaken: Keil aus Metall, der in eine Felsspalte geschlagen wird, um als Fixpunkt oder Sicherung zu dienen.

Fixpunkt: Natürliches Geländemerkmal oder künstliche Vorrichtung, die Bergsteiger und Ausrüstung am Berg hält.

Fixseile: Seile, die beim Bergsteigen an Ort und Stelle bleiben, um den Mitgliedern des Teams Schutz oder Hilfestellung zu bieten, wenn sie eine lange Route am Berg auf- oder absteigen.

Gletscherspalte: Ein Riss, der durch Gletscherbewegung entsteht. Gletscherspalten sind besonders gefährlich, wenn sie von Schnee bedeckt sind.

Jumar: Seilklemme, mit deren Hilfe Bergsteiger Fixseile in steilem Gelände hinaufklettern.

Kamin: Spalte in Fels oder Eis, die so breit ist, dass man hineinsteigen und darin hochklettern kann.

Karabiner: Verbindungsöse mit Schnappverschluss aus Leichtmetall, die beim Klettern zum Beispiel dazu dient, den Bergsteiger am Fixpunkt sicher einzuhängen.

Knifeblade: Sehr schmaler Felshaken.

Moräne: Geröll, Steine, Sand und dergleichen, die durch Gletscherbewegung angehäuft werden.

Queren: Klettern auf einer waagerecht verlaufenden Route.

Seillänge: Kletteretappe zwischen zwei Standplätzen.

Sérac: Ein großer Eisblock, eine Eisnadel oder ein Eisturm.

Sichern: Vorgang, bei dem ein Bergsteiger, der Sicherungsmann, das Seil, das an dem kletternden Mitglied des Teams befestigt ist, so bedient, dass ein Sturz gegebenenfalls gebremst bzw. aufgefangen werden kann. Der Sicherungsmann seinerseits ist über einen Fixpunkt gesichert und hat möglichst festen Stand am Berg, so dass er Halt findet, sollte es zu einem starken Zug am Seil kommen.

Sicherungsmittel: Natürliche Geländemerkmale, Haken oder andere technische Hilfsmittel, die verwendet werden, um eine Kletterroute für den Vorsteiger zu sichern. Ein Vorsteiger, der sich oberhalb seines Sicherungsmanns bewegt, kann sich schützen, indem er ein Sicherungsmittel im Fels, Eis oder Schnee platziert und dann sein Seil durch einen Karabiner laufen lässt, der an dem Sicherungsmittel befestigt ist.

Wechte: Schneemasse, die über den Rand eines Grates oder einer Klippe vorsteht. Es passiert immer wieder, dass Bergsteiger durch eine Wechte hindurchtreten.

Danksagung

Viele Menschen haben zum Entstehen der Anthologie beigetragen.

Neil Ortenberg und Susan Reich haben mit ihrer Sachkenntnis wertvolle Hilfe geleistet. Auch ohne Dan O'Connor und Ghadah Alrawi wäre es nicht gegangen.

Sue Canavan zeichnet für das Erscheinungsbild der amerikanischen Ausgabe verantwortlich. Maria Fernandez leitete die Produktion liebenswürdig und kompetent. Paul Paddock und Carol Petino halfen ihr dabei. Kathryn Daniels hat das Korrekturlesen mit größter Sorgfalt erledigt.

Die Bibliothekarinnen und Bibliothekare der Thomas Memorial Library in Cape Elizabeth, Maine, haben sich freundlich und ausdauernd bemüht, im ganzen Land Bücher aufzuspüren und zu beschaffen.

Bei der Zusammenstellung des Buchs hatte Shawneric Hachey die Hauptarbeit. Er hat Bücher, Genehmigungen, Fakten und Fotos zusammengetragen und die Texte gegengelesen. Meghan Murphy hat Fakten gesammelt und überprüft, Ideen beigesteuert und auch sonst auf manche Weise geholfen. Auch John Bishop, Mark Klimek und Taylor Smith haben ihr Teil dazu beigetragen, dass dieses Buch zustande kam.

All diesen Menschen und den vielen, die sonst noch geholfen haben, danke ich herzlich.

Nun zu meiner Familie und meinen Freunden.

Jenny Schwamm Willis hat mich – wieder einmal – beraten.

Abner Willis und Harper Willis, meine Söhne, haben viel Geduld aufgebracht.

Jay Schwamm und Judy Mello Schwamm haben mich mit den Tetons bekannt gemacht und mich viel über Großherzigkeit und Mut gelehrt.

Mein Freund und Lehrer Michael Jewell hat mich an seinem Wissen von der Bergsteigerei und anderen geheiligten Dingen teilhaben lassen.

Steve Longenecker hat mich vor 25 Jahren unter seine Fittiche genommen und er hat mir die Bücher *Annapurna-Südwand* und *Direttissima* geliehen.

Mein Freund Will Balliett hat die Arbeit wieder mal zum Vergnügen gemacht.

Schließlich danke ich allen Autoren, die für dieses Buch Beiträge zur Verfügung gestellt haben.

Quellennachweis

Auszug aus Edward Whymper, *Berg- und Gletscherfahrten in den Alpen*. Georg Westermann Verlag, Braunschweig, 1872. Aus dem Englischen von Dr. Friedrich Steger. Originaltitel: *Scrambles Amongst The Alps*.

John Long, *Die größte Sünde*. Aus dem Amerikanischen von Gertrud Bauer. Copyright der deutschen Übersetzung © 2001 by Econ Ullstein List Verlag GmbH & Co. KG, München. Originaltitel: *The Only Blasphemy*. Copyright © 1984 by John Long.

Clint Willis, *Glossar*. Aus dem Amerikanischen von Ute Mareik. Copyright der deutschen Übersetzung © 2000 by Econ Ullstein List Verlag GmbH & Co. KG, München. Originaltitel: *Glossary*. Copyright © 1999 by Clint Willis.

Clint Willis, Danksagung. Aus dem Amerikanischen von Gertrud Bauer. Copyright der deutschen Übersetzung © 2001 by Econ Ullstein List Verlag GmbH & Co. KG, München. Originaltitel: *Acknowledgments*. Copyright © 2000 by Clint Willis.

Bibliographie

Child, Greg. *Wie ich beinahe nicht auf den Everest gekommen wäre.* Aus dem Amerikanischen von Gertrud Bauer. Das Original erschien unter dem Titel »How I (Almost) Didn't Climb Everest«. In: *Postcards from the Ledge.* Seattle: The Mountaineers, 1998.

Duane, Daniel. *Looking for Mo.* New York: Farrar, Straus and Giroux, 1998.

Greig, Andrew. *Summit Fever.* Seattle: The Mountaineers, 1997.

Harrer, Heinrich. *Die weiße Spinne.* Berlin: Ullstein, 1999.

Long, John. *Panik am Green Arch.* Aus dem Amerikanischen von Gertrud Bauer. Das Original erschien unter dem Titel »The Green Arch«. In: *Summit Magazine,* 1993.

Long, John. *Die größte Sünde.* Aus dem Amerikanischen von Gertrud Bauer. Das Original erschien unter dem Titel »The Only Blasphemy«. In: *Gorilla Monsoon.* Everclear, Colorado: Chockstone Press, 1984.

MacInnes, Hamish. *The Price of Adventure.* Seattle: The Mountaineers, 1987.

O'Neill, Maureen. *Herrin der Berge.* Aus dem Amerikanischen von Gertrud Bauer. Das Original erschien unter dem Titel »Queen of All She Surveys«. In: *Leading Out: Women Climbers Reaching for the Top.* Rachel da Silva (Hrsg.). Seattle: Seal Press, 1992.

Patey, Tom. *Ein kurzer Ausflug mit Whillans*. Aus dem Englischen von Gertrud Bauer. Das Original erschien unter dem Titel »A Short Walk with Whillans«. In: *One Man's Mountains*. London: Victor Gollancz Ltd., 1989.

Roberts, David. *Augenblicke des Zweifels*. Aus dem Amerikanischen von Gertrud Bauer. Das Original erschien unter dem Titel »Moments of Doubt«. In: *Moments of Doubt and Other Mountaineering Writings*. Seattle: The Mountaineers, 1986.

Roskelley, John. *Stories Off the Wall*. Seattle: The Mountaineers, 1993.

Rowell, Galen. *High and Wild: A Mountaineer's World*. San Francisco: Sierra Club Books, 1979.

Sinclair, Pete. *We Aspired: The Last Innocent Americans*. Logan, Utah: Logan State University Press, 1993.

Waugh, Evelyn. *Remote People*. New York: The Ecco Press, 1990.

Wells, H.G. *Mutter und der Mörderberg*. Aus dem Englischen von Maria Gridling, Gertrud J. Klett und Lena Neumann. In: *Die Perle der Liebe*. Wien: Zsolnay, 1982.

Whymper, Edward. *Berg- und Gletscherfahrten in den Alpen*. Aus dem Englischen von Dr. Friedrich Steger. Braunschweig: Georg Westermann, 1872.

Wickwire, Jim und Dorothy Bullitt. *Addicted to Danger: A Memoir*. New York: Simon & Schuster, 1998.

Der Weg ist das Ziel

Grüne Hölle und sengende Wüste, ewiges Eis und tosendes Meer, Mount Everest und K2 – die extremsten Gegenden der Erde haben den Menschen schon immer magisch angezogen. Und umgebracht. Denn die Natur ist nicht nur atemberaubend schön, sondern oft auch unerbittlich und grausam. Lassen Sie sich mitreißen von den waghalsigen Abenteuern der Männer und Frauen, die mit den vier Elementen, ihren Kameraden oder sich selbst ums nackte Überleben ringen. In den packenden Geschichten, die Clint Willis zusammengetragen hat, kämpfen die Helden gegen klirrende Kälte und dünne Luft, gegen tosenden Seegang und drohende Erschöpfung, gegen die Wildnis an sich und die eigene Angst. Erleben Sie Ihr blaues Wunder und genießen Sie ein abgebrühtes, wind- und wettergegerbtes Lesevergnügen.

Clint Willis

Überleben auf dem Wasser
Geschichten von F. A. Worsley, Herman Wouk, Sebastian Junger u.a.

Überleben im Eis
Geschichten von Robert F. Scott, Ernest Shackleton, Richard E. Byrd u.a.

Überleben in Höhen
Geschichten von Chris Bonington, Lene Gammelgaard, F. S. Smythe u.a.

Econ | ULLSTEIN | List

Der Weg ist das Ziel

Grüne Hölle und sengende Wüste, ewiges Eis und tosendes Meer, Mount Everest und K2 – die extremsten Gegenden der Erde haben den Menschen schon immer magisch angezogen. Und umgebracht. Denn die Natur ist nicht nur atemberaubend schön, sondern oft auch unerbittlich und grausam. Lassen Sie sich mitreißen von den waghalsigen Abenteuern der Männer und Frauen, die mit den vier Elementen, ihren Kameraden oder sich selbst ums nackte Überleben ringen. In den packenden Geschichten, die Clint Willis zusammengetragen hat, kämpfen die Helden gegen klirrende Kälte und dünne Luft, gegen tosenden Seegang und drohende Erschöpfung, gegen die Wildnis an sich und die eigene Angst. Erleben Sie Ihr blaues Wunder und genießen Sie ein abgebrühtes, wind- und wettergegerbtes Lesevergnügen.

Clint Willis

Überleben im Eis
Geschichten von Robert F. Scott, Ernest Shackleton, Richard E. Byrd u.a.

Überleben in Höhen
Geschichten von Chris Bonington, Lene Gammelgaard, F. S. Smythe u.a.

Überleben in der Wildnis
Geschichten von Jack London, Barry Lopez, Evelyn Waugh u.a.

Econ | ULLSTEIN | List

Der Weg ist das Ziel

Grüne Hölle und sengende Wüste, ewiges Eis und tosendes Meer, Mount Everest und K2 – die extremsten Gegenden der Erde haben den Menschen schon immer magisch angezogen. Und umgebracht. Denn die Natur ist nicht nur atemberaubend schön, sondern oft auch unerbittlich und grausam. Lassen Sie sich mitreißen von den waghalsigen Abenteuern der Männer und Frauen, die mit den vier Elementen, ihren Kameraden oder sich selbst ums nackte Überleben ringen. In den packenden Geschichten, die Clint Willis zusammengetragen hat, kämpfen die Helden gegen klirrende Kälte und dünne Luft, gegen tosenden Seegang und drohende Erschöpfung, gegen die Wildnis an sich und die eigene Angst. Erleben Sie Ihr blaues Wunder und genießen Sie ein abgebrühtes, wind- und wettergegerbtes Lesevergnügen.

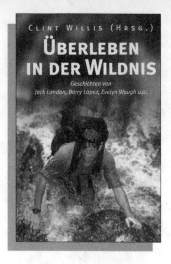

CLINT WILLIS (HRSG.)
ÜBERLEBEN IN DER WILDNIS
Geschichten von
Jack London, Barry Lopez, Evelyn Waugh u.a.

Clint Willis

Überleben im Eis
Geschichten von Robert F. Scott, Ernest Shackleton, Richard E. Byrd u.a.

Überleben in der Wildnis
Geschichten von Jack London, Barry Lopez, Evelyn Waugh u.a.

Überleben auf dem Wasser
Geschichten von F. A. Worsley, Herman Wouk, Sebastian Junger u.a.

Econ **ULLSTEIN** List